安胎胎教

专家方案

Antai Taijiao
Zhuanjia Fangan

岳然/编著

中国人口出版社

图书在版编目（CIP）数据

安胎胎教专家方案/岳然编著. —北京：中国人口出版社，2012.4

ISBN 978-7-5101-1153-2

Ⅰ.①安… Ⅱ.①岳… Ⅲ.①胎教—基本知识 Ⅳ.①G61

中国版本图书馆CIP数据核字（2012）第057028号

安胎胎教专家方案

岳　然　编著

出版发行	中国人口出版社
印　　刷	北京市燕旭开拓印务有限公司
开　　本	720毫米×1000毫米　1/16
印　　张	17　　**插页**　4
字　　数	150千
版　　次	2012年5月第1版
印　　次	2012年5月第1次印刷
书　　号	ISBN 978-7-5101-1153-2
定　　价	19.80元
社　　长	陶庆军
网　　址	www.rkcbs.net
电子信箱	rkcbs@126.com
电　　话	(010)83534662
传　　真	(010)83515922
地　　址	北京市西城区广安门南街80号中加大厦
邮　　编	100054

孕期营养菜

YUNQIYINGYANGCAI

生姜羊肉粥

材料 羊肉 100 克，大米 150 克，生姜 3 片，盐 1 小匙，鸡精和胡椒粉各少许。

做法 ▶▶▶

1. 将羊肉洗净，切成薄片备用。生姜去皮，切丝或末备用。大米淘洗干净备用。
2. 在瓦煲里注入适量的清水，烧开，放入大米，用小火煲 20 分钟左右。
3. 加入羊肉片、生姜，调入盐、鸡精、胡椒粉，用小火煲 30 分钟左右即可（煲的过程中不要搅动）。

清蒸大虾

材料 带皮大虾500克，海味汤50克，料酒、酱油各1大匙，醋2大匙，香油2小匙，鸡精少许，葱、姜各适量。

做法 ▶▶▶

1. 将大米洗净，浸泡 30 分钟，备用。
2. 将把银耳放入温水中泡发，撕成瓣状；猪肝洗净、切片。
3. 把猪肝放在碗内，加入淀粉、盐打入鸡蛋拌匀挂浆，待用。
4. 将大米煮成白粥，放入银耳。
5. 再倒入猪肝鸡蛋液，煮 10 分钟即成。

补脑鱼头汤

材料 胖头鱼鱼头1个，豆腐200克，枸杞子8粒，盐1大匙，料酒1小匙，植物油、姜丝、葱段各适量。

做法 ▶▶▶

1. 将鱼头除去鳞、鳃，洗净，剁成小块。豆腐切成块备用。枸杞子用水泡发，洗净备用。
2. 锅中加植物油烧热，下入葱段爆香，放入鱼头炒几分钟，喷入料酒，然后加入姜丝和适量清水（以没过鱼头为度），用大火熬煮。
3. 待汤呈乳白色时，加入豆腐、枸杞子和盐，用小火煮5分钟即可。

油豆腐烧油

材料 油豆腐50克，油菜200克，食用油、盐、白糖、淀粉、料酒、酱油各少许。

做法 ▶▶▶

1. 将油菜洗净，将梗和叶分开，切段备用。油豆腐切成小块备用。将淀粉用适量水调匀备用。
2. 在锅内加油烧热，下入菜梗煸炒几下，加盐，再下入菜叶稍炒。
3. 放入油豆腐，翻炒几下，加入酱油、料酒和少许水，烧开。
4. 加入白糖稍煮一会儿，用水淀粉勾芡，即可出锅。

番茄炒虾仁

材料 虾仁300克，番茄250克，豌豆50克，鸡蛋清1个，水淀粉1大匙，葱末、姜末各少许，盐、鸡精、植物油、料酒、白糖各适量。辣椒丝少许

做法 ▶▶▶

1. 将虾仁洗净，放碗内加盐、料酒抓匀，加蛋清、水淀粉上浆。
2. 将番茄用热水烫后剥皮，去子，切直径1厘米左右的丁。
3. 锅置火上，放油烧热，放入虾仁过油后捞出备用。
4. 锅内留底油，加葱末、姜末炒出香味，加入番茄丁煸炒，随即加入盐、鸡精、白糖、虾仁，用水淀粉勾芡，加豌豆炒熟，淋上熟油即成。

草莓绿豆粥

材料 草莓250克，糯米250克，绿豆100克，白糖适量。

做法 ▶▶▶

1. 将将绿豆淘洗干净，用清水浸泡 4 个小时左右。草莓洗净，择去蒂，切成小块备用。
2. 将糯米淘洗干净，与泡好的绿豆一起放到锅里，加入适量的清水，用大火煮开，再用小火煮至米粒开花、绿豆酥烂。
3. 加入草莓、白糖，搅拌均匀，稍煮一会儿即可。

凉拌菠菜

材料 新鲜菠菜 500 克，花椒、葱丝、姜丝各少许，香油、盐、味精各适量。

做法 ▶▶▶

1. 将将菠菜择去老叶，用水清洗去泥沙，捞出控水。
2. 在锅内注入清水，烧沸，放入菠菜氽烫，开始变软时即可捞出，放冷水内过凉，挤净水分，放碗内加精盐、味精、葱、姜丝拌匀。
3. 另起锅，放入少许香油，用小火烧至五六成热时，加入花椒煸炒出香味，捞出花椒不用，将花椒油淋浇在碗内菠菜上，用盘盖住捂一会儿揭开，装入盘内即可。

土豆炖鸡

材料 土豆 300 克，鸡肉 200 克，葱白 2 段，姜 3 片，酱油 1 大匙，盐 1 小匙，植物油适量。

做法 ▶▶▶

1. 将土豆去皮洗净，切成小块。鸡肉洗净，切成块备用。
2. 在锅中加入植物油烧热，先下入葱段、姜片爆香，再放入鸡块，炒至鸡肉发白，加入酱油和少量清水，用小火炖至八成熟。
3. 加入土豆块，继续炖至土豆熟烂，加盐调味即可。

鸡汤豆腐小白菜

材料 豆腐100克，小白菜50克，鸡肉100克，鸡汤100毫升，姜丝、盐、味精各少许。

做法 ▶▶▶

1. 将豆腐洗净，用开水烫一下，切成3厘米见方、1厘米厚的方块备用。
2. 将鸡肉洗净，切成小块，放到开水锅中焯一下，捞出来沥干水备用。小白菜洗净切段备用。
3. 在锅内加入鸡汤，下入鸡肉，加适量盐、清水同煮。
4. 待鸡肉熟后，放入豆腐、小白菜、姜丝，煮开后加入味精调味即可。

木耳鸡蛋瘦肉汤

材料 鸡蛋1个，猪瘦肉50克，菠菜50克，水发木耳10克，水发笋片20克，海米1小匙，高汤1碗，盐、味精、香油、酱油各适量。

做法 ▶▶▶

1. 将绿豆淘洗干净，用清水浸泡4个小时左右。草莓洗净，择去蒂，切成小块备用。
2. 将糯米淘洗干净，与泡好的绿豆一起放到锅里，加入适量的清水，用大火煮开，再用小火煮至米粒开花、绿豆酥烂。
3. 加入草莓、白糖，搅拌均匀，稍煮一会儿即可。

蔬菜沙拉

材料 圆白菜100克，番茄1个，黄瓜半根，青椒1个，洋葱小半个，柠檬汁1大匙，蜂蜜、盐、香油各适量。

做法 ▶▶▶

1. 把所有准备好的材料分别洗净，圆白菜、番茄、黄瓜均切片，青椒、洋葱切圈。
2. 把切好的材料混拌均匀，放在盘子中，备用。
3. 把所有的调味料（盐、柠檬汁、蜂蜜）混合均匀，淋在蔬菜上，再淋上少许熟油即可。

芦笋鸡柳

材料 芦笋 300 克，鸡脯肉 300 克，胡萝卜 100 克，葱末、姜末各少许，淀粉 1 小匙，植物油、料酒、盐、酱油、香油各适量。

做法 ▶▶▶

1. 将油菜洗净，将梗和叶分开，切段备用。油豆腐切成小块备用。将淀粉用适量水调匀备用。
2. 在锅内加油烧热，下入菜梗煸炒几下，加盐，再下入菜叶稍炒。
3. 放入油豆腐，翻炒几下，加入酱油、料酒和少许水，烧开。
4. 加入白糖稍煮一会儿，用水淀粉勾芡，即可出锅。

三鲜豆腐

材料 豆腐、蘑菇各250克，胡萝卜、油菜各100克，姜、葱各少许，海米10克，酱油1小匙，鸡精、花生油、盐、水淀粉、高汤各适量。

做法 ▶▶▶

1. 将海米用温水泡发，投洗干净泥沙备用。豆腐洗净切片，投入沸水中氽烫一下捞出，沥干水备用。将蘑菇洗净，放到开水锅里焯一下，捞出来切片。胡萝卜洗净切片。油菜洗净，沥干水备用。葱切丝、姜切末备用。
2. 在锅内加花生油烧热，下入海米、葱、姜、胡萝卜煸炒出香味，加入酱油、盐、蘑菇，翻炒几下，加入高汤。
3. 放入豆腐，烧开，加油菜、鸡精，烧沸后用淀粉勾芡即可。

山药枸杞炖羊脑

材料 羊脑 1 副，山药 10 克，枸杞子 8 粒，姜 1 片，高汤两碗半，料酒 2 小匙，盐、鸡精、胡椒粉各适量。

做法 ▶▶▶

1. 把将羊脑中的红筋挑掉，放在炖盅里，加入干山药、枸杞子、姜片、盐、料酒、鸡精、高汤，炖 30 分钟左右。
2. 取出姜片，撒上胡椒粉即可。

香椿蛋炒饭

材料 嫩香椿芽125克，米饭250克，鸡蛋2个，猪瘦肉50克，花生油、盐、水淀粉各适量。

做法 ▶▶▶

1. 将将猪瘦肉洗净，切成细丝，放到碗里，加入2克盐、水淀粉、半个蛋清，抓匀上浆。
2. 将另一个鸡蛋磕到碗里，加剩余的蛋液和少许盐拌匀。将香椿芽择洗干净，切末备用。
3. 在锅内加少许花生油，烧至四成热，下入肉丝滑散，盛出。
4. 另起锅加花生油，倒入蛋液，炒出蛋花，下入肉丝、香椿末，旺火翻炒均匀，倒入米饭拌匀，即可出锅。

豆腐虾仁汤

材料 豆腐300克，虾仁50克，枸杞子10粒，葱花适量，酱油、料酒各2小匙，植物油、盐、水淀粉各适量。

做法 ▶▶▶

1. 将豆腐洗净，用开水烫一下，切成1厘米见方的小块备用。虾仁和枸杞子洗净备用。
2. 将料酒、葱花、盐、酱油和淀粉放到一个干净的小碗里，调成芡汁备用。
3. 在锅内加植物油烧热，下入虾仁用旺火炒熟，再放入豆腐和枸杞子，加水，先用大火烧开，再用小火炖30分钟。
4. 倒入调好的芡汁，再煮几分钟即可。

海带炖鸡

材料 鲜海带400克，母鸡1只（1千克左右），葱白、姜片各适量，料酒1小匙，盐1小匙，味精少许。

做法 ▶▶▶

1. 将鸡除去内脏后洗净，切成小块。将海带洗净，切成菱形块。
2. 在锅内加入适量清水，倒入鸡块，先用大火烧开，再用小火炖30分钟左右。
3. 加入葱白、海带、姜片、盐、料酒，烧至鸡肉熟烂。
4. 加入味精调味，即可出锅。

安·胎·胎·教·专·家·方·案

目录

CONTENTS

第一章 妊娠一月胎教

第四章 妊娠四月胎教

第九章 妊娠九月胎教

第十章 妊娠十月胎教

第一章

妊娠一月胎教

妊娠一月母体变化和胚胎发育

孕妇身体的变化及感觉是怎么样的

即使称为妊娠第1个月，但在前半个月中身体并未受孕。

妇女卵子的形成一般发生在两次月经中间。卵子一旦排出，马上就被离卵巢排卵部位很近的输卵管伞端“拾”入输卵管，在伞端的“手指”，即输卵管伞推移下来到输卵管最宽阔的地方——壶腹部；同时，卵巢还产生雌激素，所有这一切都是为受精而作的物质准备。若此时有精细胞进入，可以与卵子相遇。卵子外围裹着一层透明带和一团放射冠细胞，碰到精子立即释放出一种诱精物质，把众多的精子吸引到它的周围，但其中仅有一个精子进入卵细胞内，形成一个新细胞——受精卵。

受精卵在24小时后开始进行有丝分裂，然后以一变二、二变四、四变八的速度不断分裂，同时逐步向着子宫腔方向移动，大约7天后它来到子宫腔，并由子宫膜把受精卵埋在内膜下，从此开始生长发育。这时，女性身体真正开始受孕，一个新生命从此诞生了。

这些体内变化，孕妇并不能察觉，也感觉不到自己身体有何变化，只是由于月经未来开始想到怀孕。

妊娠一月饮食营养

加强孕前饮食

假如夫妻双方有了怀孕的计划，就应在受孕前有意识地加强饮食，因为孕前加强营养的目的就是为了提高胎儿的身体素质和智力水平。孕前饮食首先要为男女双方提供合格的精子和卵子服务，其次要为女方作好孕期的营养储备。

男女双方因为精子和卵子不合格而引起受孕失败的例子较为常见。在改善和排除不利因素对精子和卵子的影响时，适当地注意饮食、加强营养，也会改变精子和卵子的某些缺陷。

计划受孕前的食物不要太精细，食用五谷杂粮最好。加上花生、芝麻等含有丰富的促进生育的微量元素锌和各种维生素，以及适量的含动物蛋白质较多的猪肝、瘦肉，新鲜蔬菜和各种水果都会对男子精液的产生起到良好的促进作用。同时应注意食物不能太咸，尤其是炒菜应少放盐。过多地摄入盐，会给孕妇带来不便，引起高血压和水肿，对胎儿身体的某些器官，如心血管发育留下不良隐患。

孕前饮食还要注意加强营养，特别是蛋白质、维生素和矿物质的摄入，加强营养还可给准备受孕的妇女提供储存养分的机会。因为在妊娠早期，胚胎需要的养料还不是靠母亲每日饮食和胎盘来输送到胎儿体内的，而主要是从子宫内膜储存的养料中取得的。倘若妇女在怀孕前期营养不足，无法储备，怀孕后又因反应较大，呕吐频繁，不思饮食，势必影响胎儿大脑发育时所需要的养分供给。只有夫妻双方身体健康，精力充沛，才能为优生打下良好的基础。注意，在保证营养的同时，不可出现营养过剩的情况。

孕前饮食还要避免各种污染。食物从其原料生产、加工、包装、运输、储存、销售直至食用前的整个过程中，都有可能不同程度地受到农药、金属、霉菌毒素以及放射性核素等有害物质的污染，对人类及其后代的健康产生严重危害。因此，孕前夫妇在日常生活中尤其应当重视饮食卫生，防止食物污染。应尽量选用新鲜天然食品，避免服用含食品添加剂、色素、防腐剂物质的食品；蔬菜应充分清洗干净，必要时可以浸泡一下；水果应去皮后再食用，以避免农药污染；尽量饮用白开水，避免饮用各种咖啡、饮料、果汁等饮品。在家庭炊具中应尽量使用铁锅或不锈钢炊具，避免使用铝制品及彩色搪瓷制品，以防止铝元素、铅元素对人体造成伤害。

妊娠早期的饮食原则

妊娠早期，孕妇往往容易发生轻度恶心、呕吐、食欲不振、择食、厌食、烧心、疲倦等早孕反应。这些反应会影响孕妇的正常饮食，进而妨碍营养物质的消化、吸收，导致妊娠中、后期胎儿的营养不良。因此，这个阶段的膳食要以重质量、高蛋白、富营养、少油腻、易消化吸收为原则。一日可少食多餐，以瘦肉、鱼类、蛋类、面条、牛奶、豆浆、新鲜蔬菜和水果为佳。可多选择孕妇平常喜欢吃的食物，但不宜食用油腻、油煎、炒、炸、辛辣刺激等不易消化的食物。

保证优质蛋白质的供给。妊娠早期孕妇蛋白质的摄入不能低于非妊娠期的摄入量，且应选择易消化、吸收、利用率高的优质蛋白质，如肉类、乳类、蛋类、鱼类及豆制品等。蛋白质每日至少摄入 40 克，才能维持孕妇的蛋白质平衡。

适当增加热能的摄入。孕早期，为孕期提供能量的碳水化合物、脂肪供给不足，孕妇会一直处于“饥饿”状态，可导致胎儿大脑发育异常，出生后智商下降。碳水化合物主要来源于面粉、大米、红薯、土豆、山药等，孕妇每天应摄入250克以上的碳水化合物。脂肪主要来源于动物油和植物油，植物油中的芝麻油、豆油、花生油等是能量的主要提供者，能满足母体和胎儿对脂肪酸的需要，植物油是烹调的理想用油。

确保无机盐、维生素的供给。无机盐和维生素对保证早期胚胎器官的形成发育有重要作用。含锌、钙、磷、铜高的食物有奶类、豆类、肉类、蛋类、花生、核桃、海带、木耳、芝麻等，富含B族维生素的食物主要来源于谷类粮食。

补足营养需要量。清晨呕吐严重者可食较干的食物，如烤馒头片、面包干、苏打饼干、甜饼干等，可以减少呕吐。进食时，可将饮食中的固体食物与液体食物分开，在正餐用完后，隔一些时间再喝水或汤。3次主餐外，可另加2～3次辅食，少量多餐，力争不引起呕吐，或一次吃完吐掉后，休息一会儿再吃，将吐掉的补充上，以补足一天总的需要量。

孕妇应注意补充叶酸

据研究得知，孕妇早期缺乏叶酸，可造成胎儿器官形成障碍，引起神经管畸形。神经管及其覆盖物在胚胎发育过程中出现的异常称为神经管闭合不全，是非常严重的先天性缺陷疾病。因为神经管的前端发育成以后的头，其后端发育成以后的脊柱。若前端没有发育闭合好，便会发生无脑畸形，后端未闭合好，便会发展为以后的脊柱裂。

流行病学调查资料表明，我国神经管畸形发病率较高，尤其是北方地区患病率平均为 3.2%，在各种出生缺陷中居于首位。因此，预防此类病成为优生工作的一个重点。

据研究认为，叶酸缺乏畸形的发生在妊娠的头 28 天内，而此时多数妇女并未意识到自己怀孕。所以，在美国一般育龄妇女叶酸的摄入量仅为 0.2～0.25 毫克/天，而叶酸的有效摄入量是 0.4 毫克/天。所以，美国疾病控制和预防中心提出已婚妇女在受孕前 1 个月开始到妊娠第 3 个月每日应额外补充叶酸 0.4～1.0 毫克，以降低发生神经管畸形的危险性。这一点很重要，所以提倡孕前妇女补充叶酸，孕后还要继续补充叶酸。孕妇补充叶酸主要是多吃绿叶蔬菜、小麦、豆类、谷物、花生等食物。

孕妇不宜盲目节食

妇女怀孕后需要增加饮食，以供给母子营养所需，但也有少数孕妇怕身体肥胖会影响自己的体形美，或者怕胎儿太大，生育困难，就采取节食的方法，尽量减少进食。这种做法是非常错误的。

妇女怀孕以后，子宫、乳房、胎盘都要发生变化，需要大量饮食营养，而且胎儿出生时体重达 2500～4000 克。总之妇女在孕期要比孕前增加 9.0～12.5 千克，这些增重是必要的，否则胎儿不能生长发育。如果孕妇盲目节食，就会使胎儿先天营养不良，俗话说“先天不足，后天难养”。胎儿即便出生，也会因身体虚弱甚至发生多种疾病，不但达不到优生的目的，还会给孩子带来疾患。

另外，孕妇盲目节食还会影响小儿的大脑发育。小儿大脑发育的重要时期是怀孕 4 个月至出生后 2 周岁，而这当中最关键的一段时期又在孕期的最后 3 个月到出生后 6 个月里。人的脑组织发育有个特点，就是细胞增殖“一次性完成”。新生儿的脑神经细胞可达 100 亿～140 亿个，此后其数量不再增加，而且每一神经细胞的体积也不再增加。假使错过了这段时间，是无法再补偿的。因此，母亲在整个孕期内，要保证营养充足，如果人为节食，势必影响营养素的摄入而使胎儿脑细胞发育受影响。

营养不良，对孕妇本身危害也很严重，会发生难产、贫血、软骨症等疾患，甚至给后半生带来痛苦和麻烦。

所以，孕妇不能盲目节食，只有在达到满足孕妇本身和胎儿营养所需的情况下，才能适当控制饮食，以防自身身体过胖和胎儿过大，出现难产。在正常情况下，孕妇身体胖一些，分娩再加上身体锻炼，是完全可以减肥恢复原来体形的。

妊娠一月营养食谱

核桃鸡丁

原料：鸡脯肉 350 克，核桃仁 15 克，枸杞子 8 克，鸡汤 100 克，熟猪油 150 克，鸡蛋 2 个，精盐 5 克，胡椒粉 2 克，湿豆粉 35 克，生姜、葱各 10 克，香油 5 克，白糖 7 克，味精 5 克。

做法：将核桃仁用开水泡涨，剥去皮；枸杞子用温水洗净；生姜洗净切成小片；葱切葱花；鸡蛋去黄留清；鸡脯肉洗净，切成 1 厘米见方的丁。

鸡丁装碗中，用精盐（一半）、蛋清、湿豆粉拌匀浆好；另一碗中放入味精、白糖、胡椒粉、鸡汤、湿豆粉兑成汁。净锅置火上，放入猪油，待七成热时，下核桃仁炸至微黄，及时捞起，备用。

把浆好的鸡丁倒入锅中，快速滑透，翻炒几下，下姜、葱，倒入滋汁快速翻炒，随即入核桃仁、枸杞子炒匀，淋入香油，装盘。佐餐食。

特点：补肺益肾，明目，适用于肺肾两虚之神疲乏力、面色无华者，无病者常食，可抗衰益寿。

鸡蛋饼

原料：面粉 100 克，鸡蛋 1 个，豆油适量，精盐少许。

做法：将鸡蛋打入碗内，再将面粉加入，放一点精盐，加入适量的温水，搅成糊状。

在平锅内放入豆油，油热将搅好的糊倒入，用手将平勺拿起摆动，成薄片的圆饼，烙好出锅。

特点：软而香，可卷绿豆芽炒肉来食用。

栗米粥

原料：栗子 20 个，小米 100 克，大米 100 克。

做法：将小米、大米混合后淘洗干净放入锅内，添入适量水。再将栗子去皮，放入锅内，共用慢火煮至熟烂。

特点：栗子号称“干果”之王，中医称为“肾之果”，意思是栗子是补肾之良药。而肾为一身阳气之根，为元气所生之处，补肾即能增阳。而大米、小米可养脾胃之气，故本药膳功能是补肾健脾。

鸡蛋炒饭

原料：大米干饭 350 克，鸡蛋 2 个，豆油 40 克，葱花、精盐各适量。

做法：把鸡蛋磕入碗内，搅拌均匀；炒锅内放油，烧热，倒入蛋汁炒熟，再放入葱花、大米干饭、精盐，翻炒均匀，即可出勺。

特点：色美味香，富含营养。

妊娠一月优生与保健

优生与哪些因素有关

人的智力、体质既有先天性因素，又有后天养育因素的影响，先天因素主要是遗传影响，后天养育因素应包括胎儿在生长发育过程中所受到的各种外界影响，归纳起来与优生有关的因素有以下几方面。

❶ 遗传：夫妻双方都十分健康，生出的孩子就健康。夫妻某一方患有某种疾病，特别是遗传性疾病，生出的孩子患病的机会就多，如夫妻是近亲婚配，或患有麻风病等，生出的孩子多数为先天性畸形或智力不全。

❷ 药物影响：有许多药物孕妇服用会造成胎儿畸形，因此，孕妇要防病，要科学用药或不用药。

❸ 感染：尤其病毒感染最甚，无论对胎儿和吃奶的婴儿都可能产生难以修复的损害。特别是妊娠期，可引起流产、早产、死胎以及各式各样的畸形和智力低下等残疾儿。

❹ 母体疾病：孕妇患有某种合并症和并发症，可使胎儿致畸，如合并糖尿病的孕妇容易生畸形儿。

❺ 环境污染：大气、水质、土壤和食品受到有毒物质的污染，影响夫妻双方体细胞和生殖细胞的遗传结构，能造成死胎、流产、胎儿畸形及遗传性疾病。

❻ 职业：夫妻双方或一方因职业而接触化学物质，如铅、汞、汽油、氯丁二烯、氯乙烯及乙醚等；接触物理因素，如放射线、噪声、微波辐射等，都可直接对生殖细胞产生影响。

❼ 嗜酒：夫妻饮酒后怀孕与胎儿不利，孕妇饮酒会造成胎儿脑组织损伤，影响胎儿智力发育。

❽ 吸烟：孕妇吸烟（包括被动吸烟）不但会造成流产、早产和胎死宫内，还会使胎儿发育迟缓。男的吸烟会使精子畸形，从而导致不育和使胎儿致畸。

❾ 情绪：孕妇精神紧张、情绪波动或突然受惊吓等，都能导致内分泌紊乱，从而阻碍胎儿正常发育而造成腭裂、唇裂等畸形。

❿ 营养：孕妇营养不足，会使胎儿在生长发育期缺乏营养，影响脑细胞的增殖，致使出生后的婴儿智力低下。

⓫ 分娩：分娩婴儿时，因接生人员操作不当，可损伤婴儿脑细胞或机体，造成新生儿残疾。

什么是遗传性疾病

遗传性疾病是指生殖细胞或受精卵的遗传物质（染色体和基因）发生突变或畸变所引起的疾病，遗传病有以下的特点：它的致病基因，可以传递给后代，并发育成有遗传病的个体，表现为垂直分布，且有家族性。

遗传病可以在出生时就表现出来，如先天愚型儿、多指、并指等。但也有一些遗传病胎儿出生时并不出现症状，而是生长发育到某个阶段才表现出来，如遗传性小脑性运动失调，一般到 35 岁左右才发病。另外，遗传病的致病基因与环境因素也有一定关系，在所有人群中，一些人有致遗传病基因，但并不一定都表现出遗传病，而是在不利环境中，有致遗传病基因的人才表现出遗传病来。

遗传病不应与先天性疾病等同，尽管大多数所谓先天性疾病实际就是遗传病或与遗传因素有关的疾病，但一些先天性疾病如因母亲用药引起的畸形并不是遗传病，遗传病也应与家族性疾病相区别，后者是指某种表现出家族聚集现象的疾病，即家庭成员中不止一人罹患。当然，许多遗传病常见家族聚集现象，但也有不少遗传病并无家族史。相反，有家族聚集现象并不一定是遗传病，如麻风、肝炎等。

怎样预防遗传性疾病

患遗传性疾病的孩子，除了给家庭带来不幸和本人终生痛苦外，还会将疾病再传给下一代，尽管有些遗传病能够得到治疗，如苯丙酮尿症、半乳糖血症等，但还有相当多的遗传性疾病尚无有效的治疗办法，因此，预防就成了重点。为控制和减少各种遗传病的发生，应从以下几点注意：

❶ 避免近亲结婚。近亲结婚会增加一些遗传病的发生率。比如肝豆状核变性病人，非近亲结婚后代中的发病率为四百万分之一，而在表兄妹结婚的后代中发病率为 1/64。又如近亲婚配所生子女智力差的比非近亲结婚的高 3.8 倍。我国婚姻法禁止近亲结婚就是从预防遗传病的角度出发的。

❷ 避免高龄生育。女性生育年龄不宜超过 35 岁。

❸ 遗传咨询。有以下情况者孕前或妊娠后应及早进行咨询：年龄女 35 岁以上，男 45 岁以上；有遗传病家族史；夫妻一方有遗传病或是染色体畸变的携带者；有生育畸形儿史；有多次流产或胎死宫内史；有接触致畸物史，如接触放射线、放射性同位素等；早孕期有病毒感染史，如感

冒、风疹、流感病毒等。

❹ 产前诊断。经过遗传咨询后，对一些有指征的孕妇作胎儿产前诊断，以了解有无先天性或遗传性疾病。常用方法有羊膜腔穿刺抽羊水检查，还可用B超扫描和作胎儿检查。

❺ 及时终止妊娠。在产前诊断中发现孕妇或胎儿患有严重疾病时，应终止妊娠，防止有严重疾病的胎儿出生。

❻ 避免生育。凡患有一定能导致或有很大可能导致后代发生先天性疾病者，均应避免生育。这些病包括：先天愚型、遗传性精神病及显著的遗传性躯体疾患，如舞蹈病、肌紧张病和白化病等。

妊娠期的分期

整个妊娠期约经过280天，共40周，习惯上所谓的“十月怀胎”是指特定的妊娠月，以28天算1个妊娠月。

为了便于掌握妊娠不同阶段的特点，一般将妊娠全过程分为3个时期：妊娠初3个月，即妊娠开始至12周末以前，称为早期妊娠；妊娠中期4个月，即妊娠13～27周末，称为中期妊娠；妊娠后3个月，即妊娠28周至分娩，称晚期妊娠。

妊娠3个时期，各有不同特点，因此孕妇应了解这些时期的特点，有利于优生。如早期妊娠主要确定是否妊娠，有无妊娠并发症，如有任何情况不适于妊娠，则可做人工流产，如继续妊娠防止胎儿畸形是很重要的。中期妊娠时要注意胎儿的发育情况，孕妇要加强营养供给。晚期妊娠时要防止早产和注意胎位、胎儿大小、母亲骨盆情况以决定分娩形式。

一月胎教方案

怎样进行胎教

年轻的夫妻在准备要孩子前就应做好胎教的准备工作，在妊娠期更是要做好胎教工作，以生下一个健康、聪明的孩子。

在怀孕之前应注意的事项有：

❶ 注意饮食，加强营养，夫妻双方勿乱服药物。

❷ 接受孕前检查和遗传咨询，确定是否存在遗传病、隐性遗传病人的后代的发病概率，以及是否存在有不能生育等问题。

❸ 夫妻双方在孕前应保持稳定的情绪，避免焦虑、紧张、失望等不良情绪。

在准备受孕之时应把握好受孕时的环境、季节、时间等是否都处于最佳状态。

在妊娠期，夫妻双方应对胎教的作用、机理和胎教方法等有一定的了解和认识，以便在妊娠期随时随地地做好胎教工作。

❶ 孕妇应保持良好的精神状态、稳定的情绪及精神修养。要做到这一点，除了应有好的环境、条件及营养外，孕妇自身应学会保持情绪稳定，多接触真、善、美的东西，克

服邪念。夫妇应多些亲密、幽默、活泼的交谈，包括父母与胎儿之间以及关于胎儿自身的各种话题。

❷ 孕妇要加强学习和提高自身修养。孕妇在妊娠期间要反复阅读各种趣味性故事、古诗、外文图书，同时接受绘画、音乐等的熏陶，多欣赏大自然美的景物，以达到修身养性的目的，提高自身修养。

❸ 孕期多欣赏音乐。音乐是古今中外各种胎教方法中运用最多的一种。生物学家认为，有节奏的音乐可以刺激生物体内细胞的分子发生共振而使原来静止的分子和谐地运动起来，能够促进细胞的新陈代谢。频率在250～500 赫兹，强度为 70 分贝的音响就能给胎儿良性刺激，促进胎儿的生长发育。

❹ 在妊娠 4 个月后，准爸爸、准妈妈要按时抚摩胎儿，给胎儿良性刺激，锻炼胎儿的触觉或促其发育。还可和胎儿对话，为胎儿做运动等。

准父母不仅仅要做这些，在妊娠前和妊娠期间，准爸爸和准妈妈还要展开想象的翅膀，多想象胎儿俊美的形象；创造良好的外部环境或避开各种不利胎儿发育的环境，为胎儿提供一个良好的内外发育环境。

美育胎教

美育胎教是指根据胎儿意识的存在，通过孕妇对美的感受而将美的信息传递给胎儿的方法，由于胎儿无法看到、听到和体会到世界上各种各样的美，所以孕妇要将自己的感受，将美的信息经神经、体液传输给胎儿。

孕妇每天播放一些欢快、优美、动听的音乐或活泼有趣的儿歌、童谣，并跟着轻轻哼唱。孕妇还应多接触一些文学和艺术的美，欣赏一些人体摄影、人体绘画和人体塑像，以此陶冶自己的情操，使美妙的艺术融入胎儿的血肉之躯。

孕妇还要多到大自然中去欣赏美景，以促进胎儿大脑细胞和神经的发育。孕妇将在大自然中感受到的美通过提炼后传输给胎儿，使胎儿也能领会到大自然的神秘等。孕妇到大自然中去还可以多呼吸新鲜空气，以利于胎儿大脑发育。

音乐胎教

音乐是一种有节奏的空气压力波，对人类的心理活动与生理活动有着极大的影响。音乐的物质运动过程与人体的物质运动过程比较一致。音乐的节奏作用于准妈妈，也能影响胎儿的生理节奏，使胎儿从音乐当中受到教育。

《荀子·乐论》中指出："夫声乐之入人也深，其化人也速。"说明了音乐容易深入人心，感化人的速度也很快。准妈妈常听一些优美动听的音乐，对于陶冶情操、和谐生活、加强修养、增进健康以及激发想象力等方面，都具有很好的作用。

妊娠 3 周以后，胎儿的中枢神经和心脏开始形成，尽管妊娠初期胎儿还不能听到声音，但却已经能感知振动了，所以胎儿可感觉到随着母亲的心情变化而出现的心脏波动，而且也能够感受母亲的心情和情绪的影响。在这个时期，孕妇的情绪对胎儿的发育有很大的影响。此期孕妇情绪容易波动，还可能产生不利于胎儿生长发育的忧郁和焦虑，因此，这个时期孕妇适宜听轻松愉快、诙谐有趣、优美动听的音乐，使孕妇不安的心情得以缓解，在精神上得到安慰。孕妇的良好情绪还可以传递给胎儿，从而使胎儿感受到母亲的好心情，这有利于胎儿的健康成长。

在这个时期，孕妇可以选择一些舒缓柔和的音乐，如《春江花月夜》、《江南好》等民族音乐。

环境胎教

受精卵发育成胚胎而后发育成胎儿到出生，这个过程约需要 266 天，在这个漫长的过程中，胚胎、胎儿能否正常生长、发育，除了与父母的遗传物质及孕前准备等因素有关外，与妊娠期间母体的内外环境也有着极为密切的关系，特别是在受孕后的 8 周内，子宫为了适应受精卵的分裂增殖，以及胚胎期的细胞分裂，尤其是脑细胞的分裂，本能地处于安静状态，若是子宫所处的环境发生突变，则会导致受精卵发生异常变化，影响胚芽的发育。而且胚胎从外表到内脏，从头颅到四肢大都在此期形成，加上胚胎幼稚，极易受到伤害，所以，在受孕后的 2 个月是环境致胚胎畸变的敏感时期，孕妇一定要注意内外环境对胎儿的影响。

胎儿所处的环境包括子宫内的内环境，还包括母体所处的外环境，如优美的居室环境、污染和噪声、放射线危害等。在妊娠期间，孕妇要避免不利于妊娠的内外环境，如多次人工流产或自然流产后受孕，夫妻体弱患病受孕，不洁的性生活（包括性病）引起胎儿宫内感染，放射线伤害，职业与嗜好的不良刺激，污染源及噪声等。此外，妊娠期间的性生活与胎儿的发育与健康关系密切，尤其是妊娠早期，为了确保宁静的内环境，防止流产，应该停止性生活。妊娠晚期由于子宫日渐膨隆，子宫收缩逐渐加强，为了防止早产及感染，也应禁止性生活。妊娠中期可以进行性生活，但要适度，动作要轻缓，以保证胎儿的健康发育与成长。

情绪胎教

情绪胎教就是指孕妇在妊娠过程中要保持良好的情绪，以此来影响和促进胎儿身心的良好发展的胎教方法。

孕妇的心理情绪，不仅会影响到孕妇本人的食欲、睡眠和精力、体力等，而且还会通过神经、体液的变化，影响胎儿的血液供给心率、呼吸及胎动等多方面的变化。其中对胎儿心理影响最大的，莫过于孕妇的郁闷心情和不良情绪了。孕妇悲伤、忧愁、抑郁、大怒、过喜、骤惊等，都对胎儿有着损伤性甚至毁灭性的打击。

在正常情况下，母腹中各种声音的旋律与母亲的心律相吻合，母亲的精神状态良好，心情舒畅，其心律正常，胎儿在子宫里有一种安定、舒适的感觉；反之，孕妇精神状态不佳、心情郁闷，其心律不正常，就会给胎儿一种不安的感觉，从而影响胎儿的正常发育。所以，要在准备受孕后就树立起“宁静养胎即胎教”的观点，在妊娠期间要保持稳定的情绪，要心情舒畅、精神愉快，切忌发生大悲大怒，甚至吵架、打斗等不雅行为。

为了鼓励孕妇能自觉地对胎儿进行胎教，家庭成员就应该使孕妇经常处于一种平和稳定的心理状态，保持精神轻松而愉快，让胎教顺利进行下去。

想象胎教

想象胎教是指通过孕妇的想象产生一种良好的信息作用于胎儿，在胎儿身上产生作用的胎教方法。

从胎教的角度来看，孕妇的想象是通过母亲的意念构成胎教的重要因素，转化、渗透在胎儿的身心感受之中。同时母亲在为胎儿形象的构想中，会使情绪达到最佳的状态，而促进体内具有美容作用的激素增多，使胎儿长得丰满神韵，俊美聪明。

想象胎教可以贯穿于整个妊娠期和所有的胎教方法中。如孕妇在欣赏音乐时，就可以借助音乐，对乐曲所描绘的声景展开想象；孕妇在阅读文学作品时，同样能展开诗情画意的想象，将良好的意识信息传递给胎儿，起到影响胎儿的作用。

孕妇在展开想象进行想象胎教时，想象内容必须健康、美好，只有这样，胎儿才会收到良好的信息，从而有利于意识的萌芽和心智的发育。

穿衣、美容也是胎教

爱美的妇女怀孕了，娇美的体形起了很大的变化。有些人为此而痛苦、烦恼，认为自己失去了原有的苗条身材。其实大可不必这样。怀孕几乎是每一位女性一生当中都要经历的阶段，你可以观察到大多数妇女分娩后不久就会像以前一样体态轻盈、姿容美丽，而且还会增添几分女性的成熟美。

其实，就是在怀孕期间，你也可以打扮得很漂亮。虽然你不再苗条和富有美丽身段，但你完全可以变得更可爱。别忘了那句话："可爱的一定是美丽的。"怀孕了，精力、体力都不如以前，又由于信心不足，有些孕妇就不似以前那样顾及容貌了。事实上，美容、穿衣也是胎教，孕妇完全有必要精心打扮自己。美丽是每一位女性所追求的，娇好的容颜会给你带来许多欢乐。怀孕了，就更应精心打扮。这一方面是自娱的一种方式，对自己容颜、服装的关心会使你忘掉妊娠中不快的反应；另一方面，化妆会使你显得气色很好，你自己看了，心里也会舒服，别人看了，对你称许几句，你也一定会很高兴的。可见，化妆会使你保持自信、乐观、心情舒畅。因此，美容、打扮无论对自己还是对胎儿都是很有意义的。

仪容美的关键在于整洁，孕妇只要注意卫生，保持整齐，形象一定会大为改观的。怀孕虽然使以前的体态美消失了，但同时，又是另一种美。由于激素的刺激和血液循环的加快，你的皮肤较以往会变得更加细腻红润，如果以前额头上有皱纹，这时也会消失。你还会发现发质也比以前好得多。因此，孕妇的美自有一番风韵，还是非常需要打扮的。

胎教要点

1. 要树立"宁静养胎即教胎"的观点。
2. 要乐观豁达，情绪稳定，勿大怒大悲。
3. 勿洗过热水浴（40℃以下水温）。
4. 勿随便吃药，勿接受 X 线检查。
5. 停经后切忌性生活。
6. 停经后及时诊断是否妊娠。

细说胎教

广义胎教和狭义胎教

为了促进胎儿生理上和心理上的健康发育成长，为了确保孕产妇本身能够顺利地度过孕产期及产后期，从孕前即应开始准备好健康的精子和卵子，并适时受孕，受孕后所采取的一系列保健措施，即围产期的保健措施，均应包括在广义的胎教之中。因为没有健康的母体，便不可能培养出强壮的孩子。它包括选择好结婚对象、婚前检查、最佳受孕时间（环境）的选择、遗传、营养、妊娠环境以及疾病用药等，所有围绕妊娠的内外部因素均在广义胎教之列。

狭义的胎教，是指妊娠期间，在加强孕妇的精神、品德修养和教育的同时，重点通过母体，利用一定的方法和手段，刺激胎儿的感觉器官，以激发胎儿大脑和神经系统的有益活动，从而促进胎儿身心健康发育。通常所说的胎教，一般是指狭义的胎教。然而，广义和狭义的胎教是统一的，不可偏废，孕妇保健和对胎儿感官有益的刺激是胎教的两个方面，是不可分开的。

有意胎教与无意胎教

有意胎教是指有心思、有目的和有计划地在怀孕期间，采用某些方法，创造某些条件，让孕妇和胎儿的身心得到调养。无意胎教是说没有特意采取某些方法，创造某些条件，但某些日常生活中的情况也能够使孕妇和胎儿的身心得到调养，在无意中产生了有意的效果。事实上还是无意胎教所占的比例大。

有些孕妇虽然文化水平不高，甚至对胎教一无所知，也未曾有意地去创造某些条件，而是随心所欲、毫无胎教目的地去实现自己的某种愿望与嗜好，在这尽情随便的生活当中却能意外地收到胎教的效果，生下的孩子同经过精心施以胎教者所生的孩子，在体质、智力等方面基本或完全一样，或更优于有意进行胎教者所生的子女。在实际生活当中，由于孕妇的精神、意向、习惯、嗜好等，在成年以后已基本定型，即便是有意也较难在孕期内强行加以改变。这就需要在孕前多读一些有关胎教的书刊，增加文化知识，提高个人修养与文明程度，力争使无意胎教转变为有意胎教。虽然有的孕妇收到了“无心插柳柳成荫”的效果，但这毕竟带有盲目性，不能和有意胎教相提并论。

胎教与民族素质

每个家庭都希望自己能够有一个健康、美丽、聪明、智慧过人的孩子，将来能有所成就，有所作为。我们的社会也在期待人才，社会的进步也需要各式人才，科技的发展更需要人才辈出。孩子是未来的主人、是父母的希望、是国家未来的建设者。智力低下、身体羸弱的孩子给家庭带来不幸，也为社会造成负担。难怪有人说，与其说生产力与上层建筑制约着社会的发展，倒不如说母亲是最原始也是最关键的影响因素——这句话虽然不免偏颇，倒也从一个侧面道出了胎教的重要性。

胎教的目的正是通过调整母体的内外环境，避免不良因素对胎儿的影响，使胎儿尽善尽美地发育。经过胎教的孩子，身心能得到健康发展，智力得到最好的开发，进而提高人口的自身素质，提高民族的文化素质，把低素质人口数量尽量降低。

提高人口素质，归根结底就是提高人的身体素质、智力水平和道德品质。

优生与胎教

优生学是专门研究人类遗传、改进人种的一门科学。我国优生学经过长期发展和科学实践，运用于“优生优育”工作中，已经为提高我国人口质量作出了巨大贡献。所以，提倡优生优育，提高人口素质，离不开优生学的科学指导。

优生学一词是英国著名人类遗传学家高尔顿于 1883 年创立的，他指出：“优生学是在社会控制下，研究可能改善和损害未来人类身体和智力素质的科学。”不过，他忽略了环境因素的影响，而过分强调了遗传因素的作用。1980 年，美国人类遗传学家斯特恩对优生学作了精辟的论述，提出了“预防性优生学、负优生学、消极优生学”和“促进性优生学、正优生学、积极优生学”两个概念，此后，优生学的范围不断扩大。下面我们说说预防性优生学和促进性优生学的内容。

预防性优生学是人类运用科学手段避免或减少不良个体的出生，通过分子生物学和细胞分子学的研究，修饰和改造遗传物质，控制和影响个体发育，操纵和变革人类自身，促进体力和智力上优秀的个体出生，使后代更加健康、完善。

胎教包括的内容很多，这在前面已经说过，它是提高人类素质、使优者更优不可或缺的一门学科。

专家提示

妊娠的第 1 个月是胚胎神经管、四肢和眼睛开始分化的时期，是胚胎发育的关键时期，若此期胚胎接收到了不良刺激，就会影响这些组织和器官的发育，从而导致胎儿发育异常。由于大多数孕妇在妊娠第 1 个月都不知道自己已受孕，故为了慎重起见，计划受孕的妇女不论是否已受孕，均要以孕妇的标准来安排日常生活。

不要到剧院、舞厅、商店等众人集聚的地方，避免与患有流感、风疹、传染性肝炎等患者进行接触；尽量避免使用任何药物，因为怀孕后 15～40 天内药物最容易引起胎儿畸形，如果因病情需要使用药物，必须在医生的直接指导下谨慎使用；远离电磁污染，尽量少用电脑、手机、微波炉；看电视时要保持一定的距离；避免重体力劳动和离地面 2 米以上的高空作业；不使用电热毯，电热毯同样会产生电磁辐射，影响胎儿发育；日常饮水尽量选用白开水，少饮咖啡、浓茶及可乐型饮料；少直接接触凉水；避免与家庭宠物接触；避免穿高跟鞋；避免从事过于激烈的运动；身体不适及早就医；最好不要进行性生活，即使进行性生活也要注意体位和持续时间，减少刺激强度；孕前最好接种麻疹疫苗，在接种前 1 个月或接种后 2 个月，必须避孕，因为麻疹病毒活疫苗有感染胚胎的可能，若是已确定妊娠，则不可再接种该疫苗。

第二章

妊娠二月胎教

妊娠二月母体变化和胚胎发育

妊娠二月孕妇身体的变化及感觉是怎么样的

妇女怀孕到 2 个月，会有很多明显的变化征象，其中最为明显的有：

❶ 月经过期不来潮。一向很有规律的月经突然不来，并且超过以往月经周期 10 天以上，或者平常月经不规律的，此次会超过 2 个月以上，这就表明可能是怀孕了。但这不是绝对的，还应留意是否有其他情况，如气候的突变、生活环境的变化、精神受到刺激、身心疲劳或患子宫疾病、贫血或内分泌紊乱等，因此，还应从多方面诊断是否受孕。

❷ 出现妊娠反应。月经超过 10 天后不来，许多妇女常在清晨起床后感到恶心或者伴有频繁的呕吐，同时觉得头晕，总感疲倦和想入睡，不想吃东西，特别是厌恶油腻食物。这种反应被称作早孕反应，一般在怀孕 12 周后自行消失。

❸ 乳房有胀痛感。平时自觉或不自觉地感到乳房胀，稍一碰触乳房或乳头，就有疼痛感。这种表现初次怀孕者更为明显，乳头和乳晕的颜色并且逐渐变深。

❹ 白带增多，小便次数增多。白带比平时量稍大。尿比平时次数增多，这是子宫受孕后膨大刺激膀胱所致。

❺ 体温上升。经常测量基础体温的妇女，到妊娠 2 个月时，会发现体温上升。

妊娠二月胎儿是什么样的

到妊娠2个月时，胎儿生长发育已由分化前期（受精到形成胚卵）进入分化期（器官形成期），即受精后的15～56天是胚胎器官高度分化和形成期，表现为：

5周时，头大但松弛无力地垂下，已具有萌芽状态的手、脚和尾巴。

7周时，头、身体、手脚开始有区别，尾巴逐渐缩短。胚胎已具有人形模样。

脑、脊髓、眼、听觉器官、心脏、胃肠、肝脏初具规模，并因心、肝、消化管的发育，胚胎的腹部膨隆；眼睛出现轮廓，鼻部膨起，外耳开始有小皱纹，颜面已似人形；内外生殖器的原基能辨认，但外表上还分辨不出男女性别。

羊膜和绒毛膜构成的双层口袋中充满了羊水，胚胎浸泡在羊水中，可以自由流动。子宫如拳头大小，质柔软。

到了7周末，胚胎身长已达2～3厘米，体重9克。头部占身体总长的一半。

妊娠二月饮食营养

妊娠反应时的饮食调理

妊娠早期发生恶心、呕吐、食欲缺乏，当然影响孕妇的进食和营养素的摄取，严重的会不利于孕妇健康和胎儿发育，所以要注意饮食调理。

❶ 为了防止呕吐严重时引起脱水，可选食一些含水多的食品，如各

种水果、新鲜蔬菜等，这些食品不仅含有大量水分，而且含有丰富的维生素 C 和钙、钾等无机盐。

❷ 也可以在烹调食物时使用一些香辛料，如姜、辣椒、紫菜等，使食物略有刺激性，可增进食欲。

❸ 热食气味大，妊娠呕吐者比较敏感，可以适当食用些冷食或热食，凉凉再用。

❹ 可多食用些蛋白质、维生素含量高的食物，如乳酪、牛奶、豆浆、藕粉、鸡蛋、水果、蔬菜等。

❺ 少食多餐。恶心呕吐时间多在早晨起床或是傍晚，也就是说胃中太空或太饱对孕妇都不利。这样采用少食多餐的方法，不拘泥一日三餐的规定习惯，想吃就吃。晚上可准备一些容易消化的食品，如面包干、馒头片、乳儿糕、饼干等，在早上起床前先喝一杯白开水，再将食物吃下去，稍躺一会儿再起床，可减少恶心与呕吐。

❻ 在膳食和食物烹调中，少吃或少用油腻食物，烹调中可采用植物油，少用动物油，以减少油腻。

❼ 汤类和油腻食物特别容易引起呕吐，吃饭时孕妇不要喝汤、喝饮料及吃油腻食物。孕妇应避免吃过油或刺激性强的食物，如辛辣食品。

孕妇在清晨起来若有恶心感，可吃些咸饼干、烤馒头片。此时不必考虑营养去吃自己不喜欢或不易消化的食品。多吃些蔬菜和水果，有利减轻呕吐，适当服用维生素 B_6、维生素 C，防止体内酸中毒。

孕妇宜多吃海产品

妇产科专家提醒孕妇，为了优生，孕妇在妊娠期间宜多吃海产品。

碘是人体不可缺少的一种矿物质，碘在人体中的主要作用就是参与甲状腺素的合成，甲状腺素对身体发育是必需的，正常的体格，认知行为和神经、运动系统的发育均依赖于甲状腺素。

孕妇严重缺碘，会造成死胎、流产、早产和先天性畸形。宝宝出生后易出现智力低下、体格矮小、呆傻面容，以及瘫痪、又聋又哑等克汀病表现。为了下一代的优生，给孕妇补碘既是必需的，又是重要的。补碘的关键时间是在妊娠早期 3 个月，尤以妊娠前期为好。若怀孕后 5 个月再补碘，已作用甚微，起不到预防后代智力缺陷的作用了。

孕妇每日碘的适宜摄入量为 200 微克，一般日常饮食不能满足孕妇对碘的需要，海产品中含有丰富的碘，如海带、紫菜、发菜、贝类、鱼虾等，孕妇可适当多吃一些。若是孕妇每 2～3 天吃一次海鱼，即可满足人体对碘的需要量。孕妇不妨多吃些海产品。在缺碘区，盐中加碘是一种经济、安全、方便和有效的补碘措施。

钙、磷有利胎儿发育

钙是构成人体的重要成分，仅次于水、碳、氧、氢和氮，排在第 5 位。钙是人体含量最多的矿物质，占人体体重的 0.5%～1%，成年人体内钙约为 1000～1200 克，其中 99%集中于骨骼和牙齿，1%参与人体各种生理活动。

钙是构成骨骼和牙齿的重要成分，也是胎儿骨骼发育所必需的物质，如果孕妇身体内钙充足，可促进胎儿骨骼及牙齿的生长发育。缺钙，可以导致孕妇小腿抽搐及胎儿软骨病或小儿佝偻病。孕妇严重缺钙，可致骨质软化、骨盆畸形而诱发难产。

胎儿的乳牙胚在妊娠 6 周开始发育，妊娠 4～5 个月时恒牙胚开始发育。这一过程较长，直至乳前牙根完全形成约需2年的时间，而恒前牙根需10年左右发育完全。所以，孕期钙的摄取与乳牙的发育及钙化关系密切。妊娠期间孕妇每天需补钙1.5克。

食物中钙的最丰富来源是奶和奶制品，不仅含量丰富，而且吸收率高，发酵的酸奶更有利于钙的吸收，是孕妇最理想的钙源；虾皮、鱼类（特别是带骨头的小鱼）和芝麻酱含钙也特别丰富，蔬菜和豆类含钙量虽较多，但吸收较差，硬水中也含有相当量的钙。

磷和钙一样，也是建造骨骼和牙齿的重要矿物质。

磷约占人体重的1%，成人体内含有600～900克的磷，是人体含量较多的元素之一。磷不但是构成人体的成分，而且是参与生命活动中非常重要的代谢过程。人体内总磷量的85%～90%存在于骨骼和牙齿中。磷和钙结合形成磷酸钙，是构成骨骼和牙齿的重要成分，其中钙与磷的比值约为2∶1。磷广泛存在于动植物食品中，豆类、硬果类、蔬菜、水果中都含有磷，动物性食品如蛋、乳、肉、鱼和禽类中磷含量都比较高。鱼脑中含有丰富的脑磷脂和卵磷脂，是补脑佳品，孕妇不妨多吃一些鱼，这对孕妇本人和胎儿都是有好处的。人体一般不会出现磷缺乏。

妊娠期间要多补铁

人体内2/3的铁是功能性铁，主要以血红蛋白形式存在于红细胞中，铁与红细胞的形成和成熟有关；血红蛋白在从肺输送氧到各组织的过程中起着重要作用：铁作为细胞色素和某些呼吸酶的成分，对呼吸和能量代谢有非常重要的影响。

铁是造血原料，孕期铁的需要量大大增加。铁在机体代谢中起着非常重要的作用，食物中铁的吸收率和利用率不高，容易缺乏。民间常说的

"贫血"，大部分都是因为缺铁而引起的。如果孕妇摄入的铁不足，就会直接影响到胎儿的生长发育。临床上经常出现的胎儿期贫血与出生时体内铁的储存量有密切关系。如果孕妇和乳母的膳食中铁供给不足，就可发生营养性贫血。

妊娠时母体血液量比平时增加 40%～50%，加上胎儿发育所需铁，因此，孕妇每日需补铁 20～40 毫克。假如不注意补铁，孕妇常常会发生贫血，导致早产、胎儿低体重以及胎儿生长迟缓。胎儿缺铁还会干扰胚胎的正常分化、发育和器官的形成。孕妇补铁可多吃动物肝脏、肉、禽蛋、蔬菜等。已发生缺铁，血红蛋白在 100 克/升以下者，需要服铁剂，如硫酸亚铁丸等。同时注意维生素 C 的摄入，以利于铁的吸收。

含铁丰富的食物有猪肾、猪血、猪肝以及其他动物的肾、血、肝等。植物食品含铁多的有黄豆、豆制品、银耳、木耳、淡菜、海带、海蜇、芹菜、荠菜等。

妊娠期间要补锌

人体中锌含量为 15～25 克，体内的锌主要分布在头发、皮肤、骨骼、肝脏、肾脏、肌肉、胰、脾、胃肠道、红细胞以及男性的睾丸中。锌是促进生长发育的重要元素之一，是体内物质代谢中很多酶的组成成分和活化剂。锌在核酸、蛋白质的生物合成中起到重要作用。锌参与碳水化合物和维生素 A 的代谢过程。锌还具有维持胰腺、性腺、脑下垂体、消化系统和皮肤正常功能的作用。锌也是胰岛素的成分之一，与胰岛素的活性有关。如果妊娠早期缺锌，可干扰胎儿中枢神经系统的发育，严重的可造成中枢神经系统畸形；妊娠晚期缺锌，可使胎儿神经系统的发育异常。

孕早期妇女每日宜摄入锌 15 毫克。孕中期、孕晚期妇女每日需锌 20 毫克，锌的来源广泛，但动植物性食物的锌含量与吸收率有很大差异。牡蛎含锌量最高，每千克可达 1 克以上；动物性食品含锌量也较高，如牛肉、猪肉、羊肉及肝脏、蛋类每千克在 20～50 毫克；鱼类和其他海产品每千克在 15 毫克左右；牛乳及乳制品每千克在 3～15 毫克；豆类及谷类每千克在 15～20 毫克；而蔬菜和水果含锌量较低，一般每千克在 10 毫克以下。过细的食品加工过程可导致锌大量丢失，例如，将小麦加工成精面粉约去掉80%的锌。目前含锌药物主要有硫酸锌、氧化锌和葡萄糖酸锌等，但人体对药物性锌的吸收率较低，仅为10%左右，所以补锌时以不超过正常人每日需要量（成人为15毫克）的10倍为限，即每日不超过150毫克。

妊娠期早餐宜摄入一定谷物食品

谷类食物是各种米、面等食品的总称，历来是人们餐桌上必不可少的食物。但由于近些年来人民生活水平提高、生活节奏加快以及营养知识欠缺，很多家庭的早餐只喝一杯牛奶、吃一个鸡蛋，早餐中不再有谷类食物，这种食谱不利于健康。

谷类的主要成分是淀粉，营养成分是碳水化合物即糖类，是人类获取能量的最经济和最主要的来源，人类膳食中约有40%～80%的能量来源于碳水化合物。所有碳水化合物在体内被消化后，主要以葡萄糖的形式被吸收，并能迅速氧化供给机体能量。碳水化合物也是构成人体的重要物质，参与细胞的多种活动，参与某些营养素的正常代谢过程；碳水化合物还具有解毒、增强饱腹感和改善胃肠道功能的有益作用。

谷类是膳食中B族维生素的重要来源，这些成分中的泛酸、尼克酸、硫胺素及少量的核黄素等，是胎儿神经系统发育所必需的。谷类食物也含有一定的植物固醇和卵磷脂，可促进胎儿神经发育。B族维生素对孕期反应如妊娠剧吐，具有很好的减轻作用，能够促进消化液的分泌，增进食欲。

一般上午上班工作量较大，需要的精力和能量都比较多，如果食物中缺乏谷物糖的供给，就容易导致疲劳、头昏和体重减轻。如果仅依靠牛奶、鸡蛋这种高脂肪高蛋白食物，不仅可因其代谢产生对人体有害的代谢产物，而且会加重孕妇肝、肾的负担。

妊娠二月营养食谱

姜枣汤

原料：大枣 250 克，生姜 250 克，甘草 30 克，食盐适量。

做法：大枣去核，生姜切片，二者焙干，备用。

甘草与食盐炒制后，与枣、姜研为细末，装瓶收贮，备用。每次 10 克，开水冲服，每日 2 次。

特点：大枣性味平和，是补中益气、气调补脾胃的常用佳品，与辛温之生姜配伍，既可开胃调中，又能调和营卫；并配以补气的甘草，更助大枣补脾和胃之力。诸料合用，具有“和脾胃、进饮食”的作用，适用于脾胃虚弱、不欲饮食或食之呕吐者服食。

牛肉脯

原料：牛肉 2500 克，砂仁 6 克，胡椒 15 克，良姜 6 克，荜拨 15 克，陈皮 6 克，生姜 50 克，草果 6 克，大葱 50 克，食盐适量。

做法：牛肉剔去筋膜，切作大片。

胡椒、荜拨、陈皮、草果、砂仁、良姜研为细末，生姜、大葱捣成汁，入诸料末，加盐，调成糊状，把切好的牛肉片放入调味糊内，拌匀，腌 2 小时后取出，入烤炉中烤熟即可。或上火煨 1 小时。经常少量食用。

特点：温中健脾，益气和胃，开胃消食，可减轻妊娠反应。

菠萝菜卷

原料：菠萝 100 克，胡萝卜 200 克、白菜 100 克，盐、糖、菠萝汁、醋各适量。

做法：将糖熬至完全溶化，过滤加醋和菠萝汁搅匀。

将菠萝切丝，白菜烫后撒盐，胡萝卜切丝烫后撒盐，两种菜腌渍几分钟后洗净，挤干，放味汁内浸渍 3 小时。

取出腌好的胡萝卜、白菜，把白菜推平，把 4 根胡萝卜丝、2 根菠萝丝放在白菜的一侧，裹成卷，食用时改刀成菱形即成。

特点：口味甜酸，颜色美观。

粳米露

原料：新鲜粳米 1000 克。

做法：新鲜粳米置于蒸馏瓶内，加水适量，依法蒸馏，收集蒸馏液 1000 毫升为止。

装瓶贮存，备用。每次 50 毫升，每日 3 次。

特点：稻米品种较多，皆具有补脾胃、益五脏的作用，唯粳米之功最佳。善补中益气，健脾和胃。

妊娠二月优生与保健

初次产前检查的内容

产前检查很重要，通过产前检查首先可以了解孕妇的健康情况以及有没有引起先天遗传性疾病和导致胎儿发育畸形的因素。尤其是孕妇患有慢性病（如心脏病、肺结核等）时，是否会因怀孕使病情加剧甚至危及生命，通过产前检查，就可明确是否应终止妊娠。其次，通过产前检查，可以了解骨盆和产道是否正常，能否自然分娩，如发现异常时要作好准备，以防临产时措手不及。

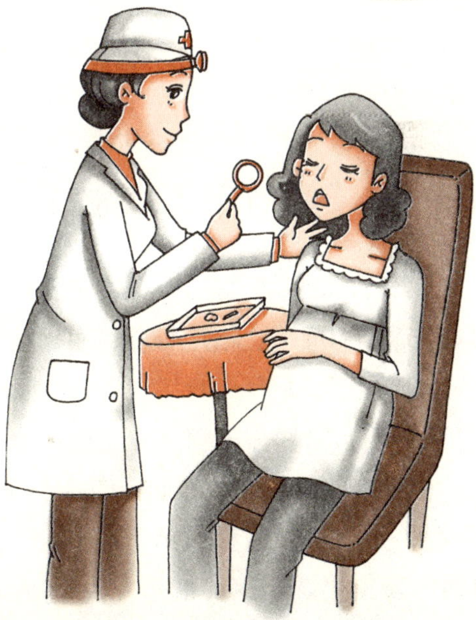

育龄妇女在停经 40～50 天时可作初次妊娠确诊检查，并在以后 6 个月中每月检查 1 次，从第 7 个月起每半月检查 1 次，9 个月后每周检查 1 次，检查中如发现异常则应按医生指导接受检查。

初次检查的内容有：

问诊：

❶ 孕妇的一般情况：年龄，孕次（第几次妊娠），产次（曾经分娩过几次），月经初潮，月经周期，月经量，末次月经，前次月经。

❷ 是否接触过有毒有害物，如汞、铅、苯。

❸ 过去是否患有严重疾病，如肝炎，结核，心、肺、肾、脑疾病，高血压，糖尿病等，是否做过手术。

❹ 家族中有无遗传病史、双胎史、肿瘤病史。

检查：

❶ 全身体检：血压、脉搏、身高、体重、心肺肝脾等全身各系统体检。

❷ 妇科体检。

❸ 血尿常规检查。

❹ 血清学检查：肝功、乙肝病毒系列，TORCH，梅毒，艾滋病，甲胎蛋白。

❺ 部分人需进行更多检查，如 B 超、心电图、血糖检查等。

孕妇为什么要检验血型

孕妇在产前要检验血型，这主要是因为母胎之间会出现血型不合的情况。在这种情况下，胎儿血液中的红细胞被破坏，引起各种改变，如致使孕妇发生流产、早产、胎儿宫内死亡或新生儿溶血症等，这就是所谓的母儿血型不合。最常见的有两种类型：

❶ ABO 血型不合。孕妇血型为 O 型，丈夫血型为 A 型、B 型或 AB 型，当胎儿的血型为 A 型或 B 型时，则为 ABO 母儿血型不合，在我国比较常见。但这种血型不合病情较轻，新生儿得黄疸的很少，危害性较小。

❷ Rh 血型不合。Rh 血型分为 Rh 阳性和 Rh 阴性。如孕妇 Rh 因子为阴性，其丈夫为 Rh 阳性，胎儿的血型为 Rh 阳性时，就会发生 Rh 血型不合。

及早了解血型，就便于作好孕期中的母胎检测，采取相应的预防措施。而且，检验血型还可以为孕妇在妊娠期中的不测做好配血及输血工作，因为早孕时的不完全流产，晚期的前置胎盘及胎盘早期剥离，以及分娩后子宫收缩乏力或胎盘剥离异常引起的子宫大量出血，均可使孕产妇陷入休克状态。及时配血及输血对抢救工作十分重要。

孕妇应避免作 X 线检查

X 线是一种放射线，对人体具有一定的危害，特别是对胎儿。妊娠 3 个月以内，正是胚胎器官形成时期，照射 X 线有很强的致畸作用，可使流产、死胎发生率大大提高。在妊娠中期，胎儿的骨骼、神经、生殖腺等还在继续发育，因而也应避免 X 线检查。

如果必须进行 X 线检查，应注意以下几点：

❶ 尽可能在妊娠晚期进行检查，这时胎儿各器官均已完成发育，很小剂量的 X 线摄片不致引起胎儿的变化。

❷ 如孕妇需要作 X 线检查时，应避开腹部，只照需要检查的局部。

❸ 如必须作 X 线检查时，最好作 X 线摄片检查，摄片的 X 线剂量远远小于透视。

❹ 在孕早期作过大剂量 X 线检查，特别是腹部检查的孕妇，可请医生作产前诊断，了解胎儿是否发生畸形。

孕妇何时应禁止性生活

男女青年的性生活比较频繁，但在女性怀孕以后，夫妻双方必须节制性生活，而且有的时候应禁止过性生活。

从妻子妊娠开始到妊娠 3 个月末，胎盘正处在发育阶段，特别是在此时期胎盘和母体宫壁的连接还不够紧密，此时过性生活可使子宫受到震动，很容易造成流产。而且性交时因孕妇盆腔充血，子宫收缩，也会造成流产。因此，这 3 个月内夫妻应尽可能禁止性生活。

孕妇妊娠晚期，特别是临产前的 1 个月即妊娠 9 个月后，胎儿开始向产道方向下降，孕妇子宫逐渐张开，倘若这个时期过性生活，羊水感染的可能性很大，可能发生羊水外溢（即破水）。同时，孕晚期由于子宫比较敏感，受到外界直接刺激，很容易突发子宫加强收缩而诱发早产。所以，妊娠期最后1个月必须绝对禁止性生活。

孕妇不宜养猫玩狗

现在有很多妇女喜欢养宠物，养猫玩狗，这对人们的健康尤其对孕妇的优生很不利。有的妇女生下畸形儿，经查找原因，就是由于孕妇在怀孕期间养猫或玩狗所造成的，她们不但家中养猫养狗，还很喜欢玩狗，又抱又搂，甚至与猫、狗同睡一床。

医学专家从畸形儿产妇和流产的孕妇孩子的脐带血液中发现了弓形体。猫和狗的身上就多带有这种弓形体。弓形体通过口腔进入人体内进行繁殖和生长，并可通过胎盘引起胎儿先天性弓形体病，可引起早产、死产或产后呈活动性疾病，表现为脉络膜视网膜炎、抽搐、发热、黄疸、肝脾肿大、皮疹等，以后还可能出现脑积水，影响胎儿的身体健康和智力发育。

所以孕妇不要养猫玩狗，家中也不要养猫狗，以防弓形体感染孕妇，影响到胎儿。

胎儿各器官发育的关键时期

每个妈妈都希望自己的孩子出生后四肢健全，大脑正常，各器官生长健康。那么就应该在怀孕期间避免饮食、药物、感染、辐射等外来因素对自身和胎儿的侵害。

怀孕 3 个月以内是胎儿生长发育的决定性阶段，最为重要，胚胎各器官都在这一时期内生长发育。各主要器官出现畸形最危险的时期为：

脑：受孕后 15～27 天；

心脏：受孕后 20～29 天；

眼：受孕后 24～29 天；

四肢：受孕后 24～36 天；

生殖器：受孕后 28～62 天。

这些时间内是各器官致畸的最危险时期，孕妇掌握了这一情况，就可以在这段时间内注意防止各种外界因素的侵袭。当然，整个妊娠期都应避免不利因素的影响，不过怀孕最初 3 个月内更为重要。

二月胎教方案

想象胎教

创造性审美想象，是一种能充分发挥和调动主观能动性的心理活动，它可以使任何一个人的生活变得充裕和快乐。对孕妇来说，她们更需要快乐、满足和美，下面就简要介绍一下创造性审美想象的方法和技巧。

首先，孕妇要进行想象，想自己向往和喜欢的事，如想着自己抱着未来的宝宝，逗着他玩的情景。

孕妇自己置身于一个舒适的环境中，或是坐着，或是躺着，使身体完全放松，从脚趾开始，一直到头顶，想着一步步地放松身体的每一块肌肉，让所有的紧张从身体中流出。用腹部又匀又长地呼吸，慢慢地从 10 倒数到 1，每数一下都觉得自己是更深地放松了。

当孕妇感到自己深深地放松了之后，开始想象自己逗孩子玩的情景，想象孩子是多么活泼可爱，自己的心情是多么愉快欢乐，胎教成功的喜悦充溢在自己心头。

在大脑里保留这些美好情景的同时，在内心对自己作一些十分积极的、肯定的陈述（出声或不出声都可以）。例如：

“我正在和可爱的孩子度过一个美好的晚上。”

“宝贝，我永远爱你，我们永远在一起。”

在结束想象时，自己再说一段坚定的话：

“这，美好的情景，

多么和谐，多么令人满意。

现在我充分感到了初为人母的幸福，

也感到了为社会贡献一个健全的孩子，

是多么骄傲，多么光荣。”

孕妇要觉得这一过程是欢快有趣的，要坚持做下去，可以是 5 分钟，也可以是半小时。每天都反复做，或尽你所能地经常去做。

要想练习创造性审美想象，就一定要做到深深地放松。孕妇的身体和头脑都深深放松了，脑电波就会真正产生变化，变得慢下来。

孕妇要进行肯定的练习，用一些更积极的乐观的思想、概念来替代过去陈旧的、否定性的思维模式。这是一种强有力的技巧，它能在短时间内改变孕妇对生活的态度和期望。可以不出声地进行，可以大声说出来，也可以写在纸上，甚至可以歌唱或吟诵。一天只要有 10 分钟有效的肯定的练习，就能抵消孕妇许多年的思想习惯。孕妇在自己告诉自己一切时，要进行积极想象，选择积极的语言和概念，一个积极的现实就会被创造出来。

想象你自己置身在清新的大自然中——也许是片开阔的绿色草地，旁边是潺潺的小溪，也许是在海边细软的沙滩上，能看到波浪起伏。花一些时间想象所有美好的细节，意识到自己正充分享受并经历着这一切。你继续漫步、探索，越来越多地看到丰富多彩、美不胜收的景色——山麓、树林，在每一个地方留恋欣赏一会儿……

把这个世界想象成一个辉煌的乐园，在这个乐园中你正完满与丰富着你的经历。

音乐胎教

胚胎学研究证明，在受孕后第 8 周胎儿的听觉器官已开始发育，胚胎从第 8 周起神经系统初步形成，听神经开始发育，尽管发育得还不成熟，但胎儿已具有可以接受训练的最基本条件，故从本月末起，孕妇和胎儿可以听一些优美、柔和的曲目。每天放 1～2 次，每次 10 分钟左右，乐曲不要选太多，3 个曲子就差不多了。音乐胎教不仅可以激发孕妇愉快的情绪，同时可以给胎儿的听觉以适应性的刺激，为下一步的音乐胎教与语言胎教、对话胎教开个好头。

选择乐曲时要根据孕妇的不同性格特点选取不同曲词、节奏、旋律和响度的乐曲。如准妈妈情绪不稳，性情急躁，胎动频繁不安，则宜选择一些缓慢柔和、轻盈安详的乐曲。如二胡曲《二泉映月》、古筝曲《渔舟唱晚》、民族管弦乐曲《春江花月夜》等。这些柔和平缓，并带有诗情画意的乐曲，可以使准妈妈及胎儿逐渐趋于安定状态，并有益于母亲与胎儿的身心朝着健康的方面发展。

如果准妈妈性格阴郁迟缓，胎动也比较弱，则宜选择一些轻松活泼、节奏感强的乐曲。如《春天来了》、《江南好》、《步步高》及奥地利作曲家约翰·施特劳斯的《春之声圆舞曲》等。这些乐曲旋律轻盈优雅，曲调优美酣畅，起伏跳跃，节奏感强，既可以使准妈妈振奋精神，解除忧虑，也能给腹中的胎儿增添生命的活力。

其他的如：《春风得意》等乐曲，轻松悠扬，节奏明朗，优美动听，使人赏心悦目；《锦上添花》、《矫健的步伐》以及奥地利作曲家海顿的《水上音乐》等乐曲，清丽柔美、抒情明朗，可以消除孕妇的疲劳；《花好月圆》、《欢乐舞曲》等乐曲，可促进孕妇的食欲；德国音乐家勃拉姆斯的《摇篮曲》、德国浪漫派作曲家门德尔松的《仲夏夜之梦》等乐曲，旋律轻盈灵巧、美妙活泼，情调安神柔和，具有催眠的作用。此外还可选择约翰·施特劳斯的华尔兹或古典的名曲。

美容胎教

以前人们都认为生了孩子，青春的容貌和苗条的身材就会消失。事实上，只要注意皮肤的美容、护理，就仍然可以保持青春的肤色和苗条的身段。

怀孕后，皮下脂肪日益丰腴，皮肤、黏膜分泌的汗和油脂也比以前增多，如不经常清洗，会使皮肤发痒，很容易得皮炎。因此，要经常洗澡净身。夏天因为出汗较多，最好每天都洗。

怀孕后，由于皮脂腺分泌很多的油脂，皮肤会变得粗糙、敏感，面部还会长出一些脓包。这是由于体内的激素分泌失调所致，所以不必乱抹药或是更换化妆品，若情况不是特别严重，不必求医，也不必满心着急，只要注意多洗脸、保持脸部清洁、充分休息、摄取适当的营养，皮肤会慢慢好转的。

由于妊娠反应，孕妇往往饭吃得很少，营养跟不上，脸色会失去以往的红润，所以化妆要尽量明亮，给人以爽朗明快的感觉。这时，你最好不要浓妆艳抹，这样会损害你敏感的皮肤。应该上淡妆，一定要化得仔细、认真。晚上要保养皮肤，用一种不含去垢剂的中性乳液洗脸，然后，用凉水将皮肤洗净。用面霜敷在脸上，轻轻按摩，最后用热毛巾擦掉，用乳液滋润。这样，可以使你不用化妆，便拥有娇艳的脸庞。

在前几个月内，孕妇没有必要去买孕妇装，好好整理一下现成的服装，选出较为宽大的，或把腰部放大就可以穿了。因为怀孕时对寒暑的抵抗力很差，一定要注意保暖，寒冷时要比平常多穿一件。热了，要穿吸汗、凉快的衣服。再不能只注意好看，而不管穿着是否舒服了。

从现在开始，要养成一些习惯，如不再穿高跟鞋。因穿高跟鞋时身体重心前移，为了保持身体平衡，必须是臀部突起，胸部挺起，这样会使腹腔的前后径缩短，腹压上升，压迫血管，使血液循环受阻，从而会影响胎儿的生长。

每天早上，要用温水清洗乳头，以保持乳房的清洁。另外，胸肌没有办法支撑日渐丰满的乳房，必须要选择合适的乳罩托住乳房，使其保持在原来的位置上。即使乳房小而且结实，也要这样做。有些妇女以为生育后乳房下垂是哺养孩子的结果，事实上，喂孩子反而会使胸部更美。乳房下垂的原因是孕期没有佩戴合适的乳罩。胸肌不发达者更应注意乳罩的佩戴。晚上，为了使胸部肌肉不太紧张，依旧要戴上胸罩。

从这时起，还要注意你的牙齿。最好在怀孕前就把患牙医好，该拔的拔掉，该补的补齐。俗话说："生一个孩子掉一颗牙。"虽然情况没有这么糟糕，但孕妇的牙齿和牙龈的确非常容易患病。因为不断增加的激素改变了唾液的成分，唾液的含酸量较以前大大增加，这就造成孕妇的牙龈比较疏松，与其他组织一样，特别容易水肿，刷牙时可能经常出血。为了防止出现龋齿，应少吃甜食，并可选用防龋牙膏刷牙。刷牙时要轻轻地刷，上牙床要自上而下地刷，下牙床要自下而上地刷，磨牙要转着刷，将牙缝里的食物残渣都刷出来漱掉。最好每餐后都刷一次牙。

抚摩胎教

抚摩胎教法是根据胎儿具有触觉，父母通过抚摩来与胎儿沟通的方法，它也是父母早期与胎儿沟通的重要途径。

相对视觉而言，胎儿的触觉发育要早一些，实验证明，2 个月的胎儿已经开始有感觉了，父母可以通过对胎儿进行抚摩、拍打等，激发胎儿的积极性。经常抚摩胎儿，可以促进孕妇的血液循环，有利胎体的形成和胎儿的智力发育。通过抚摩把触觉刺激传递给胎儿的大脑，加强胎儿感受器和大脑的联系，使胎儿更聪明。

本月胎教的具体做法是：孕妇可用双手轻抚腹部，一边抚摩一边呼唤胎儿的名字，还可以跟胎儿说话，把自己正在做的或可以和胎儿一起做的事告诉胎儿。同时，父亲也可以选择合适和固定的时间抚摩胎儿，或用手指轻按妻子的腹部，把压力通过腹壁传至胎儿皮肤，以产生压觉和触觉。这样可满足胎儿的皮肤饥饿感，激发胎儿活动的积极性，促使其发生蠕动。

在进行胎教时，准爸爸也要积极参与，丈夫的抚摸和协助，对妻子心理上是一种安慰和鼓舞，妻子对丈夫的关怀、体贴，会感到非常高兴，从而对其情绪会产生良好的影响。丈夫的积极参与往往是使胎教能坚持不懈、持之以恒的重要因素。因此，夫妇要相互配合，心灵交融，把胎教不断进行下去。

美育胎教

孕妇在欣赏美术作品的时候，通过联想、想象到美好的事物，从而将美的感受传递给胎儿，达到对胎儿的美育胎教。孕妇在欣赏美术作品的时候，要在理解美术作品的基础上，用心去体会，引起感情上的共鸣，产生美的感受，从而达到对胎儿进行美育胎教的目的。孕妇在欣赏美术作品时，可根据不同的爱好选择不同的作品，喜欢中国画的可欣赏中国画，喜欢西洋画的可选择欣赏西洋画，喜欢根雕的孕妇可选择欣赏根雕……孕妇要根据自己的喜好和欣赏素质来选择。

下面以法国画家安格尔的作品《泉》为例说明如何进行美育胎教。

《泉》是安格尔最著名的油画杰作，尽管这幅画属于希腊画风之作，但画中女子却有一种自然的生气。画面表现的是一个手托水罐正面站立着的少女形象，尽管她略带羞涩的美丽面庞和优美匀称的体态，可以引起人们无限的遐想，但画家的匠心则主要体现在他对理想美的思考和追求上。少女的造型在整体上是遵循了古希腊雕刻的三段式原则，左边以高举的手臂组成圆和三角的几何结构，胸部和腹部的转折起落形成波浪式的曲线，与左边的单纯与宁静形成对比。从少女的头部开始，经过耻骨到脚底的 S 形是中轴线，正是这根无形的中轴线，统一了画面的运动和变化，达到了高度的和谐，寄托了安格尔对美的全部理想。而水罐倾流的泉水，既起着寓意少女青春纯洁的点题作用，又使画面产生匀称和谐的旋律。

《泉》这幅画创造出的不仅是一个纯洁少女的化身，更创造了恬静、典雅、抒情诗般的意境，而这种意境恰恰正是孕妇所需要的。如果孕妇在这样一种美的境界中去想象自己腹中的宝宝，谁又能说宝宝不会生长得更美丽呢！

环境胎教

优美的环境，能对人的神经起到调节作用，也能对孕妇的性格、心情起到改善、缓和的作用。一个干净整洁、安静舒适的居室还会使孕妇从精神上感到愉快。席勒曾经说过：“真正美的东西，必须一方面跟自然一致，另一方面跟理想一致。”家庭环境的布置，是孕妇物质、精神生活统一和谐的黏合剂，不仅能对母亲的精神生活起到一定作用，而且也能促进胎儿的良好发育。

既然良好的环境对孕妇的情绪有着很重要的作用，那么怎样创造优美的环境来促进胎儿的发育呢?

首先，要为孕妇布置一个良好的居室环境。

居室的色彩布置应该因孕妇工作种类、个人性格等不同而有所变化。一般来说，在纷繁复杂的环境中工作的孕妇，居室色彩应该简洁、温柔、清淡，如乳白色、淡蓝色、淡紫色、淡绿色等。因为白色给人一种清洁、朴素、坦率、纯洁的印象，其他如淡蓝色、淡青色等给人一种深远、冷清、高洁、安静的感觉。孕妇从繁乱的环境中回到宁静优美的房间，内心的烦闷便会趋于平和、安详，心情也会稳定。如果孕妇是在紧张、安静，技术要求高，神经经常保持警觉状态的环境中工作，家中不妨用粉红色、橘黄色、黄褐色布置。因为这些颜色都会给人一种健康、活泼、鲜艳、悦目、希望的感觉。孕妇从单调的色彩环境、紧张的工作状态中回到生机盎然、轻松活泼的环境中，神经可以得到松弛，体力也可以得到恢复。

居室还要进行绿化装饰，而且应以轻松、温柔的格调为主，无论盆花、插花装饰，均以小型为佳，不宜用大红大紫，花香也不宜太浓。孕妇在被花朵装饰得温柔、雅致的房间里，一定有舒适轻松的感觉，这有利于消除孕妇的疲劳，增添情趣。

在居室的墙壁上还可以悬挂一些活泼可爱的婴幼儿的画片或照片。他们可爱的形象会使孕妇产生许多美好的遐想，形成良好的心理状态。另外，悬挂一些景象壮观的油画也是有益的，它不仅能增加居室的自然色彩，而且能使人的视野开阔。试想，茂密的森林、淙淙流水、蓝天高穹、海浪、沙滩……多么令人神往。即使是紧张、劳累了一天，孕妇也可以在这优美的环境里得到很好的休养。

除此之外，还可以在居室悬挂一些隽永的书法作品，时时欣赏，以陶冶性情。书法作品的内容常常是令人深思的名句，从中不仅能欣赏字体的美，更能感到有一种使人健康向上、给人以鼓舞的力量在时时激励自己。

在这优美的环境里，孕妇还可以培养自己更广泛的兴趣，如可以自己种一些花草，喂养一些漂亮的小鱼等。这些都能够陶冶孕妇的情操，感受到那种旺盛的生命力是无处不在的，进而产生美好的联想。

其次，要经常到空气清新、风景秀丽的地方游览，多听听悦耳动听的音乐，多看看美丽的图画和花草，以调节情趣。这样不仅可使孕妇心情舒畅，体内各系统机能处于最佳状态，也可以使胎儿处于最佳的生长发育环境，对于希望自己的孩子聪明漂亮的夫妻是十分必要的。

情绪胎教

受孕以后，孕妇的一举一动都会对胎儿产生影响，为了让孕妇能够自觉地对胎儿实施胎教，稳定孕妇的情绪至关重要。

作为家庭主要成员的丈夫，应当经常关心和体贴妻子，在妻子怀孕期间，应主动承担较多和较重的家务劳动，要经常注意去发现妻子的思想和情绪波动，及时给予适宜的帮助和开导，做好妻子思想上的工作。

孕妇应该培养自己心平气和的心境，不要轻易动怒，要学会以宽容的态度对待别人。同时，怀孕的妇女都有一种上升了的母爱感、崇高感，这在无形中增强了孕妇抵御不良情绪的能力。在此期间，孕妇还要注意培养自己处理冲突的良好心理素质。

孕妇自己为了控制和扭转不良的情绪，还可以去看一些轻松愉快的电影，听一些温馨优美的乐曲，读一些情节乐观的文学作品，甚至可以到旅游胜地散散心。总之，尽量让孕妇保持一种平和、稳定和舒畅的心态，为孕妇创造一个良好的环境，对促进胎儿的大脑发育可以起到间接胎教的作用。

胎教要点

❶ 居室宁静幽雅，环境优美。
❷ 预防流感、风疹、传染性肝炎。
❸ 避免接触化学物质和农药物品。
❹ 避免做登高等危险激烈的运动。
❺ 避免性生活。
❻ 本月产前检查一次。

细说胎教

古人的养胎思想

我国从古代开始就十分重视胎教，为后代留下了一笔丰富而宝贵的财富。古人有很多养胎经验，下面我们就按妊娠的月份简单介绍古人的一些养胎思想：

第 1 月：妇女有时烦躁易怒，有时郁郁寡欢，因此孕妇需怡养情志、忌成房事，以免扰动胎气，导致流产。

第 2 月：孕妇易受惊吓，可见恶心，并胃气下降而厌食，泛泛欲吐，故此时不宜看惊险、恐怖、武打电影或小说，同时忌食辛辣生冷食物，以免刺激子宫伤胎。

第 3 月：胎儿已形成，孕妇需清心寡欲，勿生邪念，忌阅淫秽书画。若欲火内生，就会损伤胎气。

第 4 月：胎儿肢体逐渐发育，孕妇不要过度劳累，勿久坐立，慎起居，调饮食，勿吃异味食物。

第 5 月：孕妇应注意脾胃功能，脾为后天生化之本，脾胃调和足摄精微，气血充足，营养胎儿，俾其健壮。

第 6 月：孕妇衣着宜柔软舒适，以免气血周流不畅，影响胎儿发育。

第 7 月：孕妇应预防感冒、咳嗽，感受风寒，发生咳嗽，就可能影响胎儿，导致早产。

第 8 月：胎儿在宫内逐渐长大，压迫孕妇内脏，孕妇一定要保持大肠畅通，不要发生便秘，否则九窍不和，胎动不安。

第 9 月：孕妇需寡欲忌房事，多阅文明端庄之书，多看喜悦洋溢之剧，多听优美婉转之乐。

第 10 月：胎儿即将出世，孕妇膀胱有时会受到压迫，出现尿频现象。孕妇坐凳，不宜满臀，应多散步，活动气血筋骨，这样有利于分娩。

胎教学说的形成

胎教最早萌发于古代的人们盼望得到一个好孩子的愿望。在 2000 多年前，《黄帝内经》中就有了关于胎教的记载。公元前 11 世纪，我国西周时期周文王的母亲就懂得胎教了。《史记》中记录文王之母太任时说：“太任有娠，目不视恶色，耳不听淫声，口不出傲言。”

“胎教”一词最早是在唐以前成书的《洞玄子》中被提出的。书中要求孕妇做到：“勿视恶色，勿听恶语，省淫欲，勿咒诅，勿骂詈，勿惊恐，勿劳倦，勿妄语，勿忧愁，勿生吃醋滑热食，勿乘车马，勿登高，勿临深，勿下坡，勿急行，勿服饵，勿针灸，背须端心正念，常听经书，遂令男女如是，故大智慧，忠义贞良所谓胎教也。”这就从孕妇视、听、言、思、动都会作用于胎儿这个角度，对孕妇的言行的各方面加以约束，只有这样才能孕育出大明大智、忠义贤良的儿女。

在国外，公元前 5 世纪，希腊著名学者苏格拉底的著作中也出现了关于胎教的记载。历史进入 19 世纪 80 年代后，英国生物学家高尔顿，在生物进化论的启发下正式创立了“优生学”。从 20 世纪 50 年代起，优生学开始有了较大的进展，在全世界得到了普遍的重视，胎教学说也得到了进一步的充实和应有的重视，逐渐形成了一门完整的理论。

20 多年来，欧美一些国家纷纷成立了胎教研究机构和指导中心，致力于胎儿智力、体力的全面开发，取得了令人瞩目的成绩。随着改革开放的深入，我国医学界对胎教的研究和应用也取得了相应的进展。

胎教的实施基础

胚胎学研究证实，人的胚胎在第 4 周时神经系统就开始形成，能对刺激作出反应；第 8 周时大脑皮质开始出现，脑细胞迅速发育，对母体传来的信息比较敏感；第 12 周时，胚胎正式形成胎儿，多种器官基本形成，逐渐具有了接受能力；第 16 周，胎儿能毫不困难地转动头部、双臂和上半身，还会以摇摆身体、蹬腿运动表示其喜欢或厌恶；第 20 周时，大脑皮质结构形成，沟回增多，胎儿运动能力增强；第 25 周时，胎儿的传音系统完成，神经系统已发育到相当程度，声音、光线及妈妈的触动都能引起胎儿的反应，胎儿已有了疼痛感、刺痒感，喜欢被摇动，能分辨妈妈和其他熟人的声音。28 周对各种反应表现较充分，如听觉、嗅觉、视觉、味觉和面部表情等，以后逐渐产生动能。

凡此种种，均说明妈妈的内环境（包括身心两方面的生理心理）变化和外环境的改变，都会对胎儿产生程度不同的影响，因而孕妇必须采取各种措施，使胎儿接受积极良好的影响，让其在母腹中健康成长，使胎儿神经向着优化方向发育和发展。

胎教的机制

胎教机制就是要求准妈妈从怀孕到分娩这段时间保持一种良好的精神状态，给胎儿一个内外安谧的环境，并给予胎儿精神上和心理上的熏陶。我国和日本医学界人士在深入研究探讨之后，认为胎教会影响孩子的一生。胎教机制看似简单，其实极为复杂。经研究，专家们认为母亲的思维和联想可以产生神经递质，这种神经递质经血液输送到胎盘，再进入胎儿体内，分布到胎儿脑部，给脑神经细胞发育创造一个与母体相似的递质环境，使胎儿神经向着优化方向发育和发展，由此看来胎教可使胎儿大脑发育优化，如果再加上后天的有利教育，这个孩子即可早日成才。

我们希望未来的父母通过学习，认真思维，多加联想，这样会使你未来的宝宝发育正常，身体健康，为今后的学习和工作打下基础。将要做父母的年轻爱侣，在你们刚刚开始你们生命的孕育之前，最好都参加胎教学习，这样才能稳妥地为家庭、为国家，乃至为民族养育一个聪颖体健的人才。

胎教原则

胎教原则是人们进行胎教时必须遵循的准则，它反映了胎教的客观规律，同时也是千百年来胎教实践经验的概括和总结，贯穿于胎教的整个过程之中，对具体的胎教活动起着极为重要的指导作用。自觉遵循胎教的基本原则，是胎教成功的前提和保证。

❶ 科学性原则。实施胎教必须以科学的生理学、心理学、教育学和优生学等理论作为指导，根据妊娠的不同阶段实施不同的适宜的胎教方法，引导胎儿在母腹中更健康顺利地发育成长。

❷ 自觉性原则。自觉性原则要求孕妇在正确认识胎教的重要意义的基础上，主动学习和运用胎教方法，有目的、有计划地进行胎教。

❸ 及时性原则。胎教过程具有不可逆转性，因此胎教必须尽早地及时地进行。否则错过了胎教最佳的时机，再采取措施就难以弥补。胎教的实施是越早越好，实施效果最理想的时期是妊娠 5～7 个月。

④ 个别性原则。个别性原则是指根据孕妇本人及其家庭的具体情况，选择适宜的方式方法。由于孕妇各人的智力能力、气质性格等许多方面都存在着个体差异，所以，胎教的途径和手段也应该随之而异。此外，家庭经济状况、文化背景和生活情趣等也会给胎教活动带来一系列影响。遵循个别性原则，能够扬长避短，收到较好的效果。

⑤ 灵活性原则。书本中所讲的胎教知识都是人们通过一些试验结果和事例总结出来的，所以有较大的普遍性：孕妇在按照书本实施胎教时，不能教条式地“照本宣科”，而应灵活地实施，这样方能取得比较明显的胎教效果。

孕妇是胎教的实施者

胎儿是由母亲孕育的，母体既是胎儿赖以生存的物质基础，又是胎教的实施者。为什么这样说呢？

因为孕妇的一举一动都会影响胎儿，如孕妇过于恐惧，易引起早产（未成熟儿）或胎儿畸形；孕妇急躁，所生的婴儿往往多动、易激动。母亲的心律节奏是胎儿最早熟悉的声音，类似母亲心律的其他有节律的声音胎儿也乐于接受，所以悦耳的、动听的音乐为胎儿所欢迎。相反，激烈的、难听的乐曲，胎儿也会暴躁不安、乱踢乱动。母亲定时抚爱着胎儿，可促使胎儿身心健康。

因此，孕妇要注意加强营养，使受精卵发育良好，使胎脑充分发育，营养应以蛋白质为主，但也不可忽视脂肪、维生素、矿物质及水分的摄入。孕妇还要注意稳定情绪，加强精神修养，多接触真、善、美的东西，克服各种邪念，所谓“目不视恶色，耳不听淫声，口不出傲言”，借以培养高尚的思想情操。通过母亲给胎儿提供的优美的环境和丰富合理的营养，使胎儿获得良好的胎教，达到优生优育的目的。

父亲在胎教中的作用

在母亲实施胎教的过程中，作为丈夫应为胎教顺利进行做好以下几项：

❶ 合理安排好孕妇的生活：首先要帮助妻子操持家务，减轻其体力劳动，安排好妻子的饮食，注意合理的营养。早孕反应时要准备适合孕妇口味的饮食，少食多餐，摄入足够的营养。在胎儿发育迅速阶段，更需供应富含高热量、高蛋白、微量元素（尤其是钙、铁）和维生素等的食物。

❷ 稳定孕妇的情绪，使其在温馨的环境中，保持精神愉快：孕妇本身遇事要冷静，发脾气、大吵大闹是不可取的。丈夫应尽最大努力让妻子心情舒畅，深感家庭的温暖，并对将诞生的宝贝产生极大的爱心。

❸ 激发妻子的爱子之情：丈夫除了让妻子多看一些能激发母子情感的书刊或影视片外，还要多与妻子谈谈胎儿的情况。如询问胎儿，提醒妻子注意胎儿的各种反应，与妻子一起描绘胎儿在“宫廷”中安详、活泼、自由自在的形象，一起猜想孩子的小脸蛋是那么漂亮逗人，体格是那么健壮完美。

❹ 协助妻子搞好胎教：例如，音乐胎教是胎教的重要内容之一，它不但可陶冶胎儿的性情，而且可以培养其对音乐的爱好。丈夫应安排轻快的、优美的音乐带，每天早、中、晚各播放 1 次，每次 20 分钟，注意多选择莫扎特和维瓦尔第的作品，少选择贝多芬和勃拉姆斯的作品，因为后者的音乐会使胎儿暴躁不安，胎动增多。

❺ 丰富妻子的业余生活：除了听音乐外，妻子还可作画，观看艺术表演，以提高艺术修养，同时，丈夫要鼓励妻子加强“专业”学习，特别是妊娠后期妻子还可与胎儿一起学习，如看看儿童读物、读读外语等。

孩子是夫妻爱情的结晶，因此胎教需要夫妻双方共同承担。当你为即将做爸爸而欣喜的时候，切莫忘了胎教的责任。

胎教从什么时候开始好

胎教应从什么时候开始？自然越早越好。从广义上来讲，应该从择偶时就开始。选择对象时就应考虑对方的思想品质、性格气质、健康状况以及相貌、教养、彼此的感情等多种因素。从狭义上来讲，则应从受孕，即从新生命诞生的“人之初”开始。

儿童智力发展最快的时期是在4岁以前，不少神童培养成功的经验表明胎教是很重要的第一步。美国的一位心理学家经几十年追踪调查认为，如果以17岁时的智力当做100%，那么从出生到4岁占50%，4～8岁占30%，8～17岁占20%。也就是说在4岁前如加强教育，能使智力充分发挥。

幼儿具有很大的智力潜能（从胎儿时起），这与胎儿脑细胞的发育有关。人脑的140亿个神经细胞绝大部分是在3岁以前形成的，胎儿的脑神经发育从受孕后2周即开始分化，一直发育到3岁，出生后脑神经细胞急剧地生长出许多触突，互相联系，这时大脑主要的功能已基本完善。脑细胞存在着很大的潜能，一般人只利用了其1/4，还有3/4的潜能未被开发，如果从胎儿期就开始进行超前教育，就可能最大限度地开发智力的潜能。因此，我们必须紧紧抓住这一重要时机，正确实施科学有效、切实可行的胎教手段，如音乐、语言、抚摸、运动、光照、营养、环境、情绪等，最大限度地开发胎儿的智力潜能，使其所有的能力在飞速发展的胎儿时期得到全面的发展，从而获得优越的先天遗传素质，使我们的孩子成为更加聪明健壮的优秀人才。

专家提示

从妊娠第2个月起，胚胎进入器官分化期，这个时期也是胚胎最容易因外界干扰而引发流产的时期，因此孕妇的日常生活一定要小心。注意身体不能长时间处于同一种姿势，避免反复做腰部用力动作；不要长时间地骑车、乘车、开车，以免发生早期流产，特别是曾有过妊娠失败的女性；应避免激烈的运动、旅行；要有足够的休息和睡眠；应尽量少接触家用电器及手机，避免对胎儿造成伤害；风疹和流行性感冒是造成畸形儿的原因之一，要千万注意预防；尽量避免用药，如必须服药，应该在医生的指导下正确地用药；避免接触有毒的化学物质及放射性物质。

孕吐反应差不多在妊娠第 2 个月出现，一般表现为恶心、食欲减退，空腹时（特别是在清晨）想吐、头晕乏力，不能闻油烟味或异味。这些不良反应会给孕妇带来很大的负面影响，进而影响腹中的胎儿。为了优生，孕妇一定要保持愉悦的心情、平衡的情绪，按时起居，保证充足的睡眠，避免劳累，设法减轻早孕反应带来的负面影响。饮食上宜选择清淡可口易消化的食物；能进食时尽量进食；保持体内充足的水分，让体内的废物能从尿中排出；夫妻还要注意此期暂停性生活。

第三章

妊娠三月胎教

妊娠三月母体变化和胎儿发育

妊娠三月母体的变化和感觉是怎么样的

从外观上看，孕妇的下腹部还未明显隆起，但体内的子宫在 3 个月末时已长到如拳头大小。

孕妇增大的子宫开始压迫位于前方及后方的膀胱和直肠，因而孕妇出现排尿间隔缩短、排尿次数增加、总有排不净尿的感觉，并且因压迫直肠，还容易出现毫无原因的便秘和腹泻。

孕妇盆腔内内脏血液聚集，发生充血和淤血，阴道内的分泌物较前略有增多，颜色为橙色或淡黄色，有时为浅褐色。

妊娠第 3 个月的前 2 周，即怀孕的第 8 周和第 9 周，是妊娠反应最难的阶段，度过此阶段，妊娠反应随着孕期的增加开始减轻，不久会自然消失，孕妇开始食欲增加，下降的体重逐渐回升。

孕妇的乳房除了原有的胀痛外，开始进一步长大，乳晕和乳头色素沉着更明显，颜色变黑。

妊娠三月胎儿的发育是怎么样的

怀孕第 3 个月末胎儿已有 40 克重，长约 9～10 厘米。整个身体中头显得格外大，几乎占了身长的大部分。胎儿有手指甲和脚趾甲，有眼睑，但仍闭着，有了双唇和一个凸出的鼻子。

胎儿的皮肤是透明的，因而可以透过皮肤清楚地看到正在形成的肝、肋骨和皮下血管、心脏、肝脏，胃肠更为发达；此时胎儿自身形成了血液循环，肾脏也开始发达起来，有了输尿管，骨骼和关节尚在发育中。外生殖器已分化完毕，可辨出胎儿的性别。

这时胎儿四肢在羊水中已能自由活动，有时左右腿还可交替做屈伸动作，双手能伸向脸部，这说明脊髓等中枢神经已经很发达了。

妊娠三月饮食营养

孕妇要注意保持水及电解质的平衡

妊娠反应期一般较短，由于早期胚胎形成时期营养素不需要增加很多，所以大多数情况下妊娠反应不会影响胎儿的发育，会很快度过。但是有严重者呕吐频繁、剧烈，许多孕妇产生惧怕心理，水、米难进，甚至有些人嗅到一点儿异味儿，都可能引起妊娠反应。有的人不仅将胃内食物吐出，而且还将胆汁等内容物吐出。由于频繁严重的呕吐可引起体内水、钠、钾等营养素流失，电解质紊乱，容易出现酮体，一旦没有得到及时纠正和治疗，可导致水、电解质平衡失调和酮症酸中毒的产生，造成体内营养环境失衡，使母体的健康受到严重危害，胎儿的健康也难以得到足够的保障。因此，在这种情况下要尽快看妇产科医生和营养医生，尽早控制症状，必要时采取肠内营养和肠外营养综合治疗，防止出现水、电解质紊乱和酮症酸中毒。

为了保持水、电解质的平衡，早孕呕吐期的营养补充要注意多饮水，多吃蔬菜和水果，以补充电解质。同时，还可配合随意膳食，做到什么时候能吃就吃，什么时候想吃就吃，吐了之后能吃还吃，尽可能采取经口摄食，以有利于消化和吸收。在择食和摄食方面做到不偏食、不挑食，保证每日热量的基本供应，尽量摄取营养充足而且均衡合理地用膳，以保持内环境的营养平衡，保证母体健康。

孕妇饮食的一般注意事项

孕妇宜多吃什么，要忌吃什么食物，这本书的后面将有介绍，这里就孕妇饮食选择材料和烹调上的一般注意事项提出一些要求。

❶ 在选择食物，特别是蔬菜和水果时，一定要选择新鲜的，其营养丰富，尤其是维生素受损少，另外没有腐败变质情况，可减少菌毒对人体的危害，特别是避免对胎儿的危害。

❷ 烹调加工时注意事项：蔬菜、谷米清洗时，不要在水里泡时间过长，以免造成营养物质流失。特别是维生素 C 和 B 族维生素，在水里泡得时间过长很容易流失。

❸ 烹调菜肴时要做到高温、短时间加工。如果慢火时间过长，无论从营养价值、颜色和口感上都会受损，孕妇食欲也受影响，胎儿营养受损。

❹ 煮青菜、煮豆以及做米粥时，严禁用小苏打（弱碱性），因为 B 族维生素、维生素 C 极不耐碱。

孕妇宜多吃大豆食品

豆类是重要的健脑食品，如果孕妇能多吃些豆类食品，将对胎儿健脑十分有益。

大豆中含量相当高的氨基酸和钙正好弥补米、面中这些营养的不足。又如脑中极为重要的营养物质谷氨酸、天冬氨酸、赖氨酸、精氨酸在大豆中的含量分别是米中含量的6、6、12、10倍，可见其含量之高，对健脑作用之大。

大豆中含蛋白质占40%，不仅含量高，而且多为适合人体智力活动需要的植物蛋白，也有利于健脑。

大豆含脂肪量也很高，约占20%，在这些脂肪中油酸、亚油酸、亚麻酸等优质不饱和脂肪酸又较多。

此外，每100克大豆中含钙240毫克，铁9.4毫克，磷570毫克，维生素B_1 0.85毫克，维生素B_2 0.30毫克，烟酸2.2毫克。这些营养物质也都是智力活动所必需的。

所以，孕妇宜多吃大豆和大豆制品，如豆豉、豆腐、豆浆、豆腐皮、腐竹、豆腐干等。

孕妇不宜多吃动物肝脏

过去，人们都提倡孕妇的饮食中必须包括动物肝脏，这是因为动物肝脏含有丰富的消化酶以及钙、铁、锌、镁等无机盐，一些重要的维生素，如维生素D、维生素A、维生素B_1、维生素B_2、维生素B_{12}等在肝脏中含量也很丰富。因此孕妇平时注意摄取些动物肝脏，有利于预防因蛋白质、钙、铁、锌、维生素B_2、维生素A、维生素D缺乏而引起的多种营养缺乏性疾病。但过多地食用动物肝脏，也会产生不良反应。

英国学者研究发现，孕妇过多食用动物肝脏易导致体内维生素A达到危及胎儿的水平，并可能有致畸作用。英国学者通过对一些畸形儿，包括有耳朵缺陷、头面形态异常、唇裂、腭裂以及眼睛缺陷、神经系统缺陷和胸腺发育不全的患儿调查，发现其患病均与孕妇过量食用动物肝脏有关。同时，动物实验也提示：如果喂养牲畜时添加维生素 A，对未出生的胎仔会产生潜在危害。孕妇服用大量维生素 A 易发生胎儿畸形。美国曾报道过一例孕妇过量食用动物肝脏导致婴儿先天畸形的病例。

因为孕妇过多食用动物肝脏，会导致体内维生素 A 摄入过多，很容易超过孕妇的需要量。

专家们建议，孕妇最好减少食用动物肝脏，以偶尔吃一次为宜，每次控制在 30～50 克。至于动物肝脏中含有的丰富的维生素 A、B 和微量元素锌等，可以从其他食品中获得。如新鲜蔬菜、水果等，因为胡萝卜、菠菜、白菜和橘子等所含的胡萝卜素可以转化为维生素 A。此外，可以从鱼类、瘦肉中补充 B 族维生素和微量元素锌等。

早孕反应时可多吃核桃和芝麻

孕妇有早孕反应时，突出的表现之一就是厌油腻，多数早孕妇女不愿吃含脂肪多的肉类，吃菜也比较清淡，使得妊娠早期孕妇摄取的脂肪量减少，而如果孕妇缺乏脂肪，会影响免疫细胞的稳定性，导致免疫功能降低，引起食欲不振、情绪不宁、体重不增、皮肤干燥脱屑、容易患流感等多种传染病，还会导致维生素 A、维生素 D、维生素 E、维生素 K 缺乏症，使孕妇缺钙而造成骨质疏松等疾患。

妊娠 30 周以前，母体内必须有脂肪蓄积，以便为妊娠晚期、分娩以及产褥期作必要的能量储备。虽说身体内的蛋白质和碳水化合物可以转化为脂肪，但是，仍有一部分脂肪体内不能合成，必须由食物供给。

在妊娠早期，脂肪可促进脂溶性维生素 E 的吸收，起着安胎的作用。脂肪还可以帮助固定内脏器官的位置，使子宫恒定在盆腔中央，给胚胎发育提供一个安宁的环境。此外，脂肪还有保护皮肤、神经末梢、血管及脏器的作用。

如果早孕反应严重的妇女实在不想吃肉类，可以食用核桃和芝麻。核桃富含不饱和脂肪酸、磷脂、蛋白质等多种营养素。1 千克核桃仁相当于 5 千克鸡蛋或者 9 千克鲜牛奶的营养，并有补气养血、温肺润肠的作用。其营养成分的结构对于胚胎的脑发育非常有利。因此，孕妇每天宜吃 2～3 个核桃。此外，嚼核桃仁还能防治牙本质过敏。

芝麻富含脂肪、蛋白质、糖、芝麻素、卵磷脂、钙、铁、硒、亚油酸等，有营养大脑、抗衰美容之功效。将芝麻捣烂，兑上适量白糖，每日上、下午用白开水各冲服 1 杯，既可增强孕妇的抵抗力及预防感冒，又可防止宝宝患皮肤病。

妊娠三月营养食谱

糖醋包心菜

原料：包心菜 1 小棵，姜、红辣椒、盐、糖、干辣椒、花椒、醋、麻油各适量。

做法：将包心菜切宽条，烫一下，捞出装盆内，趁热撒少许盐，将姜、红辣椒切丝放盆内。

将花椒及干辣椒用油炸后制成麻辣油浇到包心菜上。

用冷开水把糖、醋调汁浇到包心菜上，压一重物腌渍 4 小时，吃时捞起包心菜，改刀切成段淋麻油即可。

特点：口味酸辣香甜。

蛋酥鸭子

原料：鸭子1个（约1500克），鸡蛋1个，火腿、熟肥膘肉、荸荠、生菜、盐、料酒、胡椒粉、姜、香油、淀粉、葱白、素油各适量。

做法：鸭子稍煮晾干，抹盐加料酒、葱白、姜片上笼蒸烂，凉凉去骨。

鸭肉切粗丝，肥膘肉、火腿、荸荠，去皮切丝，鸡蛋加淀粉调糊。

鸭皮抹蛋糊放平盘内，把拌好的各种丝放鸭皮上并拍成饼状。

勺放油将鸭饼炸至黄色捞出，油至八成热再炸一次，淋香油，切条，码盘内，围生菜，带胡椒粉、盐上桌。

特点：色泽金黄，口味咸鲜，外酥里嫩。

桃仁烧丝瓜

原料：丝瓜200克（可食部分），核桃仁100克，姜5克，精盐2克，料酒10克，鸡汤100毫升，淀粉5克，味精10克，鸡油10克，花生油500克（实耗30克）。

做法：鲜核桃仁用开水泡发后，剥出外皮洗净，备用。

丝瓜剥去老皮，切成4厘米长的段。

炒锅上火入花生油烧至四五成热，下核桃仁、丝瓜滑透后，将油沥出。

锅内留少许油，下姜末炝锅，速下核桃仁、丝瓜，再下鸡汤、精盐、料酒，炒片刻后，用水淀粉勾芡，淋入鸡油、味精盛盘。

特点：香甜适口，菜色白绿相间，形色俱佳，诱人食欲，为食疗佳品。

仙人粥

原料：制何首乌30～60克，粳米60克，红枣3～4枚，红糖或冰糖适量。

做法：将制何首乌煎取浓汁，去渣，同粳米、红枣同入沙锅内煮粥。粥将成时，加入红糖或冰糖水少许以调味，再煮一二沸即成。

特点：补气血、益肝肾；可增力强体。

妊娠三月优生与保健

空气污染会引起胎儿畸形吗

孕期尤其是孕早期，胚胎处于细胞分裂、增殖，组织器官形成、分化阶段，脑组织也是在这一时期形成的。这时的胎儿非常“脆弱”，极易受周围环境的影响。当孕妇吸入含有二氧化硫、一氧化碳、浮尘、焦油等有毒有害物质的气体时，这些有毒物质通过血液循环进入胎儿体内，会影响、干扰胎儿的正常发育，甚至会引起胎儿畸形或自发流产，更可悲的是日后生一个有缺陷的婴儿。所以，不要忽视环境对优生造成的影响。

这里需要特别提到的是孕妇不可久留厨房，家庭中厨房是粉尘、有毒气体密度最大的地方。液化气燃烧后，二氧化碳的浓度比室外高出许多倍；煤燃烧后，释放出大量二氧化硫、二氧化氮、一氧化碳，而且煤烟中还含有强烈致癌物——苯并芘。除此之外，煎炒食物也产生大量油烟。若厨房通风不良，二氧化碳平均浓度为国家标准的 5 倍，氢氧化物的平均浓度为 14 倍，特别是苯并芘远远超过了室外空气中的浓度。所以专家指出，孕妇应少去厨房，或尽可能减少停留时间。

孕妇可进行预防接种吗

预防接种在医学上称为免疫接种，是指将疫苗或类毒素等生物制品接种到人体中，使人体产生对传染病的抵抗力，从而达到预防疾病的目的。有些人会问："孕妇可以进行预防接种吗?"对这个问题要具体针对哪一种接种来具体分析，因为在预防接种后，人体常会发生局部红肿等反应或全身发热、腹泻等症状，而孕妇又处在一个比较特殊的时期，所以不能一概而论。

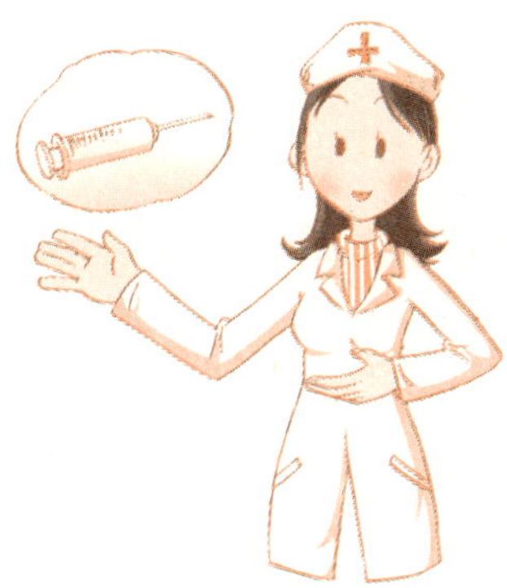

孕妇应该注射的预防针

破伤风类毒素，是预防新生儿破伤风症最有效的方法之一，若孕妇已染上破伤风则不宜注射。

孕妇可以注射的预防针

❶ 狂犬疫苗：孕妇在狂犬病流行区，被狗、猫或其他动物咬伤，或者在非流行区被疯狗或类似疯狗的动物咬伤，则应注射狂犬疫苗。

❷ 白喉疫苗。

❸ 乙肝疫苗：主要用于乙肝高发地区的孕妇，如果孕妇已经是乙肝病毒携带者，若不采取干预措施，则乙肝表面抗原（HBsAg）阳性的孕妇所生孩子中，40%～50%会感染乙肝病毒，若孕妇乙肝表面抗原（HBsAg）和乙肝 e 抗原（HBseAg）双阳性，其子带乙肝病毒的感染率可高达 70%～90%。由于胎儿和新生儿的免疫系统尚不成熟，如感染了乙肝病毒，虽不会影响胎儿的正常生长发育，但可使其成为乙肝病毒携带者。目前可采取预防措施，来阻断母婴传播，不需要终止妊娠。

阻断乙肝病毒的母婴传播，最有效的措施，是让新生儿接受免疫预防，阻断率可达 90%左右，如果孕妇分娩前 3 个月每隔 3～4 周肌内注射乙肝高效免疫球蛋白 200 国际单位，可减少胎儿在宫内感染的机会，效果更明显。

不能注射的预防针

麻疹疫苗，卡介苗，百日咳疫苗，乙脑疫苗，流脑疫苗，脊髓灰质炎疫苗，风疹疫苗，水痘疫苗，腮腺炎疫苗。另外有流产史的孕妇，不宜接受免疫接种预防。

孕妇应怎样选择鞋子

孕妇穿合适的鞋在整个孕期特别重要，这是由孕妇的生理特点所决定的。

大多数孕妇怀孕 3 个月后，会出现大脚趾下面浮肿；6 个月后，整个脚浮肿得如同平脚；妊娠后期腿脚浮肿得难以维持走路时的平衡。孕妇体重的增加使血液循环不畅，脚底会产生沉重的压迫感，从而加剧了腰痛。因此，孕妇应该从怀孕 3 个月开始，换穿孕妇鞋，使脚部负担减小，行走方便。

孕妇鞋应是什么样的，有以下特点：

❶ 鞋跟要低。鞋跟高了，脚部负担重，大腹便便，加之脚部浮肿，走路不稳。另外，因孕妇的下肢静脉回流常常受到一定影响，站立过久或行走较多时，双脚常有不同程度的浮肿，此时穿高跟鞋由于鞋底、鞋帮较硬，不利于下肢血液循环，会加重浮肿。孕妇所穿鞋的鞋跟高度应在 2 厘米以下。

❷ 孕妇鞋应透气性好、宽松、轻便。孕妇不应选用合成革、皮、尼龙等材料做的鞋，以帆布鞋为合适。

❸ 孕妇穿的鞋应该具有防滑性，富有弹性，较为柔软，以有助于减轻脚部的疲劳为宜。

❹ 孕妇的鞋要大小合适。鞋小走路脚痛，会加重脚部浮肿；鞋大不跟脚，走路不便，容易摔跤。孕妇从怀孕 6 个月后，应选比自己的脚稍大一点的鞋穿为宜。

哪些食物不利保胎

古医书《备急千金药方》说："儿之在胎，与母同体，得热则俱热，得寒则俱寒，病则俱病，安则俱安，母之饮食起居，尤当慎密。"食物中按性能要求大致有以下食物孕妇应忌食。

❶ 活血类——导致流产。山楂、蟹爪等，能活血去淤，调解堕胎。《本草经疏》说，山楂能"行经气，消瘀血"。山楂对妇女子宫有收缩作用，孕妇大量食用，易刺激子宫收缩，导致流产。《本草纲目》说，蟹爪能"堕生胎，下死胎"。以上孕妇应忌食。

❷ 滑利类——导致流产。滑利类主要有冬葵叶、落葵、苋葵、马齿苋、薏苡仁等。这类食物能通下焦，伤损肾气，使胎元不固。《本草纲目》谓马齿苋"利肠滑胎"，谓苋菜，性冷利，"滑胎"。《本草图经》说葵叶"食之胎滑易产"。《本草疏经》谓薏苡仁"妊娠禁用"。现代医学指出，薏苡仁对子宫有兴奋作用，不利保胎。

❸ 辛热类——破血堕胎。主要是肉桂、干姜、胡椒、花椒及鳗鱼等。这类食物能助热动火，旺盛血脉，伤损胎元。李时珍就说过，"桂性辛散，能通子宫而破血"。《随息居饮食谱》谓胡椒"多食动火燥液，耗气伤阴，破血堕胎……故孕妇忌之"，谓花椒"多食动火堕胎"，谓鳗鱼"多食助火发病，孕妇及时病忌之"。

此外，还有酒、麦芽、蟹肉等孕妇也应忌食。《日华子本草》谓麦芽"下气，消痰，破瘀结，能催生落胎"。

胎儿的健康状况与父母有关吗

胎儿与母体休戚相关，其发育生长所需的一切营养物质都由母亲供给，因此，母亲身体好坏直接影响着胎儿的健康。

但是，要知道卵细胞受精至发育成胎绝不是母亲单方面决定一切的，与父亲的精子是否健康也有很大关系。如精子发育不良、数目不足、活动力弱、成活率过低，精液中有脓球、白细胞等都会影响受孕和受精卵，也可造成受孕后流产，或使胎儿致畸。

另外，父亲酗酒、大量吸烟，烟酒对生殖细胞产生不良影响，也可使子女智力低下，或在子宫内的生长迟缓，甚至胎死宫内。

所以说，胎儿的健康状况不但与孕妇的健康息息相关，也与父亲的身体状况、精子的质量有着密切的关系。因此，要想生育一个健康聪明的孩子，父亲也必须身体健康，讲究卫生，不喝酒，不吸烟，养成良好的生活习惯。只有父母双方都健康，孩子才可能健康。

孕妇早期流产是否需要保胎

引起流产的原因是多方面的，有属于胚胎方面的，如孕卵发育异常，这是早期流产最常见的原因，主要由于精子或卵子有缺陷，或两者都有缺陷所致。也可由于在胚胎分裂中，受到外界因素的影响，如疾病、辐射等，使其胚胎分裂发生异常所致。也有属于母体方面的原因，如内分泌失调，早期妊娠时卵巢、黄体功能不全引起分泌的孕激素不足，使子宫蜕膜发育不良，会影响孕卵着床及发育。甲状腺功能低下使甲状腺分泌不足，细胞新陈代谢降低，从而影响胚胎的发育。生殖器官的疾病，如双子宫和双角子宫、子宫肌瘤，尤其是黏膜下的子宫肌瘤也会影响胚胎生长的环境而致流产。

早孕有流产先兆，应注意休息，适当观察，进行保胎，但不可盲目无限期地保胎，应通过 B 超来确定胎儿发育情况以决定进一步的处理。由于流产的胚胎中有不少属于孕卵染色体不正常，因此自然流产是一种自然淘汰现象，不应保胎，对有流产先兆的孕妇，除因母体疾病引起的可适当保胎，若疾病痊愈可继续妊娠，若症状不见好转则不要勉强保胎，以免生出异常儿。

三月胎教方案

音乐胎教

这个时期胎儿原始的耳朵已经形成，尽管内耳的发育尚需一段时间，但从胎儿在宫内的反应已经表明胎儿会对声音产生反应，所以在为孕妇播放音乐时，也会给胎儿听觉带来良性的刺激，促使胎儿听觉系统发育与完善。

怀孕 3 个月时，大多数孕妇仍会有妊娠反应，如呕吐、眩晕等不适，通常将孕妇折腾得心情忧郁、烦躁。孕妇情绪的不宁和心理的不平衡会影响胎儿的生长发育，所以这时孕妇最好听那些轻松愉快、诙谐有趣及优美动听的音乐，使孕妇早孕反应的不安心情得到缓解、放松，精神上得到安慰，从而有利于胎儿的健康成长与发育。优美细腻、音律柔和、带有诗情画意的音乐有镇静作用；节奏明快、轻松悠扬的动人乐曲，有抒解心情、使人愉快的作用，所以此时孕妇宜多听这一类的音乐，如《摇篮曲》、《春之声圆舞曲》等。孕妇不宜听过分激烈的现代音乐，因为这类音乐音量较大，节奏紧张激烈，声音刺耳嘈杂，可引

起胎儿躁动不安，而且可促使母体分泌一些有害的物质，危及孕妇和胎儿。另外孕妇还可听一些活泼有趣的儿歌、童谣，也可随着轻轻哼唱，通过母体振动将音乐传递给胎儿。

环境胎教

环境对胎儿前 3 个月的生长发育影响很大，这早已引起古今中外医学家的重视，并成为传统胎教和现代胎教的重要论题。但实际上，环境在整个胎儿期都起作用，环境对胎儿的影响一刻也没有停止。

当孕妇的精神、情绪发生变化时，其神经递质和内分泌也发生改变，这种改变又通过胎盘进入胎体到胎脑，从而影响胎儿的身心发育，而孕妇的精神、情绪又会受到环境的影响。胎儿所处的内环境会通过母体受到外环境的影响，使得胎内环境和胎外环境关系十分密切。那么，怎样让孕妇拥有优美的环境呢？或者说，什么样的环境才是优美的呢？

优境是相对劣境而言的。劣境是被物理类、化学类、生物类有害物质污染过的客体环境，也包括母体患病、营养不良、嗜好烟酒、情绪波动的主体环境。优境就是客体环境和主体环境都很良好的环境。一般说来，优境包括以下 3 个方面：

家庭优境。家庭优境一是要有宁静而愉快的家庭气氛。夫妻相亲相爱、关系和睦、彼此谅解，就能形成良好的家庭气氛。怀孕妻子都希望丈夫能理解自己的处境，多体贴自己，平时多操持家务，对自己温存并富有幽默感。丈夫如果能勤快地做好家务，上下班不忘记向妻子和胎儿亲吻问好，必将使母子都感到满足和惬意。二是要有整洁、舒适而雅致的孕妇居室。新婚要布置新房，有了胎儿也要精心布置婴儿房。屋中挂的图片和器物陈设，都要使孕妇感觉赏心悦目，并使其产生一种将为人母的意识。

社会优境。养育后代是每一对夫妇的责任，也是社会的责任，因此社会要尽可能地为孕妇创设优境，如医院、妇幼保健院应专门为孕妇开辟环境优美的胎教乐园，让孕妇们有一个学习和交流的地方。民政部门和街道居委会也应创办风景宜人的孕妇之家，让孕妇有宾至如归的感觉。街心花园也应添置有关优生优育优教的雕塑和画廊，让孕妇有休息和观赏的去处。孕妇的工作环境也要尽可能优化。

自然优境。孕妇可以欣赏名山大川的壮美与秀丽，也可以徜徉于街心花园，感受自然美景，激发孕妇孕育的快感，也可以漫步于小桥流水、麦田菜畦，欣赏农家风景。

实施优境胎教的要求和意义是：关于家庭优境胎教，首先要进行有利于胎教的审美设计，使家庭环境既适应现代生活节奏，又符合胎教的目的，有助于胎教的实施。其次要有沟通夫妻感情的渠道，要多与胎儿之间进行感情的感应和交流，这样才能使信息在传递中少受干扰，使心理健康成为家庭感情美的源泉，从而使家庭生活的色彩和感情和谐协调，具有审美的移情作用和良好的心理安抚作用。

再有就是夫妻共同营造胎教实施时的美的氛围和情调，这样才能让音乐、语言、动作中的审美因素在胎教过程中充分发挥出来，构成父母和胎儿人际关系中的形象美，以利于亲情的形成和维系，保证胎教实施环境的审美效果。关于社会优境胎教，主要是为孕妇和胎儿创设胎教的最佳场所，有一个符合胎教宗旨的审美性社会环境。康有为曾提出要为孕妇建造“人本院”，蔡元培认为应创办公立的胎教院，其目的就是在于为孕妇创造一个良好的社会环境。关于自然优境胎教，主要是孕妇要善于从自然界的山水、草木、花鸟中寻求审美趣味，以充实自己的精神世界。孕妇自己要明白，你对自然的美感，会通过你的神经系统和内分泌系统传导给胎儿，胎儿也能通过自己的神经系统直接感受到自然的气息，这对胎儿的发育极有利。因此，亲近和欣赏自然美，是一种自然优境胎教，是审美胎教不可缺少的组成部分。

美育胎教

我国明代万全在《育婴家秘·胎养》中说："……自妊之后，则顺行坐端严，性情和悦，常处静处，多听美言，令人诵读诗书，陈说礼乐，耳不闻非言，目不观恶事。如此则生男女福寿敦厚，忠孝贤明，不然则生男女多鄙贱，不寿而愚顽……"意思是说，妇女怀孕以后，要在坐、立、行等方面端庄，性情要和悦，要多听优美的语言，不听粗俗之语等，这样生下的后代就会享福寿久，否则就会不长寿而且愚笨顽劣。也就是说，孕妇在妊娠期间的所作所为可直接对胎儿造成影响。从现代研究人员的研究结果来看，孕妇在怀孕期间的所作所为都可以直接影响到胎儿出生后的性格、习惯、道德水平、智力等各个方面。这不仅可以从母亲输送给胎儿血液中的化学物质的变化看出来，也可以从孕妇从事体力劳动引起胎动异常的感觉中体会到。

所以，孕妇应在学识、礼仪、审美、情操等方面全面发展，提高自己的修养，同时也对胎儿进行良好的胎教。

高尔基把语言称作是"一切事物和思想的衣裳"。这"衣裳"对于宝宝以后的发展必不可少。

生活中每个人都会被一些优美的言语、引人入胜的文学作品所吸引，因为从中我们可以感受到大自然母亲般的胸怀，从书中对人世间一切美好事物的描写中体会到世界的温馨。这不仅可以使孕妇本身得以充实、丰富，同时也熏陶了腹中的宝宝，让他也感受这诗一般的语言、童话一样的仙境。而且，这会刺激胎儿快速地生长，使其大脑的发育优于其他胎儿。由于这种教育使胎儿事先拥有了朦胧美的意识，出生后一般也较其他婴儿聪慧、活泼、可爱。孩子与母亲的关系也会因此而倍加亲密。

孕妇还可以看一些使人精神振奋、情绪良好的书，如伟大人物的传记，优美的诗歌、儿歌，令人神往的童话、激励人奋发向上的世界名著、著名的山水和名胜古迹的游记、精美的画册等。一位哲人曾经说过："读本好书，就像是与一位精神高尚的人在谈话，那精辟的见解、分析，丰富的哲理，风趣幽默的谈吐，都会使人精神振奋，耳目一新。"

孕妇不要看那些对人的情绪等各方面产生消极影响的书，如凶杀、色情、低级趣味的书。这些书会使孕妇看后处于不良的精神状态中，对胎儿的发育是极为不利的。

语言胎教

语言胎教是指根据胎儿具有记忆力，对胎儿进行语言训练的方法。很多人对给胎儿实施语言胎教感到不可思议，认为胎儿既不会思考也不会说话，根本无法接收语言信息。其实，语言胎教是一套行之有效的胎教方法，它的训练基础并不是建立在胎儿说话的基础上，而是建立在胎儿具有记忆力的科学基础上。对于胎儿是否有记忆力，我国宋代名医陈自明在《妇人大全良方》中就说过："子在腹中，随母听闻。"国内外不少专家、学者对此作过许多深入研究，西班牙一所胎儿教育研究中心对"腹中胎儿的大脑功能会被强化吗"这一课题进行了研究，研究结果表明胎儿在子宫中通过胎盘接受母体的养分和信息，胎儿脑细胞在分化、成熟的过程中不断接受母体神经信息的调节和训练。研究结果证实了胎儿对外界有意识的激励行为的感知体验，将会贮存在胎儿记忆中。

法国学者曾经对一些婴儿进行过法语和俄语的选择试验，结果发现他们对法语的发音反应更为强烈。美国"胎儿大学"的一个"小学生"在妈妈肚子里经过"胎儿大学"的语言学习后，出生仅仅 9 周居然能对录像机放映的节目说"哈罗"。

这两个实例说明了这样一个问题：一个小生命在胎儿期就已经具备了语言学习的能力。根据胎儿这种潜在的能力，只要母亲不失时机地对胎儿进行认真、耐心的语言训练，那么等到胎儿出生后在听力、记忆力、观察力、思维能力和语言表达能力方面将会大大超过未经语言训练的孩子。

对话胎教

对话胎教是根据胎儿具有听力，父母隔着肚皮与胎儿说话，对胎儿进行听力、语言、记忆、审美等方面训练的方法。

胎儿具有听力已被研究人员证实，所以借助胎儿听力对胎儿进行胎教，是对胎儿综合教育、训练的最佳方法，其中对话胎教法就是最具综合性的方法。

亲子对话训练，就是父母与自己的胎儿进行对话的训练。它和我们平时面对面的对话不同，一是父母看不见胎儿，但父母要像看得见那样，用亲切的眼光注视着腹中的孩子；二是胎儿不会讲话，但父母不能这么认为，要觉得胎儿能和自己交流。最重要的是，要把胎儿当成一个孩子看待。你叫他名字，他会叫你妈妈或爸爸。他是一个有血有肉、有思想、有感情、机灵可爱的小淘气。只有这样，你才能够像对待婴幼儿那样，谈话时自然、亲昵，充满温情和爱怜。不论是早晨还是晚上，只要有时间，都不要错过这种亲子对话的机会。这种对话既是爱的表现，又是美的传送，能够产生以美导真的效应，从而提高胎儿的素质，在出生后的小儿身上其积极作用就会显示出来。

国内胎教试验研究中，都包括有语言对话胎教训练成分，试验研究结果也都显示出受试者语言能力有显著提高，这表明对话胎教具有普遍性的意义。

运动胎教

胎儿一般在怀孕后 7 周开始活动，胎儿在子宫中的活动方式有握拳、吸吮手指、吞咽羊水、踢腿和翻身等动作。尽管在孕 3 个月后，孕妇还感觉不到胎动，但实际上胎儿已经开始了以上的动作，所以从此时起就可以提前进行运动胎教了。

运动胎教就是要孕妇在胎儿自发运动的基础上，适当适时地帮助胎儿进行运动刺激和训练，也就是说，要适时适当地进行一些“运动”刺激，以促进胎儿的身心发育。

运动胎教的具体做法是：孕妇仰卧在床上，头不要垫得太高，也可将上身垫高，采取半仰姿势，不论采取什么姿势，一定要感到舒适。孕妇要全身放松，呼吸均匀，心平气和，面部呈微笑状，双手轻放在胎儿的位置上，双手从上至下，从左至右，轻柔缓慢地抚摸胎儿，心里可想象你双手真的爱抚在可爱的小宝宝身上，怀着一种喜悦和幸福感，深情地默想或轻轻说出“小宝宝，妈妈真爱你”、“小宝宝真舒畅”、“小宝宝快快长，长成一个聪明可爱的小宝贝”等言语，开始时动作宜轻，时间宜短，每次 5 分钟左右即可。

情绪胎教

孕妇的情绪和心境对胎儿的生长发育有很大的影响，保持孕妇的良好情绪和心境既是胎教的重要内容，同时又是胎教的主要内容和方法。

准妈妈情绪的好坏，不仅直接影响自身的健康，而且对胎儿的影响也很大。医学研究表明，准妈妈在情绪好的时候，体内可分泌一些有益的激素以及酶和乙酰胆碱，这些物质都有利于胎儿的正常生长发育。准妈妈在情绪不良的情况下，如在应激状态或焦虑状态中，会产生大量肾上腺皮质激素，并随着血液循环进入胎儿体内，使胎儿产生与母亲一样的情绪，并破坏胚胎的正常发育。大量调查资料表明，准妈妈在恐惧、愤怒、烦躁、哀愁等消极状态中，身体的各部分机能都会发生明显变化，从而导致血液成分的改变，影响胎儿身体和大脑的正常发育。

精神情志因素对胎儿形体影响就如此之大，更甭提不良情绪对胎儿心理与智力的影响了。可见，孕期保持良好的精神状态，是万万不可忽视的重要问题。这就要求准妈妈要有意识地培养宽广的胸怀、愉快的心境、稳定的情绪，家庭内部也要密切配合，努力为准妈妈创造一个良好的生活环境，让准妈妈充分体会家庭的温馨。

想象胎教

怀孕 3 个月时，孕妇由于生理功能的变化，很容易心情烦躁，不能很好地休息。此期的胎儿，是胚胎发育和各器官形成的重要时期，胚胎迅速成长，人体的主要系统和器官逐渐分化出来，想象胎教使孕妇的心情平和，也可使胎儿向理想的方面发展。孕妇应多阅读优美的散文、童话等，还可以观看动画片等，以此陶冶情操，并对腹中胎儿的形体起潜移默化的作用。孕妇还要适度地修饰自己，一方面可以弥补因怀孕而引起的形体、肤色的缺陷，另一方面也可以对胎儿进行美感的熏陶。

胎教要点

❶ 多聆听优美旋律，多读富有高尚格调的书报，保持良好情绪。

❷ 避免不良情绪刺激（如淫邪、凶杀、秽臭、噪声、邪念、丑陋、恐吓等）。

❸ 保持良好心态，轻松度过妊娠反应期，想吐就吐，不吐就多吃，顺其自然。

❹ 避免孕妇情绪不佳，导致内分泌介质变化，影响到胎儿。古人云：“欲子美好，数观璧玉；欲子贤良，端坐清虚，是谓外象而内感者也。”

❺ 避免性生活。

❻ 本月作全面产前检查1次。

细说胎教

胎教的心理基础

心理学研究证明，胎儿并不是闭目塞耳的混沌一团，他的感觉器官和神经系统对母体内外的各种刺激可作出反应，能敏锐地感知妈妈的思考，并感知妈妈的心情、情绪以及对自己的态度。

胎儿医学测知，妊娠 3 个月时胎儿已具有逃避反射、防御反射、吸吮反射、刺激性呼吸反射等动作。例如，当妈妈猛然饮水时，胎儿有剧烈的踢蹬运动；若用一闪一灭的电光照射孕妇腹部，4 个月的胎儿心搏次数会出现剧烈变化。又如，当妈妈进入灯光柔和的房间，胎儿十分安静，表示适应；而妈妈进入充满噪声和阴冷的地方，胎儿则用激烈的胎动来表示厌恶和不满……

临床观察证实，孕妇不安时，胎儿的血氧量就降低；孕妇情绪激动时，胎儿就出现多方面的混乱运动；妊娠晚期，孕妇在做梦时，胎儿的眼睛会随着梦情而转动……医学家们还做过这样的试验：在婴儿室内播放妈妈心脏跳动的录音，婴儿就会变得安静，容易入睡，食欲改善，体重增加，健康少病。这是因为胎儿不仅受到妈妈体内外环境的作用，也深受妈妈精神活动的巨大影响。

由此可见孕妇的精神情绪会给未来的孩子带来极大的影响，为了确保您的孩子健康聪明，正常生长发育，并且有较强的社会适应性，夫妻双方应满怀信心地顺利地度过这 10 个月的妊娠期。

胎儿的听觉

胎儿的听觉在发育过程中经不断完善便很快发挥作用。早在受孕后第4周，他的听觉器官已经开始发育，第8周时耳廓已经形成，这时胎儿的听觉神经中枢的发育尚不完善，所以还不能听到来自外界的声音。到了第25周，也就是第5个月的后期，胎儿的传音系统基本发育完成。到第28周时，即第7个月的中旬，胎儿的传音系统已充分长成并可以发生听觉反应，至此，胎儿就已经具备了能够听到声音的所有条件。

然而，胎儿深居宫中，隔了不少组织器官，胎儿究竟能不能听到外面世界的声音呢？回答是肯定的。在胎儿的几种感觉器官中，最为发达的就是听觉系统了。在妊娠的前半期，由于其听觉器官尚未发育完善，胎儿宛如生活在一个几乎没有任何声音干扰的平静世界中，“两耳不闻宫外事”，过着平静安闲舒适的生活。终于有一天，原本恬静安宁的小天地开始被一些奇妙的声响所干扰。最初只是模模糊糊的感觉，慢慢地，胎儿在甜美的酣睡中会被种种新奇的声响所唤醒，他惊奇又欣喜地发现自己能听清声音了，从此外来的声音开始闯入了胎儿的耳膜。其间，除低音能被过滤外，妈妈子宫的血流声、心脏的搏动声、淋浴的水流声、爸爸的说话声以及来自外界的收音机、电视机的声音，统统都被胎儿的耳朵所接收。要知道，小小的胎儿此时已不再是无动于衷的等闲之辈，他已经能对传入耳中的强音产生身体紧张的对应反应，引起胎动和心率的变化，并能对声音的强弱、音调的高低产生不同的反应。

子宫内声音每天变化不大，所以很容易熟悉它。那厚重如管乐的声响是子宫的血流声，轻快如弦乐的曲调是胎儿脐带的血流声；时而如雷声隆隆滚过的，是妈妈肠蠕动的声音；最令胎儿动心和关注的是那“咚嗒咚嗒”如深沉鼓声的妈妈的心跳声，它节奏平缓，富有规律，曲调柔和又明朗有力，给胎儿以亲切而温暖的安全感，这也是他最熟悉和喜欢的声音。

从有听觉开始，胎儿每时每刻都有妈妈的心跳声伴随着，心理上对它产生了很强的依赖性，以至在他出世之后，每当遇到惊恐、不安、寒冷、疲劳等恶性刺激时，如果妈妈把他抱近她的胸口，让这熟悉的心跳声传入孩子的耳膜，他就可以立即感到温暖的安全感，从而平静下来。可以说，妈妈的心跳声是伴随胎儿长大的安乐曲和背景音乐。

胎儿的视觉

人们以为，胎儿生活在子宫内，即使到后期眼睛已发育完全，但两眼也是一抹黑，什么也看不见。因为胎儿生活在羊水的海洋里，外面的世界层层设防，除了羊水、羊膜外，还有绒毛膜，最后又加上子宫。如此“深宅大院”，自然是一般光线很难透过的。因此，子宫世界充满了黑暗。胎儿在这黑暗的条件下没有看东西的需要，也不可能看见什么东西。

然而，事实并非如此，胎儿的眼睛并不是完全看不见东西。在妊娠第2个月时，胎儿的眼睛就已开始发育，到了第4个月时，对光线已经非常敏感。为了证实这一点，有人曾用手电筒的光线有节奏地照射孕妇的腹部，发现胎儿会睁开双眼，把脸转向有光亮的地方，胎儿的心率也随之发生有规律的变化。而且，胎儿出生后不到10分钟就能发挥视觉的作用，不但能看见妈妈的脸，并且还具有认识模型和判断图形的能力。有人用强光照射30名妊娠34～41周孕妇的胎儿，结果显示，胎儿的脐动脉、脑动脉血流量增加。又应用组织学技术，对胎儿在不同强度的光照条件下视觉器官所发生改变的实验结果进行分析，证实在一定的光照强度及限定时间内，胎儿视觉神经等组织发育状况良好，为进一步开展光照胎教的理论和方法研究提供了科学依据。有人发现，新生儿的视力只关心30～40厘米以内的东西，这恰好与他在子宫内位置的长度相等，说明新生儿还保留着宫内生活的习惯。同时这个距离相当于婴儿吃奶时眼睛看到妈妈面庞的距离。因此，刚出生的婴儿，其稚嫩的视力基础在胎儿时期已经打好，当然，婴儿的视神经系统还不够发达，大概要到出生后7周左右才能发育完全。所以说胎儿的视觉功能虽然还不完善，但并不等于没有。为此，应按照胎教的要求，在黑暗的环境中用有较强光亮的手电筒照射孕妇的腹部，并有规律地缓慢移动，以锻炼胎儿睁眼辨别光线来源的能力；也可配合与胎儿说话时同时进行。这种用明亮光线刺激孩子视力的方法应该是胎教不可缺少的手段，是不能忽略的。

妊娠早期的胎教任务

妊娠早期是胚胎发育的关键时期。精子和卵子在输卵管内开始两性原核的融合、卵裂并逐渐向子宫腔内移动，着床、发育形成胎儿。早孕期间会出现恶心、呕吐、腹部轻微疼痛等一系列不适反应，在心理上还会出现羞怯感、不安感和母性意识的萌芽，同时随着妊娠反应的出现，孕妇还会出现情绪烦躁及厌恶感等。

妊娠前 3 个月，是胎儿致畸敏感期。到了 3 个月末期，胚胎已长成约 9 厘米长、20 克重、初具人形的胎儿了，一些主要的内脏器官也初具规模。有人用动物做过实验，当受精卵正处在不断分裂、形成胚胎的基本雏形时，将它放在食盐水中，结果形成一些两个头的畸形胎。实际上，几乎所有的先天发育缺陷，如唇裂、腭裂、四肢不全或没有四肢以及盲聋哑等，都是在妊娠前 3 个月内发生的。那些染色体有严重缺陷和形体发育有严重缺陷的胎儿，往往活不过这前 3 个月就流产了。但是，也有一部分胎儿会带着种种缺陷来到人世。

所以妊娠早期的保健与胎教具有重要的意义，妊娠早期的胎教主要任务有：

❶ 正确认识妊娠。怀孕为女性所特有的生理发展任务，它是一个女性从幼稚走向成熟的重要象征，意味着母亲生涯的开始。从此，一个女性将担负起生儿和育儿这一人类繁殖和延续的重要使命。女性应该为此感到骄傲和自豪。这一认识是进行胎教的前提。

❷ 保持积极的情绪和良好的心态。每一个女性都有责任为人类、为社会、为家庭生育高质量的后代。克服烦躁情绪、保持舒畅的心情是孕妇自身和胎儿身心健康的前提。孕妇应注意使自己处于和睦温馨、情意融融的环境气氛之中，大方坦然，放松自我，平和地对待周围的一切消极因

素，经常倾听优美抒情的音乐、幽默诙谐的语言，保持轻松愉快的心情。

❸ 平衡饮食。为了胎儿发育良好，孕妇应尽量多吃各种食物，不要偏食。

❹ 回避有害致畸物质。为了胎儿健康，孕妇要注意回避有害有毒物质，不乱吃药，戒酒，戒烟。

❺ 禁止性生活。防止胎儿流产，给已经孕育的小生命生存生长的机会。

在这个时期内胎盘尚未形成，维持妊娠的孕激素相对不足，因此最容易发生流产，所以性交次数要尽量减少或避免。同时性交的体位要注意，不要压迫孕妇的身体，特别是腹部。有习惯性流产经历的孕妇或本次妊娠已有先兆流产征兆的孕妇应遵从医生的指导或暂时停止性生活。

专家提示

妊娠三月还是很易发生流产的时期，所以孕妇要避免进行运动量较大的体育运动、劳动强度大的体力活及旅行等；日常生活应避免过于劳累；避免做使腹部受压的工作或活动；避免性生活。

这段时期是胎儿各器官发育的关键时期，但此期的妊娠反应最严重，很多孕妇胃口不好，吃不进东西，因此一定要注意全面合理的营养，要多吃蛋白质含量丰富的食物及新鲜水果、蔬菜等，叶酸的补充应该持续到第3个月末，饭菜制作上要清淡爽口。

在大量雌激素的作用下，从本月起孕妇的口腔会出现一些变化，如牙龈充血、水肿以及牙龈肿痛肥大增生，触碰时极易出血，所以孕妇要注意保持口腔清洁，以防细菌在口腔中繁殖。

孕妇要注意保持自身清洁，要勤洗头、勤洗澡，还要保持充足的睡眠，除每晚睡8个小时外，每天中午最好有1～1.5小时的睡眠。孕妇还要注意保持良好的心情，丈夫也要关心爱护妻子，使妻子保持快乐开朗的情绪。

第四章

妊娠四月胎教

妊娠四月母体变化和胎儿发育

妊娠四月母体的变化和感觉是怎么样的

基础体温开始下降，稍能看出下腹部的隆起，子宫明显增大，如同婴儿的头部，在下腹部很容易摸到。从这时起，每次产前检查都要测量子宫底，测量从耻骨中央到下腹部的隆起处止（这就是子宫底）的长度，以根据这个长度来判断子宫的大小，到 15 周末时，子宫的高度应是 5～12 厘米。

这时的孕妇会有如下反应：

❶ 疲倦，尿频情形有所改善，恶心和呕吐的现象减轻或结束。

❷ 便秘，胃灼热和消化不良，胀气和浮肿。

❸ 乳房继续膨胀，但触痛和肿胀感减轻。

❹ 偶尔头痛或晕眩，尤其是突然变换姿势时。

❺ 鼻塞和偶尔流鼻血；耳塞。

❻ 刷牙时牙龈会出血。

❼ 食欲增加。

❽ 脚和足踝轻微浮肿，有时手和脸也有浮肿现象。

⑨ 腿部静脉曲张或痔疮。

⑩ 有少许的白带。

妊娠四月胎儿的发育是怎么样的

这时期胎儿的头渐渐伸直，脸部已有了明显的人的轮廓和外形，长出一层薄薄的胎毛，头发开始长出，皮肤逐渐变厚，呈亮红透明色；下颚骨、面颊骨、鼻梁骨等开始形成，耳廓伸出；胎儿心脏的搏动更加活跃，内脏几乎已形成，还有，胎盘也形成了，与母体的连接更加紧密，流产的可能性大大减少。由于胎盘长出，改善了母体供给胎儿的营养，胎儿的成长速度加快。肌肉、骨骼继续发育，所以胎儿手脚稍微能活动，但因力薄气小，孕妇还不能明显感到胎动。内耳等听觉器官在妊娠第 4 个月前已基本完善，对子宫外的声音开始有所反应。

妊娠 4 个月，羊水已达 200 毫升，胎儿在羊水中游动自如。此时，胎儿肌肉、骨骼继续发育，所以，胎儿的手脚稍微能活动。到 15 周末，胎儿身长 10～15 厘米，体重约 120 克。

妊娠四月饮食营养

妊娠四月孕妇饮食要求

进入第 4 个月，孕妇的情况已经大有改善，早孕的不适反应基本消失，流产的危险也变得很小，但是对于饮食营养的关注仍丝毫不能放松。

此时应该增加各种营养素摄入量，尽量满足胎儿迅速生长及母体营养素存储的需要，避免营养不良或缺乏对胎儿生长发育和母体健康的影响。

增加主食摄入：应选用标准米、面，搭配摄食些杂粮，如小米、玉米、燕麦片等。一般来说，孕中期每日主食摄入应在400～500克，这对保证热量供给、节省蛋白质有着重要意义。

增加动物性食品：动物性食品所提供的优质蛋白质是胎儿生长和孕妇组织增长的物质基础。此外，豆类以及豆制品所提供的蛋白质质量与动物性食品相仿。对于经济条件有限的家庭，可适当选食豆类及其制品以满足机体需要。但动物性食品提供的蛋白质应占总蛋白质质量的1/3以上。

由于准妈妈要负担两个人的营养需要，因此需要比平时更多的营养。此时也要注意“当静形体，和心态，节饮食”，就是说孕妇应该心情恬静，心态平和，节制饮食。为什么说孕妇此时要节制饮食呢？这是因为妊娠四月早孕反应消失，孕妇心理、生理状态已好转，防止孕妇因食欲增强而胡吃乱喝，这对母胎均是有好处的。

孕妇饮食要定时定量

孕妇饮食定量是指给自己的饭量规定一个范围，一般维持在这个范围内，不是很精确地固定多少，每次一定要达到这个范围，而是根据情况适当地进行一些增减，不能超过太多或减得太少。

如果一个孕妇吃饭不知道控制，饥一顿，饱一顿，对胎儿的营养供给也会随之出现不正常状况，这会影响胎儿的营养均衡及身体发育。也就是说，孕妇在怀胎内10个月的饮食，也要随着胎儿的发育逐渐少量增加。如果孕妇不掌握这个原则，而是为了胎儿生长，盲目地多吃，过量摄取营养，对孕妇本身和胎儿都不利。有的孕妇为保持体形苗条，而控制饮食少食，也不利于孕妇健康和胎儿生长发育所需。

饮食定时，就是要求孕妇养成准时吃饭的习惯。因为人的各个器官基本上是按时间程序有规律地工作的，各种食物在人体胃肠内停留的时间也在一个大致范围内，所以到了一定时间就会出现饥饿感。这时，血糖下降到较低程度，可使人心慌意乱，甚至四肢发抖。如果孕妇经常出现类似情况，无疑会引起胎儿营养供给不足。孕妇担负着为自身健康和保证胎儿生长提供营养物质的任务，所以，必须按时进餐，遵循代谢规律。孕妇最好不要吃零食，吃零食会打乱胃肠的消化规律。

需要注意的是，当孕妇早孕反应强烈时，要趁胃口大开时赶紧吃一些东西，以补充因早孕反应没来得及补充的营养素。其他时间孕妇还是定时定量吃饭为好。

孕妇每日宜饮多少水

孕妇不可缺水，水能帮助肾脏保持良好的工作状态和防止便秘，只有多饮水、多小便才能避免孕期常见的泌尿系统疾病。胎儿也非常需要水，只有充足的羊水才能使胎儿自由活动。一般主张，孕妇每天饮水（包括其他液体食物）1～1.5 升，最好不少于 1.2 升。

孕妇切忌口渴才饮水。口渴犹如田地龟裂后才浇水一样，是缺水的结果而不是开始，是大脑中枢发出要求补水的救援信号。口渴说明体内水分已经失衡，脑细胞脱水已经到了一定的程度。

孕妇每天应喝足够的饮料，尤其应多饮水。即使在妊娠期患有轻度水肿，也不要过于节制饮水，因为即使减少液体的摄入量，也不会减轻水肿的程度。饮水量应根据不同季节和气候有所改变，炎热的夏季要多饮水。

有喝茶及咖啡习惯的妇女，妊娠期虽可以继续饮，但不宜过浓。如果妨碍睡眠或觉得心慌，则应停止饮用，改饮用白开水。水是最好的液体饮料。日本的一项研究表明：白开水对人体有“内洗涤”的作用。孕妇在清晨起床后应喝一杯新鲜的凉开水。有研究表明，早饭前 30 分钟喝 200 毫升 25℃～30℃的新鲜开水，可以温润胃肠，使消化液得到足够的分泌，以促进食欲，刺激肠蠕动，有利于定时排便，防止痔疮便秘。早晨空腹饮水能很快被胃肠道吸收进入血液，使血液稀释，血管扩张，从而加快血液循环，补充细胞夜间丢失的水分。

鲜果汁可以适量饮用，但因糖分多，容易使孕妇发胖。汽水等碳酸饮料，最好不饮用。总之，孕妇最好饮用白开水补充水分，其他饮料作为辅助补充。

孕妇饮食宜清淡

妇女在怀孕期间，体温相应增高，呈内热型，肠道也比较干燥，多吃清淡食物有利于爽身利口，而且清淡食物比较容易消化吸收。

清淡食物多为植物性食品，符合胎儿发育阶段的特点以及所需要的营养品种。孕妇腹中的胎儿器官处于刚刚形成的时期，必须注意到母体为胎儿所提供的营养成分容易被吸收这个重要问题，这是因为，人类胚胎在母体的 10 个月中，从卵子与精子结合成受精卵到降生，是从低级逐步进入到高级的过程，从进化的过程分析，向胎儿提供营养的母亲也应该以吃容易消化吸收的清淡食物为宜。

实验表明，人体内含动物蛋白质过高，大脑产生的血清素就会降低，不能很好地调节人的睡眠和情绪；相反，碳水化合物含量丰富的植物性食品，都能提高血清素值，当大脑血清素值高时，就能起到对情绪的镇静作用，有利于注意力集中，显得聪明。粮食、蔬菜、水果等碳水化合物丰富的食物，是孕妇宜多吃的食物。

对富含蛋白质的食物孕妇也要适量摄取，以保证胎儿身体发育的需要。孕妇多吃肉食不利，一是不符合大多数中国人饮食习惯，违背了人体消化系统的功能要求；二是肉食不易消化吸收，且营养不全面；三是吃肉食过多会导致孕妇和胎儿体重过大，造成难产。

妊娠四月营养食谱

糖渍西瓜肉

原料：西瓜 1 个（约 5000 克左右），白糖 500 克。

做法：选成熟瓤红的西瓜，剖开后去籽，用刀切成条，暴晒一天后，加入白糖拌匀，腌渍半日，再散开暴晒至干，加入白糖拌匀即可。

特点：香甜宜人，有助于消除水肿。

木耳肉片汤

原料：干木耳 25 克，瘦猪肉 150 克，水淀粉 10 克，韭菜 25 克，精盐 4 克，味精 3 克，清汤 1000 克。

做法：将干木耳用温水浸泡发好；瘦猪肉洗净切片放入碗内，加精盐 1 克、水淀粉少许抓匀；韭菜择洗干净，切成 3 厘米长的节；锅置旺火上，放入清汤、木耳烧开，再下肉片煮一会儿，待肉片熟时，下精盐、味精、韭菜，起锅盛入汤碗即可。

特点：阴阳两补，益气养血，尤宜于孕妇在疲劳、体力不佳时服用。

豆浆粥

原料：鲜豆浆 500 毫升，大米 50 克，白糖少许。

做法：将洗净的大米用豆浆煮成粥，加白糖调味，早晚食用。

特点：润肠，补虚，止咳，适用于体虚消瘦、咳嗽、便燥等症。

生炒糯米饭

原料：糯米 500 克，虾米 25 克，熟腊肠、熟腊肉各 80 克，湿冬菇 50 克（洗净煮熟），熟鱿鱼 50 克，熟蛋皮 50 克，炸揽肉（或花生）25 克，米酒 25 克，味精少许，生油 100 克，精盐 5 克，芝麻 10 克，葱花 5 克。

做法：先将糯米洗净用清水浸上 3 小时，然后倒去清水，再用开水烫，滤干水分，备用。

另起锅放油，把糯米放进锅中炒之，炒时要洒水，约 3～4 次，每洒 1 次水后即加盖焖片刻，这样反复炒至糯米熟透为止；如喜欢松软的，可多洒几次水。

待糯米炒熟后，再放进全部的配料和调料拌匀便成。

特点：营养极其丰富，对孕育胎儿有利。

妊娠四月优生与保健

孕妇感冒了怎么办

感冒是一种常见的呼吸道传染病，一年四季均有发生。一般把感冒分为两类，一类是上呼吸道症状明显，为普通感冒；另一类是流行性感冒，简称流感，是由流感病毒引起的，流感传染性很强。轻度的普通感冒对胎儿影响较小，重症感冒对孕妇和胎儿会有直接和间接影响。感冒病毒对胎儿有直接影响，感冒造成的高热和代谢紊乱产生的毒素对孕妇有间接影响。而且，病毒可透过胎盘进入胎儿体内，有可能造成其先天性心脏病以及兔唇、脑积水、无脑和小头畸形等；而高热及毒素又会刺激孕妇子宫收缩，造成流产或早产。所以孕妇患感冒以后的治疗要加倍注意。

❶ 轻度感冒不用特殊治疗，只要注意休息，多喝水，少吃油腻食品，服用些维生素 C 就可以了。也可以服些中成药，如银翘解毒片、桑菊感冒片、感冒冲剂等。咽痛可含薄荷润喉片等，鼻塞可点些滴鼻剂，这些药物对胎儿影响不大。

❷ 出现高热、剧咳等情况时，则应去医院诊治。退热可用湿毛巾冷敷，或用 40% 乙醇擦颈部及两侧腋窝，也可用柴胡注射液。此种情况更要注意多饮水和卧床休息。

❸ 高热时间持续长，连续 39℃ 超过 3 天以上的，应到医院作产前诊断，了解胎儿是否受影响。

❹ 感冒合并细菌感染，应加用抗生素治疗。

感冒是孕妇易患的疾病，妇女怀孕以后要注意预防感冒。首先，要注意增强体质，提高机体抗病能力。有些妇女怀孕后不爱活动，使体质下降，这对母胎都是不利的。其次，要注意室内通风，勤洗晒被褥，注意个人卫生。再次，在流感流行季节，孕妇不要串门，不要到人多的公共场所。家里有人患感冒，要注意隔离。

孕妇不宜常操作电脑

电脑和电视一样，也会产生不少放射线，同时电脑周围会产生低磁的磁场，对孕妇和胎儿产生不利影响。

电脑显示终端引起的流产和畸胎与其发射的放射线及其产生的弱电磁场有关。当电脑显示终端荧屏内表面磷光体受到电子束的撞击时，即可产生低能的 X 线和紫外线、可见光、红外线以及弱电磁力线，这些辐射线作用于孕妇就能引起自然流产和畸胎。电脑显示终端所致的自然流产率和畸胎发生率还与操作者接触电脑显示终端的时间和次数有着密切关系。

另外，孕妇长时间坐在电脑前，将影响心血管、神经系统的功能，盆底肌和提肛肌也会因劳损而影响正常分娩。

电脑室的负离子较少，妊娠前 3 个月，应尽量减少电脑操作。

因此，孕妇操作电脑不要一次时间过长，中间应该有离开电脑换换环境的机会，以减少电脑对孕妇的影响。

孕妇可以使用手机吗

现在青年男女使用手机者为数不少，手机携带方便，有利于交往和工作，也有的青年女性觉得手机很时髦，用上手机特潇洒。但孕妇使用手机不利，在怀孕期间应控制使用手机。

手机的天线能接发强有力的微波，所产生的能量有 60% 能被人脑组织所吸收。大脑、眼睛、生殖系统是人体对微波辐射最敏感的部位，其对人体健康的影响主要是长期、缓慢的影响。

有资料证明，手机严重的电磁波辐射对胎儿有致畸作用，手机还能引起内分泌紊乱，影响泌乳。因此说，孕妇不要常用手机，以免影响胎儿健康成长和影响孕妇分泌乳汁，分娩后给哺乳造成困难。

所以，孕妇要慎用手机。如必须要用，尽量缩短通话时间，使用次数和时间越少越好。

孕妇怎样洗澡好

孕妇洗澡时一般以擦浴、淋浴为宜，还要特别注意以下两点：

❶ 洗浴水温不宜过高。据澳大利亚有位学者说：孕妇要避免热水浴或蒸汽浴，因为母体温度过高会造成胎儿畸形或发育不良。高热的影响会使分裂中的细胞死亡。前不久，美国用升高患者体温的办法治疗癌症的临床实验已经证实，高热完全可以杀死人体内迅速增多的癌细胞。

实验证明，动物浸泡在40℃的热水中，大约15分钟，体温就会达到对胎儿产生不良影响的起点；在49℃的热水中，只需10分钟就可能影响胎儿发育。母体产生高热，最易伤害胎儿正在发育中的中枢神经。怀孕10～14周时，胎儿的神经系统发育很快。由于外因或孕妇体内发烧引起的体温升高，会杀死那些分裂中的细胞，使大脑无法充分而又全面地发育，以获得遗传上的潜能。这种伤害的结果，重者会使胎儿的关节受到永久的损伤，或导致肌肉组织的日益萎缩；轻者也会使胎儿的大脑受到某种抑制，从而影响后天的智力。

❷ 洗澡时间不宜过长。浴室内由于通风不良，空气混浊，湿度大，就会降低空气中的氧气含量，再加上热水的刺激，使人体的血管扩张，此时流入人体躯干、四肢的血液较多，而进入大脑和胎盘的血液就要相对暂时减少，氧气的含量也必然减少，且人的脑细胞对缺氧的耐力很低，这就会造成洗澡时昏倒的情况。如果孕妇洗澡时间过长，除发生以上情况外，还会造成胎儿缺氧。若胎儿脑缺氧时间很短，一般不会造成明显不良后果；如果缺氧时间较长，就会影响神经系统的生长发育。

因以上原因，专家提醒孕妇一次洗澡时间不宜超过15分钟，或以孕妇本身不出现头昏、胸闷为度。

孕妇怎样检测胎动

怀孕后 3 个月，胎儿初具人形，他在羊水中像鱼儿一样自由游动。因为此时胎儿较小，羊水较多，虽然胎儿在活动，甚至活动幅度较大，但孕妇仍不会感觉到。到妊娠 16 周后，产妇相对有经验，可能就会感觉到胎动，而初产妇由于缺乏经验，往往要到 18～20 周时才能明显觉察到胎动，一直到分娩。胎动对孕妇很重要，可以借胎动了解胎儿活动情况以及羊水多少、供氧是否充足等。

胎动是胎儿正常生理活动之一，它与胎儿肌肉张力、神经系统功能以及母体供氧有关。安静型胎儿胎动比较柔和，次数较少；兴奋型胎儿胎动动作大，次数多。胎儿受到外界刺激如声音、振动时，胎动会增多；而缺氧时胎动就会减少；一天中下午 2～5 时胎动最少，下午 6 时～晚上 11 时胎动最活跃，次数最多，早晨和上午胎动介于二者之间。如果胎动消失 24～48 小时以上，胎儿即会死亡，胎心也随之消失。

孕妇自己怎样检查胎动？孕妇取左侧卧位，每日分早、中、晚 3 次检查胎动，每次检查 1 小时，3 次胎动次数相加乘 4，即为 12 小时胎动次数。如果 12 小时胎动次数大于 30 次，表示胎儿正常，而小于 30 次则应到医院检查。

孕妇也可以在每天同一时间数 1 次胎动，每次 1 小时，如果 1 小时胎动在 3 次以上，表示胎儿正常，小于 3 次则应请医生检查。

注意，数胎动时一定要认真，并保持环境安静，不可做其他事，周围也不可有其他人说话。

怎样发现胎儿是否畸形

现在已经有许多方法可以检查出胎儿是否畸形，比较安全的方法有：

❶ 羊膜囊穿刺术。胎儿在胎胞内的羊水中生活，羊水所含的化学物质和细胞成分能准确地反映胎儿的情况，穿刺抽出一些羊水，检查其中的一种叫甲胎蛋白的物质。这种物质在正常妊娠 15～20 周时，

含量应是每毫升含 10 微克以下；如果胎儿有畸形（如神经管畸形、泌尿系畸形或脊柱裂等），甲胎蛋白比正常增高 15～20 倍。

❷ 超声波检查。通过超声波检查可以发现胎儿是否无脑或有脑积水、小脑畸形、死胎、先天性神经管的缺陷以及先天性心脏病等。

怎样预防流产

为了防止流产，要尽可能早些时候确认妊娠这一事实，以便采取适当措施，这是第一位的。从确认自己已经怀孕时起，就要停止过于激烈的运动，努力保持安静，过有规律的生活。再有，精神上的安静也是非常重要的。

确认怀孕后，孕妇就应避免上下取放重物、长期站着工作、从事下腹用力的工作和频繁上下楼梯，千万注意不要碰撞腹部。

喜欢吸烟、喝酒的妇女，应立即禁忌烟酒，以免刺激胚胎，造成流产。

预防感冒、腹泻之类的疾病发生。这些病会造成流产或者胎儿畸形。

生活要有规律，保证充足的睡眠和休息，避免过劳，劳能伤身，对胎儿不利。还要增加营养，保证身体健康。

四月胎教方案

美容胎教

妇女在怀孕期间一般会比较注意保养自己的身体，很关心饮食起居：如每天 8 小时以上的睡眠，坚持步行，摄取足够的营养，回避烟酒。这样，孕妇会显得容光焕发。遗憾的是，妊娠中期孕妇脸上会出现黄棕色斑点。不过，别着急，这是正常现象。一般来说，这些斑点在分娩后会渐渐消失的，但有些孕妇脸上的斑点不再退去。所以，最好能够防止出现这种斑点。办法是不要让脸在阳光下暴晒，因为身体里的激素在阳光的照射下会促使孕妇黄褐斑的出现。外出活动时，一定要在脸上涂一些防晒霜，或戴上一顶大檐帽子。

多数孕妇的皮肤在怀孕期间越来越干燥，这是因为皮脂腺的分泌越来越少。这时，也不需要更换化妆品，最好施行食物美容疗法，多吃含维生素多的食物；同时，还要注意充分的休息和睡眠。为了使皮肤保持柔软和良好的弹性，应经常涂上一层优质的护肤香脂以润滑皮肤。对脸部的保养依旧和怀孕早期一样，采取自然护肤法，干性皮肤要用油脂和冷霜，油性皮肤要用蜜类化妆品。

孕妇在夏天非常容易长湿疹和痱子，因此要讲究卫生，出汗后要马上擦干。应该勤换内衣，内衣的料子要吸汗性良好的。最好每天洗澡，以保持身体的清洁。如果你已经长了湿疹和痱子，要悉心调养，注意不要让疙瘩破溃和感染。

怀孕中期，在乳房、腹部和臀部都可能会出现妊娠纹，从脐部一直延伸到耻骨区，有些人还会出现色素沉着。一般这些印迹在分娩后会自行消失，但有时很难消退，需要很长的一段时间。预防的办法和防止妊娠黄褐斑一样，要尽量避免阳光。

妊娠时，口腔黏膜往往不太舒服，牙龈可能肿胀，并且容易出血。牙龈炎一般在怀孕中期特别是第 5 个月最厉害，到分娩后会好的。服用维生素 C 可以减轻牙龈发炎症状。妊娠中期是可以医牙的。有齿或齿龈疾患应到医院诊治，甚至征求妇科医生的意见后，可以拔牙。

妊娠不会损坏头发，反而可使头发更美。原先头发暗淡无光泽，这时会显得柔软光亮。皮脂溢出也会减轻，甚至消失。这时保养头发的方法与平常一样，无论何时，都要使用不带刺激性的洗发剂，因为那样的洗发剂会使头皮干燥，使头屑增加。头发是油脂型的，可以使用以脂蛋白为主要成分的洗发剂。孕妇每天要用梳子梳理头发，宜用木梳子、骨梳子，不宜用塑料的胶梳子，梳理要适度，不能过分用力。

为了不使乳房下垂，孕妇必须戴上乳罩，要选择不妨碍乳房发育的尺寸。最好买前开的乳罩，这样产后哺乳就方便了。怀孕 6 个月后，要开始保养乳房。怀孕后，乳房一直在膨大，乳头开始发黑，5 个月后还会挤出分泌物。为了将来能为婴儿顺利地哺乳，孕妇从第 6 个月起就要开始保养乳房。保养工作最好在沐浴时进行，这样非常方便。可先用肥皂水清洗乳头，擦干后敷上冷霜按摩，并让乳头突出。

怀孕第 5 个月以后，肚子明显地突出，腰围、臀围也跟着加大，一般的衣服已不合身，这时要开始准备适合季节的孕妇装了。这时更要注意鞋子的式样了。市面上卖的高跟鞋、拖鞋式的凉鞋、胶底鞋容易摔跤，对孕妇都不合适，最好买专为孕妇设计的、后跟低、底部有凹凸纹路、穿起来平稳的鞋子。

无论什么时候，都要坚持散步和做体操。这样既能使孕妇健康美丽，又能在分娩后很快恢复体形。

情绪胎教

国外优生学专家认为，母亲的情绪、态度会影响胎儿。胎儿在母体孕育的过程中，个人的性格以及气质特点就已经开始萌芽。胎儿在子宫中，不仅有感觉，而且会对母亲细微的情绪变化作出敏感的反应。英国妇产科学研究结果表明，夫妻吵架、相处不好对胎儿产生的不利影响比孕妇患有高血压对胎儿产生的不利影响大 6 倍。

胎儿在 4 个月大时，大脑内控制本能、欲望和心理状态的间脑或旧皮质部分已经形成，当孕妇情绪不稳定时，血液中的激素就会发生变化，血液经胎盘进入胎儿血液、间脑中，间脑受到刺激，就会使胎儿的行动产生变化。如果胎儿在子宫中感受到温暖、和谐、慈爱的气氛，胎儿将得到同化，意识到生活的美好和欢乐，可逐渐形成热爱生活、活泼外向、果断自信等优良性格的基础。反之，胎儿会觉得痛苦，将来性格可能形成孤独寂寞、懦弱、自卑多疑等。

家庭成员特别是丈夫要多体贴妻子，为了腹中胎儿安全和形成良好的性格基础，要避免让孕妇做较重的家务活动，减少孕妇的负担，让孕妇时刻处于心境平静开朗的状态下，让孕妇的身体维持良好的状态，这样就能让胎儿在舒适的环境中健康顺利成长。

音乐胎教

音乐是一种表达人类情感的特殊语言，它凭着曲调、旋律、节奏和响度，触及人们的心灵，引起人们情感和认识上的认同感。胎教音乐一类是孕妇欣赏的音乐，以宁静为原则，既使人感动，又使人产生美妙的想象，通过孕妇的神经一体液系统将感受传递给胎儿；一类是胎儿听的音乐，以轻松明快为原则，以轻松活泼的乐音来激发胎儿对声波的良好反应。对孕妇来说，音乐最大的特点就是能滋养情绪、爱抚心理和提升境界；对胎儿来说，音乐具有引发刺激的作用，可诱发大脑和学习记忆有关的“突触电位”升高，从而导致大脑的特殊合成，达到促进智力发育的作用。

在妊娠早期，音乐胎教都是孕妇听音乐，然后通过母体将自己的感受传递给胎儿。在妊娠 4 个月时，胎儿耳的功能开始建立和发展，脑的结构也日益完善，各种感觉逐渐发挥作用，胎儿对声音的感觉相当敏感，听觉能力明显提高，已能听到外界的声音了。这时可利用胎儿听觉的重要作用，给予良好的声音刺激，促进胎儿听力的发展。

这时孕妇和胎儿听的胎教音乐内容可以丰富一些，种类可以多一些。胎教音乐的节奏宜平缓流畅，不带歌词，乐曲的情调应温柔甜美。父亲低音唱歌、大提琴独奏曲或低音歌声和乐曲之类，胎儿最容易接受。另外孕妇亲自哼唱歌曲会得到十分满意的效果，孕妇每天可以哼唱几首自己喜爱的抒情歌曲，或优美而又富有节奏的小调、摇篮曲等，如《约塞兰摇篮曲》、舒伯特的《摇篮曲》等。

孕妇最好不要听那些过分激烈的现代音乐，如摇滚乐等，因为这些音乐音量较大，节奏紧张激烈，声音刺耳嘈杂，可使胎儿烦躁不安，使神经系统和消化系统产生不良反应，促使母体内分泌一些有害的物质，危害孕妇和胎儿。具体说来，胎教音乐的选择若以西方音乐为欣赏范畴的话，最好以巴洛克音乐为经，以莫扎特音乐为纬。因为巴洛克音乐的音律与胎儿的心律非常接近，而它宗教般的和谐旋律可使胎儿心灵沉静、全身放松，它的乐声的波长正好与胎儿脑部的波长相符，可刺激脑波产生，有助于胎儿精神的集中与安定；而莫扎特音乐奇幻般的音符可促进胎儿脑部活动。

对话胎教

父母亲通过动作和声音与腹中的胎儿对话是一种积极有益的胎教手段。在对话过程中，胎儿能够通过听觉和触觉感受到来自父母亲爱的呼吸，这对促进胎儿的身心发育具有十分有益的影响。对话可从怀孕 3～4 个月开始，每天定时刺激胎儿，每次时间不宜过长，1 分钟足够。对话内容不限，可以问候，可以聊天，可以讲故事，以简单、轻松、明快为原则。例如，早晨起床前轻抚腹部，说声“早上好，宝宝”。打开窗户告诉胎儿：“哦，天气真好。”最好每次都以相同的询问开头和结尾，这样循环往复，不断强化，效果较好。晚上父亲临睡前也要和胎儿说说话，这些熟悉的声音可促进胎儿听觉发育，记忆力增强。

随着妊娠的进展，每天还可适当增加对话次数，可以围绕父母的生活内容，把每一种新鲜事物、把美好的感受反复传达给胎儿。最后还需提醒大家：由于胎儿还没有关于这个世界的认识，不知道谈话内容，只知道声音的波长和频率。而且，他并不是完全用耳听，而是用他的大脑来感觉，接受着母体的感情。所以在与胎儿对话时，孕妇要使自己的精神和全身的肌肉放松，精力集中，呼吸顺畅，排除杂念，心中只想着腹中的宝宝，把胎儿当成一个站在面前的活生生的孩子，娓娓道来，这样才能收到预期的效果。

孕妇在对胎儿作听觉胎教时，应细致地观察胎儿有何反应。若是胎儿反应强烈，就应暂停。

运动胎教

运动胎教是对胎儿进行“宫内锻炼”，以促进胎儿四肢运动感的训练方法。

有人建议，在怀孕 3～4 个月后可以适当对胎儿进行宫内运动训练。做法是孕妇仰卧，全身放松，先用手在腹部来回抚摸，然后用手指轻按腹部的不同部位，并观察胎儿有何反应。开始时动作宜轻，时间宜短，等过了几周，胎儿逐渐适应之时，就会作出一些积极反应，这时可稍加一点运动量。

胎教理论主张对胎儿进行运动训练，这可以激发胎儿运动的积极性，促进胎儿身心发育，但运动量一定要适当。现代医学已经证明，胎动的强弱和胎动的频率可以预示胎儿在母体内的健康状况。有人曾对胎动强者和胎动弱者进行观察，他们发现在宫内活动强者出生后在其动作的协调性和反应的灵敏度上均优于出生前胎动弱者。凡是在母体内受过运动训练的胎儿出生后翻身、爬行、坐立、行走及跳跃等动作都明显地早于一般的孩子。因此说胎儿的运动训练确实不失为一种积极有效的胎教手段。有些孕妇对进行胎儿运动训练表示担心，认为锻炼会伤害了胎儿，其实这种担心是多余的，胎儿在 4 个月时胎盘已经很牢固了，胎儿此时在母体内具有较大的空间。而且环绕着胎儿的羊水对于外来的作用力具有缓冲的作用，可以保护胎儿。所以母亲对胎儿进行运动训练时并不会直接碰到胎儿，这一点孕妇大可放心，进行适当的胎儿运动训练是不会伤害到胎儿的。

光照胎教

光照胎教是指通过光源对胎儿进行刺激，以训练胎儿视觉功能的胎教法。

尽管胎儿在妊娠 25 周前和 32 周之后，从不愿睁开眼睛，总是把小眼睛紧紧地闭着，好像是看不到任何东西。其实，胎儿的视觉在怀孕第 13 周就已经形成了。

胎儿从 4 个月起对光线就非常敏感，科研人员对孕妇腹壁直接进行光线照射时，应用 B 超探测观察，可以见到胎儿躲避反射，背过脸去，同时也可看到胎儿有睁眼、闭眼活动。这说明胎儿在发育过程中，视觉也在缓慢发育，并且有一定的功能。胎儿在子宫中的活动似暗箱操作，不能视物，但当孕妇腹部在光线照射下，胎儿还是能感觉到光线的强弱明暗变化。因此有人主张在胎儿觉醒时，可进行视觉功能的训练。对胎儿进行视觉训练时，可用 4 节一号电池的手电筒，一闪一灭地直接放在母亲腹部进行光线照射，每日 3 次，每次 30 秒钟，并记录下胎儿的反应。进行视觉训练可促进胎儿视觉发育，增加视觉范围，同时有助于强化昼夜周期，即晚上睡觉，白天觉醒，并可促进胎儿动作行为的发展。切忌用强光，照射时间不宜过长。

环境胎教

胎儿在母体中 4 个月大时，已具有了种种感觉，如对母体处于嘈杂的环境中会以频频蹬腿来表示“不满”，当母亲吸烟时，可见胎儿的心脏会随着母体心跳的加快而加速搏动，甚至出现烦躁不安、痉挛等。可见环境对胎儿的健康发育是多么重要。因此孕妇要投身于大自然中去欣赏、感受美，以期让腹中的胎儿早日受到美的熏陶。

大自然的美景多种多样，各具风格。它包括日月星云、山水花鸟、草木鱼虫、森林原野等。它们都具有陶冶人们的情感、激发人们对祖国的热爱等特性，它能给人们带来欢乐，激发人思考，使人们的精神世界得到极大的丰富。大自然不仅可以开阔孕妇的视野，而且对于母胎的身体也大有益处。

孕妇在早上起床之后，到有树林或草地的地方去做操或散步，呼吸草木所释放的清新空气，再者，树木多的地方以及有较大面积草坪的地方，尘土和噪声都比较少。那些在一定的温度下工作的孕妇，除早晨外，在工间休息时也应到有树木、草坪或喷水池的地方走走。晚上最好能开小窗睡眠。若天太冷可关窗，但应在起床后，打开所有的窗户换换空气。

俗话说：“一日之计在于晨。”对于孕妇来说就更是如此。每一位即将做妈妈的孕妇都应该克服自己的懒惰情绪，争取每日早些起床，然后去欣赏大自然清晨的美景，也使腹中的小宝宝受到熏陶。

多欣赏大自然的美，不仅可以使人得到休息、娱乐并伴以幽静、清爽、舒畅之感，还可以使人大开眼界，增长知识，增添青春的活力。这些都是极有利于孕妇和胎儿的身心健康的。

因此，为了孩子，为了下一代的聪明、活泼和可爱，孕妇一定要多到大自然中去，在大自然中陶冶母子的性情。

胎教要点

❶ 适度修饰打扮，增加美感。

❷ 经常散步，到公园湖边、田野、森林呼吸新鲜空气，心情舒畅，利于胎儿生长。

❸ 妊娠反应结束，胎儿进入急速生长期，需多摄入优质蛋白质、铁、锌、钙和维生素食品。

❹ 此期早孕反应消失，孕妇心理相对稳定。

❺ 胎儿出现胎动，能听到胎心。

❻ 本月产前检查1次。

细说胎教

孕妇的情绪会影响胎儿吗

胎儿尽管生长在子宫里，看似与外界隔绝，其实，准妈妈的一举一动对胎儿都有影响，包括情绪也是如此。研究发现，胎儿长到6个月以后，神经系统已发育到相当程度，能听到声音，并能作出各种反应，如胎动增加、心跳加快等。妈妈与胎儿的神经系统本身并没什么联系，但准妈妈受到精神刺激后，自主神经系统活动加剧，内分泌也发生变化，释放出来的乙酰胆碱等化学物质和某些激素可以经过血液由胎盘进入胎儿体内，影响胎儿的正常生长发育。

例如，当孕妇的情绪兴奋、轻松愉快时，通过神经—体液系统的调节，血液中增加了一些使胎动有规律、活跃的化学物质，增强了胎儿的生命力。相反，当孕妇情绪低落、沮丧、精神紧张时，体内的激素会增加，并通过胎盘影响胎儿，导致白细胞减少，从而降低其免疫力和抗病能力。妊娠早期发怒，可导致胎儿发生唇裂以及其他器官畸形；妊娠后期发怒，还会增加胎动次数，导致早产、难产等。

孕妇的不良情绪会直接影响自身的循环系统及消化系统的功能，同时有可能引起高血压、末梢血管收缩，以致影响胎儿的血氧供应。而缺血低氧将有损于胎儿的智力发育，严重者会导致胎儿死亡。孕妇若与人争吵，胎动就会增加；孕妇欣赏音乐时，胎儿活动就显得柔和而有节奏。据观察，受到长时间或突发性强烈精神刺激的孕妇，其胎儿可有腭裂、畸形，甚则早产、死胎。所以孕妇应经常保持精神舒畅，散散步，听听轻柔优美的轻音乐；丈夫应体贴怀孕的妻子，为其创造一个舒适祥和的家庭氛围，保持良好的情绪状态。

母胎间生理信息的传递

母胎本为一体，胎儿在准妈妈的子宫中孕育长大，并经常发送信息给妈妈，使妈妈的生理心理产生相应的变化，妈妈则把胎儿所需养料、氧气通过血液循环及时供给他，并把胎教信息传送给他。因此，准妈妈与胎儿在十月怀胎期间血肉相连、息息相关，他们之间不仅有着肉体的联系，而且还存在着各种诸如生理信息、行为信息、情感信息的传递和沟通。那么其中的生理信息是如何传递的呢?

胎儿的存在和发育促进妈妈分泌维持妊娠所需要的各种激素，并使母体发生孕育胎儿所必需的生理上的变化，如子宫增大、变软，乳腺增殖、乳房增大，基础代谢加快，激素活动增加，以及全身各器官的生理功能增强等，胎盘分泌的一系列激素可以维护妊娠的正常进行。总而言之，胎儿在积极地促使身体分泌一些物质，协助妈妈维持自己的生命，就是说，胎儿已经能够对自己的生命产生一定的影响。

母体也在积极地向胎儿传递生理信息。如妈妈遭受精神刺激、情绪不安时，分泌出来的激素使血液中化学成分发生变化，从而通过胎盘对胎儿的生长发育产生影响。当妈妈有嗜烟、酗酒、滥用药物、暴饮暴食以及遭受外伤等情况时，可使胎儿的生长环境发生有害的变化，进而使胎儿产生恐惧心理，表现为胎动异常、心动过速等。

就这样，从胎儿到妈妈，又从妈妈到胎儿，彼此间完全对等地传递交流着生理信息，相互影响，相互作用。例如，当一个妈妈生活在极为恶劣的环境中，怀孕显得十分困难时，身体分泌的有害激素通过生理途径传递给胎儿，而胎儿接收到这种有害的信息后，意识到生命安全受到影响，从而反过来停止促进母体分泌维持妊娠所必需的激素。这种有害信息使胎儿发生身心障碍，甚至终止生命。

母胎间行为信息的传递

行为是一种心理现象，也是一种语言，是一种不说话的语言。由于胎儿尚不具备语言表达的能力，所以发生在妈妈与胎儿之间的这种行为信息的传递就显得十分重要，成为互相提示、通告情况的途径之一。

通过观察发现，每当胎儿感到不适、不安或意识到危险临近时，就会拳打脚踢，向妈妈报警。据报道，一位妊娠 7 个月的孕妇突然感到腹中的胎儿猛烈地冲撞自己，并且持续时间较长。经医生仔细检查诊断，结果是属于前置胎盘。这是一种很可能导致胎盘与子宫分离，引起大出血的妊娠。可见，胎儿已感到即将降临的危险，于是不得不竭尽全力通知他的妈妈。

另一方面，当孕妇因重体力劳动，跌打损伤，或者因种种原因造成巨大的烦恼、气愤和不安时，也会自然而然地传递给胎儿，使胎儿得到妈妈行为的暗示，从而波及胎儿的健康和发育。此外，妈妈吸烟、酗酒、通宵打麻将等不良的行为方式也会影响胎儿的健康，严重时甚至使胎儿感到无法忍受，从而发生流产、死产等意外事故。因此，未来的妈妈应重视孕期保健，注意分析来自胎儿的行为信息，以保证胎儿健康成长，同时也要注意自己的行为应端庄温和，以良好的行为方式影响胎儿。

母胎间情感信息的传递

人非草木，孰能无情，外界的各类事件和信息会使人的情绪产生多种变化。人类情感的产生除了要接受有关的外界刺激外，大量的研究结果表明，早在胎儿时期，母子之间不但有血脉相连的关系，而且还具有心灵情感相通的关系，妈妈与胎儿分别通过不同的途径彼此传递情感信息。

胎儿能够通过妈妈的梦向妈妈传递信息。这种说法看上去似乎荒诞可笑，但是在大量的医学文献中都曾记载过孕妇的梦成为事实的例子。虽然这种现象并不一定带有普遍性，有些也许只是巧合，但是其中的道理是否有理，尚待研究加以验证。然而有些孕妇的梦恰恰是她在清醒状态下的情绪和思维的反应，所谓“日有所思，夜有所梦”，这种“思”与“梦”之间的联系是通过何种途径实现的，值得进一步研究。

妈妈的情感诸如怜爱胎儿、欢迎胎儿、拒绝胎儿，以及恐惧、不安等信息也将通过有关途径传递给胎儿，进而发生潜移默化的影响。比如说，当妈妈在绿树成荫的小路上散步，心情愉快舒畅时，这种信息便很快地传递给胎儿，使他体察妈妈恬静的心情，随之安静下来；而当妈妈盛怒之时，胎儿则迅速捕捉来自妈妈的情感信息，变得躁动不安。据报道，一些毫无医学原因的自然流产正是由于妈妈极度恐惧和不安造成的。

总之，妈妈与胎儿之间是存在情感沟通渠道的。至于这条渠道是怎样建立的，这些影响又是如何发生的，目前还是一个令人费解的谜。但是充分的事实已经证明，凡是生活幸福美满、心情愉快的妈妈所生的孩子大都聪明伶俐，性格外向；而生活不幸福，心情躁郁的妈妈，生的孩子往往反应迟钝，存在自卑、怯弱等心理缺陷。

在我国古代的《内经》上曾经这样记载：“人生而有癫疾者，病名曰何？曰名为胎病。此得之在母腹中时，其母有所大惊，气上而不下，精气并居，故令子发为癫疾也。”这种观察妈妈受到惊恐的刺激而生下的孩子会得癫痫的结果是有一定科学道理的。可见，妈妈所传递的情感信息对胎儿是至关重要的，影响也是极其深远的。因此，请不要忽视妈妈与胎儿之间这条情感传递途径，要随时想到腹中的小生命是个善解人意的宝宝，多给他一些温暖，多给他一些关爱，使他对妈妈及外面的世界充满美好的想象，让他在爱的情感氛围中健康成长。

胎儿的感觉

医学研究证实胎儿具有 5 种感觉，即：听觉、视觉、味觉、嗅觉和触觉。正是由于胎儿具有了这 5 种感觉，才使得胎教可行。上个月中我们已经说过视觉和听觉，下边再来了解一下其他几种感觉。

❶ 胎儿的触觉。胎儿的触觉发育较早。隔着母体触摸胎儿的身体，胎儿就会作出相应的反应。胎教中通过抚摸训练，可使胎儿的灵活性得以锻炼。

❷ 胎儿的味觉和嗅觉。胎儿的味觉在孕期第 26 周形成，从第 34 周开始喜欢喝带甜味的羊水。胎儿在孕妇体内用不上嗅觉，但出生前嗅觉已发育成熟，一出生，马上就能用上。

胎教时胎儿的反应

人的生命实际上是从胎儿时期开始的，胎儿大约 3 个月左右就有了感觉。起初，当胎儿碰到宫中的一些软组织，如子宫壁、脐带或胎盘时，会像胆小的兔子一样立即避开。但随着胎儿的逐渐长大，特别是到了孕中后期，胎儿变得“胆大”起来，不但不避开，反而会对刺激作出一定反应，如有时母亲抚摸腹壁时，胎儿会用脚踢作为回应。

胎儿在4个半月时，就能分辨出甜和苦的味道，孕期快结束时，胎儿的味蕾已经发育得很好，而且喜甘甜味。胎儿在6个多月时就有了开闭眼睑的动作，特别是在孕期最后几周，胎儿已能运用自己的感觉器官了。当一束光照在母亲的腹部时，睁开双眼的胎儿会将脸转向亮处，他看见的是一片红红的光晕，就像用手电筒照手心时在手背一侧所见到的红光一样。

研究发现，4个月大的胎儿即可对外界的声音有所感知，而且胎儿听到的声音特别丰富，凡是能透过身体的声音，胎儿都可以感知到。这是因为人体的血液、体液等液体传递声波的能力比空气大得多。这些声音信息不断刺激胎儿的听觉器官，并促进其发育，听觉在人体的智力发育中起着非常重要的作用。当胎儿发育到5～6个月时，其大脑皮质结构已经形成，此时胎儿已经有了能够接受外界刺激的物质基础。

由此可见，胎儿尤其是妊娠中后期的胎儿，其触、视、听、味觉等都发育到了相当的程度，能够感受到一些外界活动，这时以一定方式进行胎教，可以促进胎儿身心健康发展。

妊娠中期的胎教任务

妊娠中期，随着早孕反应的消失和胎动的发现，孕妇身心会出现较大的变化。早孕反应的消失，让孕妇胃口大开、心情舒畅，而胎动的出现则如同新生命的觉醒，使孕妇第一次真正地体验到腹中小生命的存在，给母亲带来幸福感和责任感，进一步激发了母性意识的发展。

加强饮食

在妊娠中期，胎儿发育生长很快，而且此期孕妇因早孕反应已过，胃口大开，故孕妇要注意多摄取营养丰富的多种食物。

情绪培养

孕妇要保持愉快的情绪，多到大自然中去呼吸新鲜空气，欣赏美景，积极去除那些消极情绪，以保证胎儿健康顺利成长。

加强胎儿的感觉训练

在妊娠中期，孕妇要多对胎儿做轻拍和抚摩的动作，帮助胎儿做“宫内体操”和加强胎儿宫内活动的能力，使胎儿的大脑和四肢得到良性刺激。

听觉训练

在妊娠中期，父母可以为胎儿播放优美的乐曲，也可以和胎儿对话、聊天、讲故事、朗读诗歌、儿歌等，以促进胎儿听觉器官的发育与发展。

专家提示

妊娠 4 个月时，早孕反应大都已经消失，孕妇食欲好转，由于妊娠中期胎儿需要的养分比妊娠早期多很多，所以孕妇还要注意加强营养，多吃富含蛋白质、钙、铁等养分的食物。由于维生素 D 与钙的相互关系，孕妇此时需要的维生素也比平时多许多，因此孕妇要多补充维生素 D，主要是通过晒太阳来促使皮肤转化维生素 D。此期由于胎儿开始加速生长，对热能的需求也多，故孕妇应当从多种食物中吸收养分，使营养均衡。由于盐分摄取过多会在妊娠后期引起水肿和妊娠高血压综合征，所以孕妇的饮食中应少放盐，可在菜炒好要出锅时放盐，这样可减少盐的摄入量，孕妇在此期可喝一些红糖水，多食一些含粗纤维的食物和粗粮，这样可起到防治和减轻便秘的作用。

孕妇要注意保持清洁，由于妊娠雌激素和孕激素始终保持高水平状态，使得外阴和子宫腺体一直分泌旺盛，致使白带增多，所以孕妇要常洗外阴，每天用温开水洗 2～3 次。孕妇要勤换内裤，内裤洗净后应放到阳光下晾晒以达到杀菌消毒的目的。

由于妊娠期间孕妇体内激素分泌失调，皮肤会失去光泽和弹性，有的还会起黄褐斑，这时不可用化妆品进行遮盖，只要平时保持清洁，多吃富含优质蛋白质和维生素、B 族维生素的食品，减少阳光对面部的直接照射，注意清洁皮肤，在产后 5 个月后大都能自行恢复原来青春靓丽的容颜。不少化妆品中的成分对人体有刺激作用，孕妇不宜多用，更不可浓妆艳抹，不要抹口红，不要烫头发，不要搽指甲油等。

孕妇的居室中不宜摆放花草。有些花草，如万年青、五彩球、洋绣球、仙人掌、报春花等能够引起接触过敏等不良反应，如果孕妇的皮肤触及它们或其汁液不小心弄到皮肤上，会发生急性皮肤过敏反应，出现瘙痒、皮肤黏膜水肿等症状。另外，一些具有浓郁香气的花草如茉莉花、水仙、木兰、丁香等会引起孕妇嗅觉不敏、食欲不振，甚至出现头痛、恶心、呕吐等症状。所以，那些芳香馥郁的盆景更应避免摆放在孕妇居室中。

第五章

妊娠五月胎教

妊娠五月母体变化和胎儿发育

妊娠五月母体的变化和感觉是怎么样的

此时孕妇的子宫明显增大，同成人的头大小，下腹部隆起，有时会感到腹下坠、心慌、气短，或出现便秘。这时孕妇进食明显增加，如果营养不足，会出现贫血、胎儿发育迟缓。

到了妊娠 5 个月末开始，当孕妇精神集中的时候，特别是夜晚躺在床上时，会感到下腹部像有一只小虫子似的一下一下地蠕动。这是胎儿在子宫的羊水中蠕动、挺身体、频频活动手和脚、碰撞子宫壁从而引起生命的象征——胎动。它是给孕妇心灵带来愉悦的妊娠中的一个“里程碑”。

此期间孕妇体重增加很明显。孕妇体重增加的规律大致是：妊娠 1～12 周，增加 1.5～2 千克；妊娠 13～28 周，增加 2～5 千克；妊娠 29～40 周，增加 5～5.5 千克。妊娠中期和后期孕妇体重增加快，每周体重增加 0.45 千克。若体重增加过分，应注意身体水肿、羊水过多；若体重增加过少，应注意营养增加不足、贫血、胎儿发育迟缓。

妊娠五月胎儿的发育是怎么样的

此时胎儿增长速度惊人，身长已增长到 18～27 厘米，体重大约250～300 克，已是一个正常足月儿的 1/2 了。胎儿的头已占全身的 1/3，头部及身体上呈现一层薄薄的胎毛，已长出头发、眉毛及睫毛，眼睛还是闭着的；手指、脚趾长出指甲，并呈现出峭纹隆起，这即是具有个体特征“指纹”的前身；耳朵的入口张开；牙床开始形成；由于脂肪开始沉积，皮肤变成半透明，但皮下血管仍清晰可见；骨骼和肌肉也越来越结实起来。男女性别明显，女性胎儿阴道已发育成熟。

胎儿也会吞咽羊水，经肾过滤后，把它变成清洁的尿液重新又排入羊水中，过滤的渣滓积存在肠道内形成胎粪，待出生后再排出体外。胎儿已会用口舔尝吸吮拇指。此时用听诊器可听到胎心音。

妊娠五月饮食营养

妊娠五月的饮食要求

从妊娠 5 个月起，孕妇的基础代谢率增加，每天需要的营养增多，故孕妇的体重会明显上升，皮下脂肪的堆积会使孕妇看上去胖了不少。但是如果担心发胖或胎儿过大而限制饮食，则有可能造成营养不足，严重的甚至患贫血或影响胎儿的生长发育。一般来讲，如果每周体重的增加在 450 克左右，则属正常范围。

由于食欲增加，孕妇的进

食会逐渐增多，有时会出现胃中胀满。此时可服用 1～2 片酵母片，以增强消化功能。也可每天分 4～5 次吃饭，既补充相关营养，又可改善因吃得太多而胃胀的感觉。

从本月起，准妈妈应注意补钙，还要加服鱼肝油，但有些人因补钙心切而大量服鱼肝油，这样做是不妥当的，因为过多服用鱼肝油，会使胎儿骨骼发育异常，造成许多不良后果。对于长期在室内工作，缺乏晒太阳机会的妇女要在医生指导下适量补充维生素 D 以促进钙的吸收。在本月，孕妇对蛋白质、矿物质和维生素的需要明显增加，故孕妇需多吃富含这些营养素的食物。

孕妇狼吞虎咽的习惯不好

有的孕妇吃饭时狼吞虎咽，缺乏细嚼慢咽的饮食习惯，这对身体健康不利。食物未经充分咀嚼就进入胃肠道，主要有以下弊端：

❶ 使消化液分泌减少。人体将食物的大分子结构变成小分子结构，是靠消化液中的各种消化酶来完成的，咀嚼食物能通过神经反射引起胃液分泌，胃液分泌又进而促进其他消化液分泌，这无疑对人体摄取食物中的营养是有利的。咀嚼食物引起的胃液分泌，比食物直接刺激胃肠而分泌的胃液数量大，含酶量高，持续时间长。可见咀嚼食物对消化液的分泌起着重要作用，所以，提倡细嚼慢咽，增加对食物的咀嚼次数，对消化吸收有利。

❷ 狼吞虎咽不能使食物与消化液充分接触。食物未经充分咀嚼就进入胃肠道，食物与消化液的接触面积会大大缩小，就会影响食物与消化液的充分混合，进而不能进行充分的消化吸收。长此以往，由于得不到足够的营养素，健康就必然受到影响。此外，有些食物咀嚼不够，过于粗糙，还会加大胃的消化负担或损伤消化管道。

所以，孕妇为了充分得到食物中的营养以满足自身和胎儿的需求，就要在吃饭时克服狼吞虎咽的习惯，要做到细嚼慢咽，以利于营养的充分吸收。

孕妇不宜多吃方便食品

现在市场上各种方便食品很多，方便面、饼干、点心等，有些孕妇愿意吃方便食品，一是简便省事，免去做饭炒菜的麻烦；二是认为加工的方便食品营养丰富。其实不然，方便是方便，但营养不全。

一般说，方便食品如方便面主要成分是碳水化合物、少量味精、食盐和调味品。其调味品有牛肉汁、鸡肉汁、虾汁，而牛肉、鸡肉、虾肉的含量很少，且蔬菜也很少，有的有菜末或菜汁，但用量很少。因此，方便食品并不具备人体所需要的蛋白质、脂肪、矿物质、维生素等全面的营养成分。据营养专家调查，长期食用方便面的人群中，有60%的人营养不良，54%的人患缺铁性贫血，23%的人患维生素 B_2 缺乏症，16%的人缺锌，20%的人因缺乏维生素A而患眼疾。

因此，孕妇不适宜多吃方便食品，否则对母子都不利。有吃方便食品习惯的妇女，要在孕前几个月就改变吃方便食品的习惯，以免胎儿营养不足。

孕妇不宜多吃白糖

白糖一般不含其他营养素，只能给人体提供热能，而人体则需要多种营养物质，白糖吃得过多影响人体对其他营养物质的吸收，结果造成体内营养物质不全、不均衡，引发其他营养缺乏。

白糖吃得过多会中毒，或导致糖尿病、心脏病等疾患，对孕妇和胎儿十分不利，很可能出现痴呆儿。

为了消化摄入体内的过多白糖，需要消耗大量的维生素 B_1，结果导致维生素 B_1 不足。代谢糖需要大量的钙，又可导致体内钙不足。这两种营养成分缺乏，就会导致胎儿眼球壁张力减弱，产生近视，胎儿还会出现骨骼发育不良，出生后患脑水肿，呈身子小、脑袋大的不协调状态，降生后患佝偻病，出现说话晚、出牙晚、走路晚以及各种神经及脑损伤症状。

为了保证胎儿正常发育，孕妇不可过多吃白糖。适当吃些红糖还是有益的。

孕妇吃蔬菜水果的学问

蔬菜水果是人们生活中必不可少的食物，它们的特点是：蛋白质和脂类含量很低，含有一定量的碳水化合物，而某些重要的无机盐类（钙、钾、钠、镁等）和某些维生素（如维生素 C 和胡萝卜素等）的含量很丰富。

在蔬菜水果的选择上，还是有一定学问的。一般来说，颜色深的蔬菜如青椒、胡萝卜、韭菜、绿菜花等，富含叶绿素、叶酸、β 胡萝卜素以及维生素 C 等。

另外，在选择的季节上也有不同。一般来说，新鲜采摘的水果和蔬菜比长期存放的要营养丰富，比如新鲜大白菜与贮存了一年的大白菜相比，不但口感好，而且营养丰富。

一般水果都含有丰富的碳水化合物、水分、纤维素及少量的蛋白质、脂肪、矿物质、维生素 A 和 B 族维生素，但其粗纤维、维生素 B_{12} 含量很少，故不能作为唯一的营养来源。孕妇要遵循时令多样化地选择新鲜水果，每天吃 1～3 个比较好。

蔬菜水果在食用前都要注意用清洗剂洗干净，并用清水冲洗，以免残留农药对人体造成危害。

妊娠五月营养食谱

酸辣汤

原料：豆腐1块，水粉丝100克，瘦猪肉50克，油、红干辣椒末、醋、葱花、精盐、味精、紫菜各少许。

做法：豆腐切成约5分宽、1寸长、2分厚的片；瘦肉切成片；粉丝泡发后适当切短；紫菜切成丝。

炒锅内放油烧热，先将红干辣椒末下锅炸一下，再加清水600克烧开，然后放入豆腐、粉丝、瘦猪肉、紫菜烧开，加精盐、醋、葱花、味精，盛入大汤碗即成。

特点：豆腐甘凉，益气和中，猪肉甘咸平，滋阴润燥，二味为主料，益气和血，有益于孕妇健康。

酸辣芹菜

原料：嫩芹菜300克，红辣椒25克，香油15克，醋20克，盐适量，酱油少许。

做法：将芹菜去叶，去根，破四棱，切成3厘米长的段，淘洗干净，放开水锅内烫透捞出，再放凉水中淘凉，沥去水分。

将红辣椒去籽去蒂，洗净切成细丝和芹菜放在一起，放入酱油、盐、醋、香油，搅拌均匀装盘食用。

特点：酸辣利口，清爽开胃。

杏仁粥

原料：甜杏仁（去皮尖）50 克，大米 240 克。

做法：将甜杏仁研成泥，备用；将大米淘洗干净，放入锅中，添入适量的水，加杏仁泥煮开，再用慢火煮烂，即可食用。

特点：色白清香，止咳平喘，又可美容，适用于咳嗽、气喘之人食用，孕妇常食此粥，可美容。

赤豆泥饭

原料：大米 1000 克，赤小豆 800 克，白糖适量。

做法：将赤豆煮烂，去皮，做成豆沙；将大米淘洗净，添入适量水，用旺火烧开锅，改用慢火焖熟，然后将锅离开火源，打开锅盖，将豆沙泥快速拌入饭内，加入白糖，再将锅盖盖上，略焖一会儿，即可食用。

特点：本饭食健脾胃，利水湿，适宜于孕妇食欲不振，脾胃虚弱且有水肿者食用。

香酥鸡

原料：去毛嫩母鸡 1 只（约重 1200 克），绍酒 50 克，葱白段 25 克，姜片 15 克，花椒 15 克，桂皮 15 克，食盐 10 克，熟猪油 1500 克（约耗 150 克）。

做法：把鸡开膛，挖去内脏，抽掉气管、食管，洗净沥去水；桂皮（敲碎）、花椒、盐一起放入碗中拌和后，擦匀鸡身（脯肉和腿肉要反复擦几次），然后放入钵内，把剩下的桂皮、花椒、盐撒在鸡身上，腌约 2 小时取出，将盐抖去，再放入盘中，加绍酒，放上葱段、姜片，上笼用旺火蒸至八成烂，取出，沥去汁水，挖去鸡眼。

炒锅放在旺火上烧热，加入熟猪油，烧至八成热，将鸡放入炸至金黄色时，锅离火，用漏勺捞出；斩下头，颈劈开，将鸡颈放入盘中，鸡身拍烂放上面，鸡头平放在鸡身前端（成双片头）即成，上桌时另备甜酱或番茄酱蘸食。

特点：菜色金黄，皮香脆，肉酥烂，蘸酱食之，其味鲜美。

妊娠五月优生与保健

孕妇对乳房应怎样护理

乳房是女性重要的副性征器官，也是哺育后代的天然“粮库”，为了保证产后婴儿能够顺利地吸吮到足够乳汁，孕妇在妊娠期就要注意乳房护理。

选择合适的乳罩

孕期乳房为给哺乳作准备而日渐增大，但没有哪一块肌肉可以使乳房增大或撑起变得太重的乳房，所以孕妇必须戴上合适的乳罩，既不束缚乳房的正常发育，又可使乳房不过于下垂。为了避免胸部肌肉过于紧张，晚上和白天一样应戴上乳罩：乳罩的两个“兜”必须深而且要加重，最好选用为孕、产妇专门设计的布料胸罩。

清洗乳房

自妊娠6个月开始，每日应用清水擦洗乳头及其周围皮肤皱褶的地方，以增加乳头表皮和根部皮肤的韧性，避免哺乳时发生破裂和感染。如有乳头内陷，擦洗时可用手轻轻将乳头捻出来，如内陷乳头上有积垢或痂盖，可先涂上些植物油，使它软化后再用水和肥皂洗去，最后冲洗干净。

按摩乳头

将按摩油或膏涂在乳头和乳房上，轻轻地按摩，使乳头皮肤增厚并富有弹性，使乳房皮肤光滑，帮助促进乳腺导管发育成熟。按摩之后，把按摩膏和油洗去，再涂上润肤霜于乳头和乳房皮肤上。

结实乳房

由于怀孕期脂肪沉积、乳房增大，容易造成产后乳房松垂。为减少其松垂，在怀孕期可每星期做一次胸膜。就是将面膜膏涂在乳房及胸肌上，令乳房和胸肌增强收缩力。

孕妇宜采用怎样的卧姿

孕妇睡眠的姿势与母子健康关系十分密切。一般强调怀孕6个月以后不宜长时间仰卧或右侧卧，最好是采用左侧卧为宜。

妇女妊娠期间，由于胎儿在母体内不断生长发育，子宫逐渐增大，到了妊娠中、晚期，腹部大部分被子宫占据，孕妇如果仰卧睡眠，增大的子宫就会向后压在股主动脉上，使子宫供血明显减少，影响胎儿生长发育，还会使肾脏血流量减少，肾小球滤过率下降，这对孕妇健康不利。此外，仰卧时增大的子宫还会压迫下肢静脉，使孕妇下肢静脉血流受阻，引起下肢及外阴部水肿、静脉曲张。同时，由于回心血量减少，造成全身各器官的供血量减少，从而引起胸闷、头晕、恶心、呕吐、血压下降，医学称之为“仰卧位低血压综合征”。子宫还可以压迫输尿管，使尿液排出不畅，易患肾盂肾炎。

孕妇右侧卧，对胎儿发育也不利。因为妇女怀孕后子宫往往有不同程度的向右旋转，如果经常取右侧卧，可使子宫进一步向右旋转，从而使营养子宫的血管受到牵拉，影响胎儿的血液供应，造成胎儿缺氧，不利于生长发育，严重时可引起胎儿窒息，甚至死亡。

由此可见，孕妇不宜长时间仰卧，也不宜长时间右侧卧，只有左侧卧才有利于母子健康。因此，孕妇的睡眠姿势要讲究科学，尽量采用左侧卧，左侧卧才是合理的卧姿。

孕妇妊娠期增重多少较为适宜

妇女怀孕后，大多数进食量增加，身体增重。那么，在整个妊娠期间孕妇增重多少才较为适宜呢?

一般情况下，孕妇体重在怀孕前 3 个月增加 1.5～2.0 千克，以后每周增加 350～400 克，到足月增加 9～12.5 千克，就为正常，不算发胖。如超过此体重，就要适当限制进食。

如果一个孕妇在孕期中体重增加 11.6 千克，其中包括胎儿体重 3.6 千克的话，那么孕妇自身增加的 8 千克，大致包括：胎盘重 0.7 千克，水 0.8 千克，乳房增大 0.5 千克，额外流体 2.5 千克，贮存脂肪增加 3.5 千克。

这些增加的体重又体现在不同阶段，大致为：

妊娠 10 周时增加体重 0.7 千克（胎儿体重为 18～20 克）；

妊娠 20 周时增加重量达 3.7 千克（胎儿体重为 250～310 克）；

妊娠 30 周时增加重量达 7.6 千克（胎儿体重为 1600～1850 克）；

妊娠 40 周时增加重量达 11.6 千克（胎儿体重为 3180～3250 克）。

孕妇可根据这些体重增加情况来测定自己体重是否合格。不超过即为合格，超过较多则是孕妇发胖，要注意控制饮食，但不要在此期间减肥。

孕妇不宜久坐、久站和负重

孕妇易发生下肢静脉曲张，主要是下肢皮下浅在的大静脉，其次是小静脉。妇女妊娠时，下肢和外阴部静脉曲张是常见的现象，并随着妊娠月份的增加而逐渐加重。造成孕妇静脉曲张的原因大致有如下 3 个方面：

❶ 妊娠时子宫和卵巢的血容量增加，引起下肢静脉回流受到影响。

❷ 增大的子宫压迫盆腔内静脉，阻碍下肢静脉血液回流。

❸ 受激素影响血管扩张，在妊娠初期就会常常见到下肢静脉曲张。

静脉曲张是可以减轻和预防的。除妊娠造成的原因外，主要是孕妇在妊娠期休息不好，特别是那些久坐、久站和负重的孕妇，出现下肢静脉曲张者较多。针对此情况，孕妇应注意：

❶ 平时多注意加强休息：每天夜里保证 8 个小时的睡眠，中午最好休息 1 个小时。

❷ 选择正确的坐姿：孕妇坐椅子的正确姿势应该是深深地正正地坐在椅子上，后背笔直地靠着椅背，两腿股关节和膝关节要呈直角，大腿呈水平状态。坐在椅子边缘上容易滑倒，如果椅子放不稳还有跌倒的危险。坐椅子一定要先检查椅子稳不稳，然后把屁股放在椅面上，再一点一点向后移动，靠上椅背。孕妇最好坐有椅背的椅子，不要坐无背的方凳，方凳无依靠，危险性大，容易摔倒。坐椅子时间长时，要在脚下放一木台阶，有利于休息。

❸ 选择正确的站姿：两腿伸直，两脚稍分开，既要有利于稳定安全，又要使人显得精神。若长时间站立时，每隔几分钟就要把两腿的位置前后倒换一下，将重心落到伸前的腿上，以减轻疲劳。

❹ 选择正确的走姿：抬头，伸直脖子，挺直后背，绷紧臀部，使身体重心稍有前移，并能使较大的腹部抬起来，保持全身平衡地向前行走，

眼睛既能远眺前方又能平视脚前。这样一步一步踩实了再往前走，既可防止摔跤，又能轻松不累。

❺ 减少负重：一些体力活可交由丈夫和家里人干，在单位里不宜从事体力活，可要求调换工作岗位等。

孕妇外出旅行要注意什么

孕妇因就医、探亲、旅游等原因外出，要作好充分准备，以保证母胎安全健康。

❶ 在出发前应在进行产前检查的医院就诊一次，向医生介绍整个行程计划，然后征求医生的意见，看是否能够出行。如果医生认为健康状况许可旅行，应请医生帮助准备必须携带的药品。

❷ 如果计划外出旅行，那么就把外出的时间放在怀孕 4～7 个月时。这段时间怀孕初期的不适已渐消失，而孕晚期的身体沉重等还未开始。另外，这段时间也不易流产。

❸ 孕妇外出旅行要选择有现代医疗条件的地区，而不要去医疗水平落后的地区，以免发生意外情况。

❹ 孕妇外出前要对将去的地区进行了解，避免前往传染病流行地区。孕妇患传染病，往往对胎儿发育影响极大。

❺ 孕妇外出，要多带宽松的衣物，常洗常换，讲究个人卫生。

❻ 在旅途中，孕妇不可过劳。行程不要安排得太紧凑，要多安排停留时间，使孕妇有充分的休息时间。

❼ 长途旅行，孕妇最好乘飞机，可减少长时间的颠簸。

❽ 不论在汽车、火车，还是在飞机上，孕妇最好能每 15 分钟站起来走动走动。这样做可以促进血液循环。

❾ 孕妇外出时要注意饮食营养及饮食卫生。在旅途中，营养不易均衡，特别是饮水、蔬菜往往无保障。因此，孕妇外出前应作好充分准备。痢疾、

肠炎而导致的高热、腹泻脱水对孕妇来说危害很大。孕妇外出要处处注意饮食卫生，不吃包装不合格或过期食品，不随便饮用无厂家无商标饮料。

孕妇怎样预防流感

流感是流行性感冒的简称，与非流行期间所患的感冒不同，它是一种引起大面积流行的急性呼吸道感染，甚至跨国流行。它是由流感病毒经呼吸道传播而引起，以起病急、传播迅速、冲击面大为特点，往往在冬春季暴发和流行。

孕妇怎样在生活中预防流感？

❶ 在流感流行期间，孕妇应绝对不去公共场所，并与流感患者隔离。

❷ 不管天气多么寒冷，孕妇的居室和工作间都要经常开窗子，经常使空气流动，换入新鲜空气，可以减少流感病毒的传播。

❸ 天冷时，孕妇要及时加衣服，并在有阳光时，到室外晒太阳和呼吸新鲜空气。

❹ 流感流行期间经常喝些清热解毒的草药，如用大青叶、板蓝根熬水喝。

五月胎教方案

运动胎教

胎教理论主张对胎儿适当地进行运动训练，可以激发胎儿运动的积极性，促进胎儿身心发育。现代医学证明，胎动的强弱和胎动的频率，预示着胎儿在母体宫内的健康状况。科研人员对胎儿在宫内胎动强弱两组分别进行了观察，直到出生后发现，宫内胎儿的胎动强者出生后其动作的协调和反应速度均优于出生前胎动弱者。还发现在母体内受过运动训练的胎儿，出生后翻身、爬行、坐立、行走及跳跃等大动作均明显早于一般婴儿。

此时可为胎儿进行触压拍打运动胎教。在孕妇的腹部摸到胎儿的肢体，在按压胎儿的肢体后，胎儿马上会缩回肢体或活动肢体，可以通过触压和拍打胎儿的肢体同胎儿玩耍，刺激胎儿活动，让胎儿在宫内“散步”，做宫内“体操”，反复训练，可以使胎儿建立起条件反射，并增强肌肉、肢体的力量。临床实践证明，经过触压、拍打肢体训练的胎儿，出生后肢体肌肉强健有力，抬头、翻身、坐爬走等大动作均早于一般婴儿。触压、拍打增加了胎儿肢体活动，是一种有效的胎教方法。当胎儿出现蹬腿不安时，要立即停止训练，以免发生意外。

孕妇本人也可做一些运动，尽管孕妇各自的运动习惯不同，但散步却适合所有的孕妇。散步不仅可以锻炼孕妇的身体，使孕妇保持良好的情绪，而且还有助于胎儿大脑发育，散步最好在上午 10 时到下午 2 时这段时间内，因为这段时间是一天中子宫最放松的时间，散步可以促进孕妇血液循环，减轻腰酸腿痛，降低高血压；散步还可以给胎儿充足的氧气，有利于胎脑发育，使胎儿变得聪明而感性。

音乐胎教

妇女对声音的感受比较敏感。妇女怀孕后，机体不仅承受着养育胎儿的物质消耗与体力负担，而且精神上也易受激素变化影响，如她们情绪易波动，对胎儿有恐惧感，尤其对独生子女胎儿“发育是否良好”过分担心。此时若受到噪声或节奏感强的现代音乐刺激，不仅可使肾上腺皮质激素分泌增多，导致心率加快、血压升高，而且由于其中的“去甲肾上腺素”增多，可使妊娠子宫平滑肌收缩，造成胎儿血液循环受阻，甚至出现流产或早产。

所以，孕妇应当了解一些音乐基本知识，对胎教音乐最好能有一个大体的认识，以免选错音乐对胎儿造成伤害，下面我们将一些音乐予以简单分类，以便孕妇们方便选择。

柔和平缓的音乐：如民族管弦乐曲《春江花月夜》、琴曲《平沙落雁》等。

这类作品旋律优美细致，音乐柔和平缓，带有诗情画意，能抚平孕妇烦躁的情绪。

舒筋活血的音乐：如民乐《江南好》、《春风得意》等。

这类作品甜美轻快、轻松灵秀，能驱散孕妇郁闷的情绪。

解除忧郁的音乐：如民乐《喜洋洋》、《春天来了》，奥地利作曲家约翰·施特劳斯的圆舞曲《春之声》等。

这类作品曲调优美酣畅、起伏跳跃，旋律轻盈优雅，使人联想到翩翩而至的春天，能激发孕妇喜悦和振奋的情绪。

消除疲劳的音乐：如《假日的海滩》、《锦上添花》、《矫健的步伐》，英籍德国作曲家亨德尔的乐曲《水上音乐》等。

这类作品清丽柔美、抒情明朗，能让孕妇解除疲乏，松弛身心。

促进食欲类音乐：如民乐《花好月圆》、《欢乐舞曲》等。

这类作品愉快欢乐，能消除孕妇情绪上的抑郁。

提高智力的音乐：如海顿的《D 大调弦乐四重奏》（即《云雀》）、贝多芬的《e 小调弦乐四重奏》（即《拉索莫夫斯基》）和《降 B 大调钢琴三重奏》（即《大公》）、舒伯特的《降 B 大调第五交响曲》和《A 大调钢琴五重奏》（即《鳟鱼》）。

这类作品旋律优美，富有主题，能将孕妇带到一个联想和思索的世界中。

情绪胎教

要想胎儿发育良好，准父母就要给予胎儿以更多的良性刺激。良性刺激并不是什么特殊的刺激，只要准妈妈每天保持快乐心情就可以了。当孕妇心情舒畅的时候，体内就会产生促进神经发育的生长激素、刺激快感的多巴胺等。这些激素相互协作，为胎儿的发育提供良好的刺激。当胎儿感受到良好的刺激就会产生快感，从而促进自身分泌可以促进细胞活动的激素，使胎儿血流旺盛，脑细胞活动更加活跃。此期的孕妇可以通过到大自然中去散步，和亲戚朋友一起谈谈心、聊聊天，欣赏一些画作，阅读一些高尚的作品，或者听听音乐等方式，来使自己保持良好的心情。特别是要注意夫妻关系和谐。

在妊娠期，夫妻做爱不仅可以使孕妇有安定的好心情，而且也能让胎儿良好发育，经过孕早期一段时间的“禁欲”式生活后，大多数夫妻此时都会有做爱的冲动，而妊娠后因阴道充血，阴道壁比较润滑，比以往能更快地达到性高潮，而且有不少孕妇因体内激素的变化，性欲增强，所以选择此时做爱不仅可以释放夫妻的紧张情绪，而且能加强夫妻感情，让孕妇能有一份好心情。有人担心此时胎儿已有听觉而不敢过性生活，实际上胎儿虽然够感觉到外界施与压力，也能听到声音，但还没有研究证实胎儿知道准爸爸妈妈在过性生活，所以大可不必压抑感情而出现心情郁闷的状态。

胎儿是在感受着母亲的情绪度过每一天的，他不能拒绝不良的情绪，也不能让自己喜欢的情绪重放，只有靠准妈妈的选择。了解了这一点，妈妈就要考虑到胎儿的感受，对胎儿始终充满爱心，始终拥有一份平和的心情，这种情绪会给胎儿带来良好的刺激，使胎儿更加健康地发育、成长。

语言胎教

胎儿 5 个月时感受器官初具功能，在子宫中能接收到外界刺激，能以潜移默化的形式储存于大脑之中，尽管胎儿所处的环境与常人不同，他是漂浮于羊水中，外界的声波在传到胎儿时要穿过腹壁、子宫壁和羊水，声波的强度会减弱一些（一般减弱 20 分贝左右），但声音频率、音调和韵律是不会发生明显的改变的，依旧能传递给胎儿，胎儿依旧能感觉得到。

实践证明，父母经常和胎儿对话，进行语言交流，能促进胎儿出生后的语言和智能发育。专家们提出，父母与胎儿的对话要继续，每天定时刺激胎儿，每天 1～2 次，准父亲也要在固定的时间和胎儿说话。随着妊娠进展，每天可适当增加对话次数和延长对话时间，把快乐的感受告诉胎儿。

父母和胎儿的对话内容不必太复杂，内容不限，可以问候，可以聊天，为了培养孩子丰富的想象力、独创性和进取精神，准父母还可以为胎儿选择一些色彩丰富、富有思想内容的幼儿画册，利用画册进行故事讲解，父母可以将画册中的故事和展示的思想世界，用富有想象力的大脑以饱含感情的声调讲给胎儿听。注意父母在给宝宝讲故事时，不仅仅是朗读，而应把画册中的内容通过父母的五官使之形象化，使画册中表达的内容更具体、更形象地传递给胎儿。

实践证明，胎儿能接受父母亲的感情，对话时一定要把他当做家庭中的成员，认真感受感情，才能达到胎教的目的。经过胎教训练的胎儿，出生后 3～4 天就能用声音与父母交流，连续发出咿咿呀呀的声音。

环境胎教

在十月怀胎历程中，胎儿能否顺利发育除与父母的遗传物质有关外，还与准妈妈在妊娠期间的内外环境有密切联系。为了有一个保证胎儿健康成长的内环境，准妈妈应避开一些有害物质的伤害，如放射线、化学药品、农药、生物制剂等，以免胎儿生活的内环境发生异常变化，体弱患病的孕妇要及时诊治疾病，合理用药，以保身体健康，给胎儿一个优良的“温床”；在孕中期进行性生活时，动作要轻柔，选择孕妇感到舒适的体位，不要压到孕妇的腹部，并要注意性生活及频率不可过多。

为了保证胎儿顺利成长，不仅要注意胎儿生活的内环境，而且还要保证胎儿处于优良的外环境中。日本专家通过调查证实了这样一个事实：家庭环境嘈杂的孕妇，生下来的婴儿对门铃声、玩具碰击声、针刺的疼痛以及光线刺激等反应极为敏感，并且大都缺乏自制能力，待不住。夫妻经常吵架的家庭的婴儿也是这样。很显然，嘈杂的声响不仅使孕妇心烦意乱，而且能对胎儿产生极为不利的影响。因此，孕妇应当有一个安静的环境。在妊娠期间，要避免刺激性大的音响，说话也要心平气和。在这种情况下孕育胎儿，才会收到良好的效果

美化环境，能对人的神经起到调节作用，也能对孕妇的性格、心情起到改善、缓和的作用。一个干净整洁、安静舒适的居室还会使孕妇从精神上感到愉快。席勒曾经说过："真正美的东西，必须一方面跟自然一致，另一方面跟理想一致。"家庭环境的布置，是孕妇物质、精神生活统一和谐的黏合剂，不仅能对母亲的精神生活起到一定作用，而且也对胎儿产生明显的影响。因此，准爸爸应用心搞好家庭布置。

胎教要点

❶ 开始直接胎教，对胎儿可进行音乐胎教，进行母子对话或抚摸胎教。

❷ 为哺乳作准备，开始矫正或锻炼乳头。

❸ 对双胞胎或孕妇腹部肌肉松弛者，可使用腹带保护胎儿，以免受震动。

❹ 注意定期作产前检查。本月产前检查 1 次。

细说胎教

胎教是怎样通过母体作用于胎儿的

国内外不少学者认为胎儿生长发育和信息密切相关。例如，美国学者托马斯·伯尼认为，母亲和胎儿之间的沟通，有 3 条不同的途径：一是生理信息的传递，二是行为信息的传递，三是感情信息的传递。这 3 条途径中，都有母亲和胎儿之间互相传递信息的现象。近年来我国有的学者认为，母亲由视、听、嗅等接受的外界信息所转化的思维活动，可无意识或有意识地传递给胎儿，特别是母亲的情绪波动，对胎儿的影响更明显。如孕妇不安或情绪激动时，胎儿的血氧量就降低，其发育会出现多方面的混乱。胎儿能对音乐或噪声作出不同的反应，更是人所共知的事实。有的学者还认为，胎儿在母体内所获得的信息也部分地决定了儿童个性的形成。

那么，母亲是如何把自身的信息传递给胎儿的呢？有人通过实验研究证实，乙酰胆碱之类的神经递质能够通过胎盘，进入胎体，到达胎儿，这说明神经递质具有传递信息的功能。现代医学还表明，羊水和胎盘是母子信息沟通的渠道，母体产生的各种激素都带有某种信息，能够通过母血到达胎盘，再通过胎儿血到达羊水，再由羊水到达母血，这一循环过程，也就是信息传递过程，这也验证了上面所提的母亲与胎儿之间的信息传递是相互的。因此，母亲的任何信息，都可以通过胎盘传递给胎儿。

信息可以是物质性的，如激素、神经递质，也可以是精神性的，如情感、情绪，它们或者通过母体间接传递给胎儿，或者直接传递给胎儿（怀孕五六个月后）。接着是信息储存阶段，五六个月后的胎儿已具有一定的感受能力、记忆能力，会把接收到的信息储存在大脑里，进行信息储存。最后，胎儿不仅储存信息，还会对各种信息产生反应，良好的信息使胎儿安宁，促进身心发育，恶劣的信息对胎儿的身心发育不利，这是信息处理阶段。胎儿如感到信息良好，则会通过胎盘分泌促进母体维持妊娠的激素，或者通过安宁的状态和正常的胎动表示自己的好感；如感到信息恶劣，则会停止分泌促进母体维持妊娠的激素，或者通过剧烈的胎动表示自己的反感。这是信息输出阶段和信息输入阶段之间存在着的信息反馈现象，把信息反馈给发送者，不断调节信息控制系统，起调节未来行为的作用。这个信息反馈现象能使胎教实施者知道什么信息对胎儿有利，什么信息对胎儿有害，从而更好地调整信息源的质量，更好地选择和发送信息，使胎教获得预定的效果，达到胎儿身心发育健康的目的。

胎教是大人教胎儿学吗

说到胎教，有人就想到幼儿园阿姨带小朋友的情景，是不是阿姨在教，小朋友在学呢？其实，这样理解胎教是片面的。

胎教分为直接胎教和间接胎教两种，直接胎教即直接针对胎儿的教育，类似学校老师教、学生学的情景。父母用语言、音乐、运动、光照等各种形式来直接刺激胎儿，以促使胎儿语言感受能力的进步，给胎儿念些优美的散文或童话，可提高胎儿的语言感受能力；在胎儿听觉发育的关键时期，孕妇或胎儿多听一些优美的音乐，可提高胎儿对音乐的反应能力、接受能力和辨别能力。直接胎教的要点就是增加对胎儿的智力、情感等方面的良性刺激。

间接胎教即是通过孕妇来改善胎儿生长的内部环境和外部环境来促使胎儿更好地成长。如关注每日胎儿营养的全面性，母亲尽可能不偏食，并适当补充容易不足的营养成分；母亲关注自己的情绪调理，尽量保持开朗乐观的心情，不自寻烦恼，不与人吵架；母亲自己适当阅读一些优美的散文诗歌，以此自娱并使自己处于欣赏美的情绪状态；家人尽可能创造快乐宁静的家庭氛围，使母亲心情恬静、愉快；母亲尽可能注意天气冷暖，保证自己气血调和等。间接胎教的要点是为胎儿创造全面、和谐、愉悦的良好的内部和外部生存环境。

其实无论是直接效果的胎儿教育，还是间接效果的胎儿教育，最终目的只有一个，就是为胎儿的成长创造更好的内部、外部条件，使胎儿接受较多的良性刺激，从整体上提高胎儿的身体和智力素质。

良好的胎教需要经营

有一些作胎教的父母心中总存有一丝疑惑：某某和我同时结婚、“有喜”的时间也大体一致，我们都在孕期系统地按照书本进行了胎教，为什么我的孩子却不如他的孩子呢？其实，胎教并不仅仅是按照书本上说的那样做就可以了，胎教还会受到多方面影响，如父母实施胎教时的心情，妊娠期孕妇的心情、环境等。同良好的婚姻一样，良好的胎教也需要经营。

作好受孕准备。夫妻要选择在最佳的年龄、受孕季节、受孕时机和受孕环境进行受孕，受孕前夫妻应身体健康，精神愉悦，心情放松，还要有温馨、幸福的气氛和柔和的光线。

保持良好情绪。要保持愉快平稳的情绪，对胎儿进行胎教的最好方法莫过于所有家庭成员对胎儿的爱了。准妈妈在家人的祝福和关怀中享受将成为母亲的幸福，对生活充满信念和希望，对婴儿的信念和希望不仅有利于顺产，而且有利于婴儿形成一个有意志、有自信的性格；准妈妈要具备正直而宽松的心情，不去想、不去看、也不去做那些不好的事情。不说谎话，不去计较一些琐碎的事情，要努力用愉快而宽松的心情作好心理准备。

生活要有规律。首先要强调的是营养均衡的饮食，因为胎儿发育需要大量的营养，这都必须从母体获得；为了维持健康的身体，应尽量避免过咸或有刺激性的食品，多吃有益于身体健康的食品；适度的运动，可促进血液循环，提供给胎儿适当的营养和健康成长的气氛，对胎儿脑部的发育成长十分有利。

培养兴趣爱好。要保持身心健康，就要适当丰富自己的生活，如听音乐、看书、旅游或欣赏美术作品等，这些兴趣、爱好能调节情绪、增进人体健康、陶冶人的情操，这对孕育宝宝是十分重要的。

胎儿大学

胎教作为一种优生优育的措施，古今中外都十分重视。最早的“胎儿大学”是美国加利福尼亚州妇产科专家范德·卡尔于1979年创办的，学生是双身人，即具有双重身份的孕妇。至今学生已超过800名。“胎儿大学”招收妊娠5个月的孕妇上课，担当教员的有产科医生、心理学家和家庭教育学家。从这所“大学”毕业（出生）的“学生”，其大脑中约有几十个单词和初步的曲调，有的新生儿2周时就会说“哦——哦”、“爸爸”等；有的婴儿8周时能对录音机放出的节目说“哈罗”；一个4岁的幼儿已经能听、说英语、西班牙语，喜欢跟8～10岁的小孩玩，并懂得照顾自己；有的婴儿刚出生时就会用小手轻轻拍妈妈的脸。这都是在没有受过胎教训练的婴儿中从未见过的现象。

我们不妨简要地把这所独特的大学的课程设置和教授方法介绍给读者。

语言课：学校教会准妈妈用特制的扩音器把有关朗读的内容一字一句向腹内胎儿一再重复，让胎儿加强记忆，使得胎儿对这些语句有很深的印象。

音乐课：准妈妈把一个玩具乐器放在腹部，奏出音符，让胎儿经常谛听一些曲子。

运动课：教会准妈妈让胎儿练习“踢肚游戏”的运动项目，使胎儿有意识地和准妈妈进行游戏锻炼。

以上“胎儿大学”所开的课程，只是胎教内容的一部分。等到胎儿的感官发育基本定型，即怀孕5个月以后，还可以进行以下几个方面的教育：如道德品质心理素质的教育，生活艺术美的教育，音乐训练的教育，抚摩训练以及养成良好的生活习惯，保持良好的心态等。

专家提示

妊娠5个月起，孕妇要注意控制自己的体重，因为孕妇肥胖容易引起糖尿病和妊娠高血压综合征的发生，引起胎儿发育异常。妊娠中期，孕妇每周体重增加在350～400克比较适当，孕妇可通过每周测一次体重，及时调整饮食来使自己的体重增加符合标准的增重。

由于妊娠后体内激素的变化，孕妇可能会出现皮肤瘙痒的情况，孕妇不用担心，这是正常的生理现象，不需特殊治疗，产后即可消失。孕妇要常洗澡，常换衣，少吃辛辣刺激性食物，保持充足的睡眠，可有助于减轻皮肤瘙痒。由于孕妇乳房开始增大，胸径增宽，胸罩号码也应加大，避免过紧影响呼吸。从这时起，开始乳头的保养，作哺乳的准备。孕妇下腹部逐渐突出，腰围因此加大，因而裤子应选用宽松肥大的，否则会妨碍胎儿的生长。避免腹压增加，如有便秘的孕妇排便时不要过于屏气用力，衣带要宽松，咳嗽时要积极进行医治。由于体内激素的影响，阴道的分泌物增多，此时要注意经常换洗内裤和清洗会阴部。当有“烧心”感时，孕妇睡眠时可将头部床垫下垫高15～20厘米，使得上身抬高角度，即能有效减少胃液返流，减轻烧心感觉。此期孕妇还会出现腿抽筋的现象，这种现象多是由于孕妇血液中缺钙造成的，所以孕妇要多注意补钙、补铁。还有一些孕妇还会出现腰、腿部神经痛或膀胱刺激症，所以要格外注意下身的保暖，尤其是在寒冷的时节里。

第六章

妊娠六月胎教

妊娠六月母体变化和胎儿发育

妊娠六月母体的变化和感觉是怎么样的

孕妇到妊娠 6 个月时身体变化有两大特点：一是孕妇子宫增大，腰部鼓起来；二是乳房变大，可流出稀薄的乳汁。

孕妇到妊娠 6 个月，子宫进一步增大，子宫底已高达脐部，自己已能准确地判断出增大的子宫。下腰部隆起更为突出，腰部增粗已很明显，体重也增加了许多。孕妇的体形由于子宫增大和加重而使脊柱骨向后仰，身体重心向前移，出现孕妇特有的体态。孕妇身体对这种变化还不习惯，很容易出现倾倒，腰部和背部也因对身体的这种变化不习惯而特别容易疲劳，孕妇在坐下或站起时常会感到很吃力，甚至出现摔跤。

孕妇到妊娠 6 个月乳房变大，乳腺功能发达，挤乳房时会流出一些黏性很强的黄色稀薄乳汁，内衣很容易被染脏。

在妊娠 6 个月，因为血液中水分的增多，孕妇可能发生贫血。有些孕妇因钙质被胎儿大量摄取，出现牙疼和口腔炎。因此，这个时间里孕妇要注意补铁和补钙。

虽然初产妇对胎动不很敏感，但在此阶段，几乎所有的孕妇都会感到胎动。

妊娠六月胎儿的发育是怎么样的

此时的胎儿已长到身长约 28～34 厘米，体重 600～800 克，身材逐渐匀称，皮下脂肪的沉积进展不大，因此还很瘦。从这时期开始，在皮肤的表面开始附着胎脂。所谓胎脂，是从皮脂腺分泌出的皮脂和剥落的皮肤上皮的混合物。它的用途是：在分娩前一直给胎儿皮肤提供营养，保护皮肤，同时在分娩时起润滑的作用，使胎儿能顺利地通过产道。

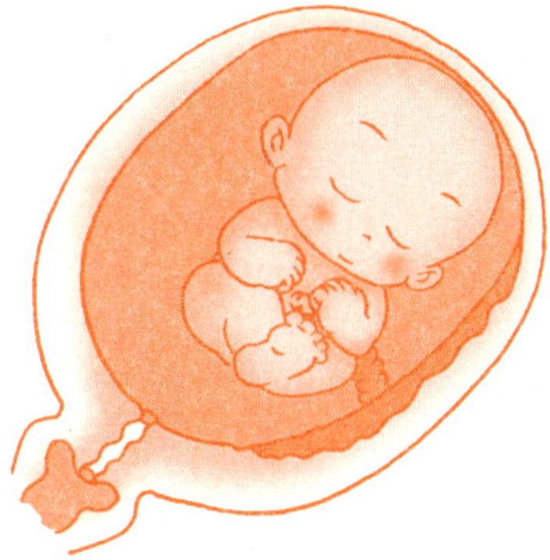

妊娠 6 个月时，胎儿的骨骼已经相当结实，关节开始发育，如果拍射 X 线照片，可清楚看到头盖骨、脊椎、肋骨及四肢的骨骼。胎儿的肌肉在这一时期发育较快，体力增强，越来越频繁的胎动表明了他的活动能力。由于子宫内的胎儿经常活动，因此胎位常有变化。

胎儿的眼睛开始分开，眼睛会张开，如果出生，予以特殊看护，可以存活下来。

妊娠六月饮食营养

妊娠六月的饮食要求

在妊娠 6 个月时，孕妇和胎儿的营养需求猛增，许多孕妇在这个月会发现自己有头昏眼花的贫血症状，由于胎儿的快速发育使得孕妇的消耗增加，因此孕妇要注意适当地增加营养，以保证身体的需要。在增加营养的同时，要重点增加维生素的摄入量。在妊娠 6 个月时，孕妇体内能量及蛋白质代谢加快，对维生素 B 的需要量增加，由于此类维生素无法在体内存储，必须有充足的供给才能满足机体的需要。因此，孕妇在孕中期应该摄入富含此类物质的瘦肉、肝脏、鱼、奶、蛋及绿叶蔬菜、新鲜水果。

孕妇还应对食物有所选择，并限制一些不利于健康的食物。应忌吃的食物有辣椒、胡椒等辛辣食物；应限制喝咖啡、浓茶、酒等，因其有刺激神经兴奋作用，不利于孕妇休息，酒对胎儿还有毒性作用；孕中期应注意，不要吃得过咸，以免加重肾脏的负担或促发妊娠高血压综合征。

本月尤其要注意铁元素的摄入，应多吃含铁丰富的菜、蛋和动物肝脏等，以防止发生缺铁性贫血。此外，要保证营养均衡全面，使体重正常增长。

孕妇不宜多吃咸食

由于妇女在妊娠期间易患水肿和高血压，所以主张孕妇少吃咸食，特别是在妊娠期的最后几个月，由于此期是孕妇下肢静脉曲张和高血压综合征等病症的高发时期，有人主张孕妇应忌盐。事实上，一点盐都不吃是毫无道理的，对孕妇也并非全有益，只有适当少吃些盐才是必要的。如果孕妇有某些疾病，根据医生要求才可不吃盐或少吃盐。比如以下几种情况：

❶ 患有某些与妊娠有关的疾病（心脏病或肾病）时，孕妇必须从妊娠一开始就忌盐。

❷ 孕妇体重增加过度，特别是还发现水肿、血压增高、有妊娠高血压综合征状者忌食盐。

所谓忌食盐，就意味着每天不得吃超过 1.5～2.0 克的氯化钠。正常进食每天可摄入 6 克氯化钠，其中 1/3 由主食提供，1/3 来自烹调用盐，1/3 来自其他食物。多吃一些无咸味的提味品，可使孕妇逐渐习惯忌盐饮食，如新鲜番茄汁、无盐醋渍小黄瓜、柠檬汁、醋、香菜、洋葱、香椿等。

盛夏孕妇的饮食选择

盛夏，怀有身孕的妇女，由于体内生理变化和胎儿生长发育的需要，致使血液循环量增加，心跳加快，新陈代谢旺盛。所以，在夏季里孕妇比一般人更怕热。

夏季高温常使人食欲不振，此时孕妇常有恶心、呕吐等妊娠反应，若不注意调理，必然会影响孕妇和胎儿的健康。为使孕妇安全度过夏季，更应合理安排孕妇的营养膳食。

首先，应让孕妇多吃新鲜蔬菜，如小白菜、黄瓜、番茄、扁豆、冬瓜等。

其次，孕妇应多吃豆制品，如豆腐、豆腐干、豆腐皮以及豆浆等。因为豆制品中含有35%～40%的植物蛋白质和人体所必需的氨基酸。

再次，孕妇可适量吃些鸡肉、猪肉，多饮爽口的菜汤、紫菜汤、金针木耳蘑菇汤。如果孕妇对肉类感到油腻，不爱吃，要改变烹调方法，如在肉末里加些面粉、蛋清，搅拌成糊状后，在铁锅上做成薄饼，或者做成肉丸子汤，这样可增加孕妇食欲且营养丰富。

最后，孕妇还要多吃些水果，如西瓜、龙眼、草莓等，多饮开水，及时补充因出汗而失去的水分。但不宜饮用酒类、咖啡和可乐等刺激性饮料。

另外，孕妇可适当吃些苦味食品，苦味不仅可刺激孕妇的味觉神经，增强食欲，促使胃肠蠕动，有利消化，还具有利水消暑、清热解毒的功效，如芹菜和苦荞麦等，但孕妇不宜吃苦瓜，因为苦瓜中含有的奎宁会刺激子宫收缩，引发流产。

孕妇不宜贪吃冷饮

有的孕妇由于内热，喜吃冷饮，这对身体不利，应控制。

产妇不宜吃冷饮

妇女在怀孕期间，胃肠对冷热的刺激非常敏感，多吃冷饮能使胃肠血管突然收缩，胃液分泌减少，消化功能降低，从而引起食欲缺乏、消化不良、腹泻，甚至引起胃部痉挛，出现剧烈腹痛的现象。

还有，孕妇的鼻、咽、气管等呼吸道黏膜往往充血并有水肿，如果大量贪食冷饮，充血的血管突然收缩，血流减少，可致局部抵抗力降低，引起嗓子痛哑、咳嗽、头痛等，严重时还能引起上呼吸道感染或诱发扁桃体炎等。除以上孕妇病症外，胎儿也会受到影响。腹中胎儿对冷的刺激很敏感，如果大量贪食冷饮，会使胎儿躁动不安，胎动频繁。

孕妇宜适当吃鸡蛋

鸡蛋是孕妇理想的保健食品，这是因为鸡蛋所含的营养成分全面且均衡，人体所需的七大营养素除纤维素外，鸡蛋中全部含有，而且它的营养几乎全部可以被人体吸收利用。

鸡蛋的最可贵之处，在于它能够提供较多的优质蛋白，鸡蛋蛋白质含有各种必需氨基酸。每 50 克鸡蛋就可以供给 5.4 克优质蛋白，是常见食物中蛋白质较优的食物之一，所以它的生物价值较高。这不仅有益于胎儿的脑发育，而且母体储存的优质蛋白有利于提高产后母乳的质量。一个中等大小的鸡蛋与 200 毫升牛奶的营养价值相当。每 100 克鸡蛋含胆固醇 680 毫克，主要在蛋黄里。胆固醇并非一无是处，它是脑神经等重要组织的组成成分，还可以转化成维生素 D。蛋黄中还含有维生素 A 和 B 族维生素、卵磷脂等，是最方便食用的天然食物。

由于鸡蛋蛋黄中含有“记忆素”——胆碱，因此孕妇每天有计划地吃上 3～4 个蛋黄就能维持良好的记忆能力，能提高孕妇的思维、分析及判断力，孕妇吃蛋黄还可使胎儿脑神经元之间的联系增多，促进胎脑发育，所以孕妇在妊娠期间可适当多吃些鸡蛋，一般每天吃 3～4 个鸡蛋就好，既能满足身体对营养素的需要，又不会增加肝、肾等器官的负担。

使胎儿聪明的饮食方法

孕妇巧吃儿聪明。人类被称为万物之灵，是因为人具有高度发达的大脑，然而也有表现为愚、痴、呆、智力低下的弱智者。其原因不少都与其母亲怀孕期的饮食密切相关。

孕妇的最初 3 个月胚胎剧烈演变，器官系统分化形成。脑的形成在孕后 2～5 个月，这是胎儿脑细胞生长的第一个高峰期。目前值得注意的是：

❶ 孕妇为了健美而节食。不少即将初为人母的孕妇为了身材苗条，居然节食，尤其是节制肉类脂肪，造成营养不足、失调。她们不知脂肪对大脑发育生长比蛋白质还重要。因此，孕妇平时应吃些鱼、动物脑、内脏、乳、蛋及豆类制品，以满足磷脂及胆固醇的需要。

❷ 孕妇挑食、偏食易导致贫血。妊娠贫血不仅会导致孕妇心悸、眩晕、心肌损害等症，还会造成胎儿慢性缺氧，影响到胎儿的脑细胞与神经细胞的生长发育，使胎儿出生后智力低下，反应迟钝。防治妊娠贫血的首选食物，是富含铁的动物肝、血、肉等。

❸ 孕妇应多食富含维生素、矿物质的蔬菜瓜果杂粮。有学者指出，维生素 B 与智力发育相关，维生素 B_6 缺乏可导致脑功能发育迟缓，影响胎儿脑发育过程中脱氧核糖核酸（DNA）的合成。为了孩子的聪明健康，孕妇饮食中应放入及服用一些维生素 B、维生素 C 制剂等。

❹ 孕妇应食用碘盐或经常吃些富含碘的海产类食物，如海带、紫菜及海产鱼类。碘被称为“智慧之泉”，是孕妇必需的。碘缺乏是导致人类智力障碍的最主要原因。

孕妇合理的营养，为孩子的一生智力奠定基础。不注意孕期营养，挑食、偏食、节食、忌口等，都可造成胎儿脑细胞生长发育不良，会贻误孩子的一生。年轻夫妇只有注意孕期的膳食营养，做到平衡膳食，才能生出一个聪明、智力超群的孩子。

妊娠六月营养食谱

鱼肉馄饨

原料：净鱼肉125克，猪肉馅75克，绿叶菜50克，绍酒5克，葱花5克，干淀粉50克，味精0.5克，精盐1克，熟鸡油5克。

做法：将鱼肉剁成茸，加精盐0.5克拌和，做成18个鱼丸。砧板上放干淀粉，把鱼丸放在干淀粉里逐个滚动，使鱼丸渗入干淀粉后有黏性，并用擀面杖做成直径7厘米左右的薄片，即成鱼肉馄饨皮。

将猪肉馅做成18个馅心，用鱼肉馄饨皮卷好捏牢。

旺火烧锅，放入清水1000克烧沸，下馄饨，用筷子轻搅，以免粘连。用小火烧到馄饨浮上水面5分钟左右，即可捞出。

在汤中加精盐和绍酒，烧沸后放入绿叶菜（韭菜、香菜均可），放入味精，倒入盛有馄饨的碗中，撒葱花、淋鸡油即可食用。

特点：皮白肉红，质地滑嫩，鲜香可口。

鱼香肝片

原料：猪肝250克，泡辣椒20克，葱25克，蒜15克，酱油15克，姜10克，盐2克，菜油150克，醋1克，绍酒10克，水豆粉30克，汤25克，白糖10克，味精1克。

做法：将猪肝切成长约4厘米、宽约3厘米、厚约0.3厘米的片，加盐及水豆粉（20克）拌匀；姜、蒜去皮，切成米粒大小；葱切成葱花；泡辣椒剁成碎末。

用1碗水豆粉（10克）、绍酒、酱油、醋、白糖、味精及汤调成芡汁。

炒锅置旺火上，下菜油，烧至七成热时，放进猪肝炒散后倒入泡辣椒、姜、蒜末。待猪肝炒伸展时，下葱花、芡汁，最后起锅入盘。

特点：颜色金红，肝片细嫩，姜、葱、蒜味醇厚，最宜佐餐。

熘黄菜

原料：鸡蛋200克，荸荠50克（或用嫩豌豆），豌豆苗50克，熟火腿30克，鸡汤300毫升（或用肉汤），淀粉10克，精盐3克，味精2克，料酒5克，花生油50克。

做法：豌豆苗择洗干净，用开水稍烫过凉，备用。

熟火腿切末；荸荠去皮切成碎丁。

鸡蛋入碗搅拌均匀，加入荸荠丁、精盐、料酒、淀粉、鸡汤再打均匀。

炒锅入油，烧至八成热，将打好的鸡蛋入锅翻炒，炒成糊状时加味精入盘，再撒上火腿末、豌豆苗即成。

特点：鸡蛋系高蛋白的食物，生理价值最佳，又易消化，蛋中有清脆荸荠，食之爽口，又配上火腿、豆苗，色鲜味正。

楂曲粥

原料：山楂30克，神曲15克，粳米100克，红糖适量。

做法：将山楂、神曲洗净去渣后捣碎，入沙锅煎取药汁。

将粳米淘洗干净，入沙锅加清水煎煮。

待水煮开后，再倒入药汁煮至米烂，加红糖，趁温热食用。

特点：此粥酸甜可口，有健脾胃、消食积、散瘀血之功。化酒谷陈腐积滞效果甚佳。

玉米面发糕

原料：玉米面 500 克，红糖 100 克，小红枣 150 克，面种 25 克，碱面 5 克。

做法：小红枣洗净，放入碗内，加水适量，上屉蒸熟，取出凉凉。

面种放入盆内，加水溶开，倒入玉米面，和成较软的面团发酵，待面团发起，加碱和红糖搅匀。

将屉布浸湿铺好，把面团倒在屉布上，用手沾水抹平，约 2 厘米厚，将小红枣均匀地摆在上面，用手轻按一下，上笼用旺火蒸 30 分钟即熟，取出扣在案板上，切成菱形小块即可。

特点：补血，防便秘。

妊娠六月优生与保健

孕妇每天休息多长时间较为适宜

孕妇的休息时间应比平时多一些。充足的睡眠对孕妇尤为重要，因为妇女怀孕后身体方面的变化，使孕妇容易疲劳，应当保持足够的睡眠才有利于孕妇精神和体力的恢复。

常人一般每日需要 8 小时睡眠，而孕妇睡眠时间最低不得少于 8 小时，最好每日睡眠增加 1 个小时，这更有利于孕妇的休息和身体健康。这 1 个小时的睡眠时间可以加到午睡上，也可以每天晚上比平时早睡 1 小时。

孕妇腹中的胎儿通过胎盘与母体进行气体和物质交换，获得氧气、养

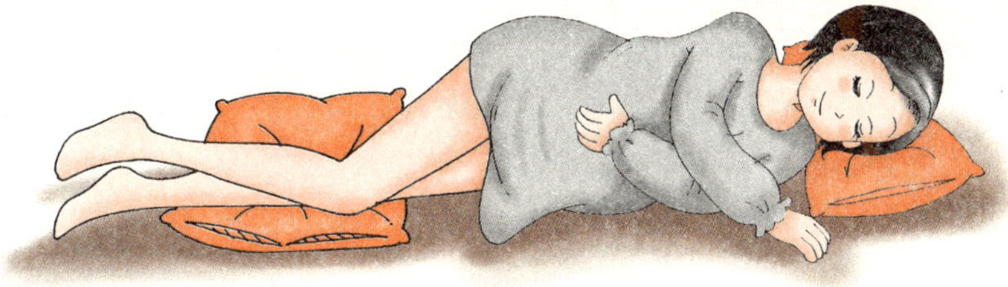

料，排出二氧化碳和废物。胎盘血液灌注与否，直接影响胎儿的发育与生存。因此，孕妇既要保证充足的睡眠，又要采取适于胎儿发育的左侧卧位。

孕妇过性生活时要注意哪些问题

孕妇在受孕后前 3 个月及后 3 个月是不宜进行性生活的，特别是第 10 个月应是严禁性生活。孕妇在妊娠第 4 个月到第 7 个月可以适当地进行性生活，并要注意一些问题。

妊娠 4～7 个月之间，胎儿比较安定，孕妇也比较适应妊娠生活。此期间夫妻之间可每周性交 1 次。但要特别注意，过性生活时每次时间不宜过长，并注意不要直接强烈刺激女性的性器官，动作要轻柔一些，且不可动作过大或过猛，不要压迫孕妇的腹部。在性生活后让孕妇充分休息。倘若此阶段性生活过频，用力较大，或时间过长以及不注意保护孕妇的腹部，就会使胎膜早破，胎儿因得不到营养和氧气，会很快死亡，或者导致流产。即使胎膜不破，未流产，也可能使子宫感染，重者致胎儿死亡，轻者胎儿身体和智力发育受到不良影响，不利于优生。

夫妻在进行性生活时，丈夫精液中的大量前列腺素可经妻子的阴道黏膜被吸收，参与多种代谢活动，影响局部的循环，产生一系列反应。在妻子受孕之后，精液中的前列腺素 E 和前列腺素 F 对子宫的收缩作用明显增强，可使子宫发生剧烈收缩，所以不少孕妇在性交后会出现腹痛现象。若是性生活频繁，子宫经常处于收缩状态，就有发生流产、早产的危险，所以夫妻在孕期进行性生活时，宜使用避孕套，以防精液中的前列腺素刺激子宫收缩而引起腹痛或流产、早产。

孕妇为什么易发生贫血

贫血是妊娠妇女常见症状。妊娠期贫血有两种情况：一种是生理性贫血。由于妇女怀孕后血容量逐渐增加，而其中血浆的增加幅度超过了血细胞增加的幅度，造成血液稀释而使血红蛋白相对下降。如孕妇血红蛋白不低于 100 克/升，称为生理性贫血。这种贫血不需治疗，产后即能恢复正常。另一种贫血则属于病理性的，较常见的为缺铁性贫血，还有较少见的巨细胞性贫血。

孕妇发生贫血的原因主要有以下几个方面：

❶ 缺铁性贫血。妊娠期孕妇常见为缺铁性贫血，主要是妊娠期铁需要量增加。妊娠期间胎儿发育成长和子宫增大需要铁。此外，还需要贮备铁供应分娩时失血和产后哺乳的消耗。因此，孕妇于妊娠晚期体内需要的铁量每日达 4 毫升左右，比妊娠前需铁量（1 毫升/日）高 4 倍。

❷ 食物中营养不足。孕妇饮食中缺乏铁质、蛋白质、维生素 B_{12} 或叶酸等都可引起贫血。尤其早孕时因恶心、呕吐反应较重而少食、挑食、不进肉食等都会造成营养不足性的缺铁。

❸ 铁吸收障碍。食物中所含铁质，必须先经胃液中盐酸的作用，转变为亚铁盐才能被小肠吸收到血液中，然后送到骨髓中造血。然而，孕妇有胃肠道反应者，往往胃肠功能减弱，胃液分泌不足，胃酸减少，使含铁物质在胃中不能转化，吸收困难，因此，体内因缺铁而产生贫血。

❹ 急性或慢性失血者。孕妇在怀孕前曾有急性出血未经彻底治愈而贫血者，或妊娠期间持续小量出血，如胃及十二指肠溃疡、肾盂肾炎、痔疮出血等，都可引起贫血。

❺ 肠道寄生虫病。如钩虫病引起的贫血相当多见。

❻ 其他。多胎妊娠、生育过多过密、哺乳时间过长都会引起贫血。

孕妇贫血的危害及防治

妇女怀孕后，由于体内新陈代谢加快，氧气需要量加大，因此，血液量也随之增加。血浆容量较原来约增加 40%～50%，而红细胞增加得较少，约 18%～30%，这就形成了孕妇的血液比未怀孕时要稀一些，这是怀孕晚期的自然现象，称为生理性贫血。如果经检查合并贫血的孕妇，血中红细胞数目不足，血液内红细胞数目少于 3.5×10^{12} /升，或红细胞压积在 0.3 以下，或血液内血红蛋白在 100 克/升以下，则会使携带氧气减少，血压不足可使胎盘缺氧，以致易发生胎儿在子宫缺氧窒息。胎盘缺氧严重时，胎盘组织中毛细血管上皮细胞变性、血管阻塞、胎盘组织坏死，甚至出血而致胎死宫内或早产。

孕妇贫血胎儿往往较正常胎儿体重为轻，或者胎儿体内铁贮备量不足，胎儿在出生后不久也易出现贫血现象。

贫血的产妇在分娩时如失血过多，易发生休克，甚至威胁生命。产后贫血抵抗力低也易合并产褥感染。

防治孕妇的贫血问题，主要靠饮食调养和适当补充铁剂。

❶ 调整饮食，加强营养。孕妇每天都要适当多吃一些含铁丰富的食物，如猪瘦肉、猪肝、猪血、牛肉、蛋黄、黑木耳、海带、香菇、芹菜、白菜、豆制品等。由于氨基酸是血红蛋白的重要组成部分，所以在孕妇的饮食中要增加蛋白质的量，有些孕妇经补铁后效果不明显，就与缺少氨基酸有关。

❷ 补充铁剂。孕中期服用硫酸亚铁每日 0.3 克，每日服用 3 次，同时可服用维生素 C 0.1～0.2 克，每日 3 次，以促进铁的吸收。服铁剂时，不要喝茶和牛奶以免影响铁的吸收。

❸ 补充叶酸及维生素 B_{12}。叶酸缺乏者，可每次口服叶酸 10～20 毫克，每日 3 次。维生素 B_{12} 每日肌内注射 100～200 微克。

❹ 如发生重度贫血，特别是血容量不足时，可适当输血，以保证孕妇和胎儿身体健康。

孕妇适宜做哪类运动

有许多妇女怀孕后，常因反应较大或身体不便而很少参加运动，多卧床休息。研究表明，孕妇坚持运动可以保持良好的体形及分娩时可缩短分娩时间，对孕妇来说，适度的运动是十分必要的。运动不足，容易引起食欲缺乏、便秘和肥胖等症，对孕妇本身和胎儿都不利。分娩时需要体力，所以妊娠时要积存体力，积存体力就要适当参加运动，以防身体虚弱。这里所说的运动当然不是剧烈的体育运动。如果妊娠前就有参加体育运动的习惯，孕后应适当控制运动量。这里针对孕妇的一般运动是指以下两个方面。

❶ 坚持日常家务：日常家务从某种意义上讲也是运动，选力所能及的家务活做，有利于身体和精神健康。当然要根据妊娠期的不同，适当控制某些不适合的家务活。那种怀孕后什么家务也不做的行为，并不利于孕妇和胎儿的健康。

❷ 散步：散步是很适合孕妇参加的运动。每天早、晚 1～2 次室外散步，一方面可锻炼身体，另一方面还可呼吸室外的新鲜空气。通过散步，产生适度的疲劳，能帮助睡眠，还可以变换心情，消除烦躁和郁闷。散步时不要走得太急，慢慢走，不要使身体受到振动。衣服和鞋要穿适当，不受冷，不摔跤，保证运动的安全。冬天可围上围巾，夏天要戴凉帽和打太阳伞。每次散步时间不超过 1 小时，夏天选在太阳不太强的上午或傍晚，冬天选在暖和的下午 2～3 点钟。散步地点应选在行人车辆少的地方，最好是公园或路旁树荫下。散步累了也要休息一会儿。

孕妇参加运动的好处和要求有哪些

孕妇参加运动大多数没有危险，除了高血压、心脏病、糖尿病和肾炎的孕妇患者外，其他人都可参加适当的运动，因为适度的运动对孕妇和胎儿具有下列好处：

❶ 体育运动能够增强人的心脏功能，这对于孕妇是非常有利的。妇女在怀孕后，产生一系列生理变化，增加了心脏负担。若是孕妇心脏功能较强，则可保证供给胎儿充足氧气，有利于胎儿发育，对孕妇还可减缓出现腰痛、脚痛、下肢浮肿、心跳气短、呼吸困难等症状。

❷ 体育运动能够增强肌肉力量。孕妇进行体育运动时，能使全身肌肉的血液循环得到改善，肌肉组织的营养增加，使肌肉储备较大的力量。增强腹肌，能防止因腹壁松弛造成的胎位不正和难产。有力量的腹肌、腰背肌和骨盆肌还有利于自然分娩。

❸ 体育锻炼能增强骨骼力量。骨骼坚实可防止孕妇出现牙齿松动和骨质软化等症状。

❹ 体育锻炼能增强神经系统功能，使人体各个系统器官更有效地协调工作，可以帮助孕妇身体各个系统在妊娠期间产生一系列适应性变化。

❺ 体育运动能够增加抵抗力，减少疾病的发生。

孕妇在做体育运动时，要注意以下几点：

❶ 孕妇每周至少运动 3 次。运动量的大小以心率在每分钟 140 次以下为宜，有氧运动每次不超过 20 分钟。

❷ 孕妇应在运动前多喝水。喝水多，运动时出汗多，体温散得快，体温不会升高。

❸ 运动前要做好准备活动，使全身关节和肌肉活动开。

❹ 孕妇运动时衣着要宽松舒适，要穿运动鞋、戴乳罩。

❺ 孕妇要加强腿部力量和腹部力量的锻炼，以使双腿适应体重的快速增长和减轻胎儿对后背下部的压力。怀孕后期要加强阴道肌肉力量的锻炼，有助于分娩。

❻ 孕妇妊娠前期不应骑自行车运动，孕中期骑自行车运动时，也要做到不急不赶，不急启动，不急刹车。

❼ 孕妇在闷热天、酷暑天要严格控制运动量。

❽ 孕妇在运动中，若感觉有头晕、恶心、局部疼痛、极度疲劳时，应立即停止运动，原地休息。如出现阴道分泌物增多或出血，应马上去医院检查，并在以后停止运动或减轻运动。

六月胎教方案

运动胎教

妊娠到了 6 个月，胎儿的发育处于稳定时期，孕妇应顺其自然地进行适量运动，这有助于顺利分娩，给婴儿的健康出生打下好的基础。孕妇愉快的活动，要有良好的兴致，要时时想着与胎儿同欢乐。

做孕妇操。做孕妇操能够防止由于体重增加引起的腰腿疼，能够帮助放松腰部和骨盆部的肌肉，为胎儿出生时顺利分娩作好准备，还可增强孕妇的信心，使胎儿平安降生。

游泳。游泳运动可以增强腹部的韧带力量和锻炼骨盆关节，还可增加肺活量，避免在妊娠中期或产后患心脏和血管方面的疾病。游泳运动借助水浮力，轻松愉快地改善血液微循环，可以减少分娩过程中引起的腰痛、痔疮、静脉曲张等症状，还可以自然地调整胎儿臀位，是一项帮助孕妇顺利分娩的运动。

孕妇游泳要注意水温，一般要求水温在 29℃～31℃，水温低于 28℃会刺激子宫收缩，易引起早产，水温高于 32℃容易疲劳，游泳时间最好在上午 10 点到下午 2 点之间。

以下几种情况禁止孕妇游泳：

1. 怀孕未满 4 个月。
2. 有过流产、早产史。
3. 阴道出血、腹痛者。
4. 患有妊娠高血压综合征、心脏病等。

音乐胎教

孕妇在进行音乐胎教时最好每日定时，让胎儿养成按时“收听”的习惯和生物钟反应，每天早晚各做 1 次，每次 20 分钟左右。在进行音乐胎教时最好依照较固定的程序来做。

选择适合胎教的音乐。将收录机或 CD 机等放在离孕妇正前方 1 米以上的距离，这样做一是保证孕妇左右耳收集到的声波相同，二是避免电磁波的辐射。选择那些音质柔和、优美、节奏明快、频率适中的音乐，不要选择那些节奏过于强烈、杂乱、频率过高的音乐，也不要选择旋律低沉、悲哀、沮丧、放荡、不正气的乐曲。具体的音乐在前面的音乐胎教中已作过讲述，孕妇们可以参考。

选择舒适的姿势

最好取半坐姿势，或者靠在沙发上，最好不要平躺下，以免胎儿活动不方便。然后轻轻拍拍肚子，说一声“宝宝，我们听音乐啦”，让胎儿作好准备，这样也可让熟睡的胎儿醒来，一般养成了习惯，胎儿在这个时间就不会睡着。孕妇要注意放松全身，让呼吸保持轻松、自然、通畅。

集中注意力

不管是欣赏专为孕妇制作的胎教音乐，还是为胎儿制作的胎教音乐，孕妇都必须集中注意力。毕竟音乐胎教的效果要通过母体才能作用于胎儿，所以孕妇在听音乐时要摒除杂念，入情入境，将自己完全沉浸于音乐所表达的意境和节奏中，然后随音乐充分发挥想象。想象带着爱意与胎儿一同徜徉在美丽的大自然中。孕妇心不在焉、胡思乱想或是做一些与音乐胎教无关的事，都不能收到预期效果。

反复多次

国外专家认为，让胎儿在一段时间内反复多次听同一首曲子很有好处，不仅能使胎儿熟悉音乐，对音乐产生兴趣，而且还能使胎儿记住乐曲，最好在一段时间里放同一旋律的音乐，以免胎儿因旋律变化太大而出现不适应的情况。

以上讲的是音乐胎教的器物灌输法，其实音乐胎教还有以下几种方法：

哼歌谐振法

准妈妈每天可以哼唱几首曲子，要轻轻哼唱，而不必放声大唱。最好选择抒情歌曲或轻歌，也可唱些“小宝宝，快睡觉”等类似摇篮曲的曲子。唱时要心情舒畅，富有感情，如同面对亲爱的宝宝，倾诉一腔柔爱。这时，母亲可想象胎儿正在静听你的歌声，从而达到爱子心音的谐振。

欣赏音乐

准妈妈每天定时欣赏一些名曲和轻音乐，如《春江花月夜》、《江南好》等传统轻音乐曲，约翰·施特劳斯的《春之声》圆舞曲，维扎尔和莫扎特的那些轻松明快的室内乐曲等。准妈妈在欣赏音乐时，要沉浸到乐曲的意境中去，如痴如醉，旁若无人，如同进入美妙无比的仙境，幻想翩翩，遐思悠悠，以获得心理上、精神上的最大享受和满足。

准妈妈教唱法

胎儿虽然具有听力，但毕竟只能听不能唱。准妈妈要充分发挥自己的想象，想象腹中的宝宝神奇地张开蓓蕾般的小嘴，跟着你和音乐和谐地“唱”起来，具体做法可先将音乐的发音或简单的乐谱反复轻唱几次，如多、来、咪、发、索、拉、西，每唱一个音符后等几秒钟，让胎儿跟着“学唱”，然后再依次进行。

父母唱歌比录音机、CD 机的效果更佳。父母给胎儿唱歌，是任何形式的音乐都无法取代的。有些准妈妈认为自己没有音乐细胞，不能给胎儿唱歌。其实，只要是带着深深的爱意去唱，对胎儿来说，都是悦耳动听的，所以我们更多地提倡父母用哼歌谐振法和准妈妈教唱法来进行音乐胎教。

对话胎教

怀孕的第 6 个月，胎儿的听觉器官已经发育得比较完善，对外界的声音刺激变得敏感了，并且已经有了记忆和学习的能力。因此，孕妇要时刻牢记胎儿的存在，而且经常与之谈话，这是一项十分重要的行为。

父母与腹中的胎儿对话，是一种积极有益的胎教手段。虽然胎儿听不懂话的内容，但胎儿能够通过听觉听到父母的声音和语调，感受到来自父母的呼唤。用语言刺激胎儿听觉神经系统及其大脑，对胎儿大脑发育无疑是有益的。

在和胎儿对话之前，父母首先给宝宝取个中性的名字，并经常和胎儿说话，呼唤胎儿的名字，这样做，一方面可以把父母的爱传递给胎儿，有利于父子母子感情的交流；另一方面还可以使胎儿记住自己的名字，出生后呼唤他时，他会感到熟悉、亲切并有安全感。谈话内容应丰富多彩，但要以简单、轻松、明快为原则，要把生活中的一切活动和事物都讲给胎儿听，通过和胎儿一起感受、思考和行动，使父子母子间的纽带更牢固，并培养胎儿对父母亲的信赖感及对外界感受力和思考力的基础。

母亲可以将生活中的衣食住行等都作为和胎儿对话的素材，如：今天好冷啊，多穿一件衣服吧；这件上衣配红色的领带比较好；呀，今天的饭真香啊；家里的墙壁刷得雪白雪白的，可好看了；啃，公园里真漂亮，青青的草，红红的花，还有鼓眼睛的小金鱼在不停地游来游去……总之，生活中所有的事都可和胎儿交谈。通过和胎儿共同生活、共同感受，使母子间的纽带牢固，并且为其出生后智力发展打下良好的基础，使胎儿对母亲和其他人有信赖、安全感，生活的适应能力强。

父亲和胎儿对话也是很重要的，男性低沉的声音更易透过子宫壁传递给胎儿，更易为胎儿接受。父亲和胎儿对话，不仅可以培养父亲和胎儿的感情，也能增进夫妻感情。父亲和胎儿讲话时，母亲仰卧或端坐在椅子上，父亲把头俯向母亲的腹部，嘴巴离腹壁不能太近也不能太远，约3～5厘米为宜。

父亲同胎儿讲话的内容应是以希望、祝福、要求、关心、健康等内容为主，要切合实际，语句要简练，语调要温和。

就寝前，可以由父亲通过孕妇的腹部地轻轻抚摸胎儿，同时可与胎儿交谈，如："爸爸来啦，让爸爸摸摸你的小手、小脚，在哪里呢？""爸爸要走了，再见。"对话时间可以在晚上9点左右，每次讲话时间5～10分钟为宜，内容可多种多样。

想象胎教

有不少孕妇在孕期里喜欢欣赏漂亮的婴儿照片，有的还在自家墙上张贴可爱的宝宝照片，有空时就凝神欣赏一番，希望自己的孩子出生后也能像图片上的孩子一样健康漂亮。

据说经常欣赏漂亮孩子的孕妇，今后生出的孩子也会漂亮。目前没有人对这种说法设计一个对照组，进行严格的科学验证，但无论这种说法有无科学根据，经常欣赏漂亮的婴幼儿照片，能使孕妇心情舒畅是可以肯定的。

我国自古就有“欲子美如，数视璧玉”的说法，现代科学记忆想象也是一种力，既可作用于自身，又可作用于胎儿，所以有些专家认为在孕期设想的孩子形象在某种程度上相似于将要出生的孩子，即孕妇经常设想自己孩子的模样，还是较有益处的。我国古代就有人总结过这样的内容：看珠宝玉器，欣赏图画，可使胎儿有美感；音乐可融入人心，观看军人队列，听雄壮的乐曲，可有秩序感等，这也就道出了孕妇的感受都会影响到胎儿。胎儿心智和情商方面的发展，更有赖于孕妇本身文化素质、道德情操的提高和升华。

一般来说，孕妇可以把自己的想象通过语言、动作等方式传达给腹中的宝宝，并且要持之以恒。例如，可以告诉宝宝：“眼睛要长得像妈妈，鼻子要像爸爸……”可以在临睡前与宝宝交流，亲切而愉快的情感沟通，能培养宝宝与妈妈的感情，理解妈妈的需求，也许出生后真能在外貌上取父母之长，成为健康美丽的宝宝呢！

孕妇对未来的孩子的猜想，是孕妇本人美好的愿望。在妻子想象的过程中，丈夫应加以正确引导，让妻子多想一些对胎儿有益的事，消除对胎儿不利的想法，在妊娠中期，妻子可以多想一下胎儿是多么的聪明与可爱、活泼与健壮等。

抚摩胎教

胎儿对触觉刺激具有较为灵敏的反应，在妊娠 6 个月时，孕妇可在腹部明显地摸到胎儿的头、背及四肢，这时正是进行抚摩胎教的好时机。

抚摩胎教宜在起床后或睡觉前进行，具体的做法是：孕妇排空小便，仰卧在床上，平静均匀地呼吸，眼睛凝视着上前方，全身肌肉彻底放松。孕妇可用双手从不同方向抚摸胎儿，左右手轻轻交替、轻轻按压，用双手手心紧贴在腹壁上，轻轻地旋转，可以向左，也可以向右，这时胎儿会作出相应的反应，如伸胳膊、蹬腿等。这种抚摩运动坚持做一段时间，胎儿就会习惯了，形成条件反射，只要妈妈把手放在腹壁上，胎儿就会进行胎内运动，此时再伴随着轻柔的音乐，则效果就更理想。

父母在为胎儿作抚摩胎教时，也别忘了还要轻轻地、充满爱意地和胎儿说话，让胎儿更强烈地感受到父母的爱意。父母也可以在触摸胎儿的时候谈谈心，交流交流感情，憧憬一下宝宝出生后美好的生活，营造出温馨、亲密的气氛，这样有利于加深一家三口间的感情。

在进行抚摩胎教时，抚摩及按压的动作一定要轻柔，以免用力过度引起意外。有的孕妇在怀孕中、后期经常有一阵阵的腹壁变硬，可能是不规则的子宫收缩，此时不能进行抚摩胎教，以免引起早产。孕妇如果有不良分娩史，如流产、早产、产前出血等，则不宜使用抚摩胎教。

帮助胎儿运动的时间应该固定，一般选在晚上8点左右较为适宜，每次运动5～8分钟即可，对培养一个健康活泼的宝宝是大有好处的。

光照胎教

国内外的专家通过研究认为，适当的柔和光照有助于增强胎儿的视网膜发育、刺激胎儿脑细胞活动，从而增强胎儿的智力和肌体活动能力。

实验和观察表明，胎儿对光照不是毫无感觉的，当孕妇在阳光灿烂的地方晒太阳时，胎儿会显得很安详，或肌体细胞活动处于很积极活跃的状态；而孕妇待在光线较暗的地方时，胎儿的肌体活动程度明显减低，这说明光线对胎儿个性的活跃程度、身体的健康程度都有一定影响。

如果用手电筒对着孕妇腹部照，专家们发现，光线适中时，胎儿会有转过头来、眨眼等积极反应；光线太强时，胎儿会有皱眉、扭头避开光线等反应。从这一实验可以看出，一定的光线对胎儿还是可以有积极的刺激作用的，它可以促使胎儿的视网膜感光细胞进行活动，从而促使胎儿的肌体也开展一系列活动，即通过视觉神经将此信息传入大脑皮层，通过大脑神经进行一系列复杂活动，再引导肌体对此作出反应。所以专家们认为，适当的光照对促进胎儿眼睛、大脑、肌体的积极活动和协调动作是很有好处的。

情绪胎教

父母的好情绪、好心情是胎教的最根本、最朴实的内容。如怀孕后，人们常称为有喜了，是件很高兴的事，这个消息会给盼望已久的父母带来无限的欢乐和希望，这种喜悦的情绪是最原始的胎教。母亲讲：噢，这是一个聪明、漂亮的孩子，眼睛会像你，嘴巴会像我，肯定会很漂亮。年轻的夫妻沉浸在美好的想象之中，因为胎儿是他们爱的结晶，生命的延续。于是他们会格外地珍惜这个胎儿，慎起居、美环境；注意营养、戒烟酒，以其博大的爱关注着自己宝宝的变化。这是一种极好的自然的胎教，胎儿通过感官得到的是健康的、积极的、乐观的信息，这也是胎教最好的过程。

相反，当一个母亲没有作好接受胎儿的情感上的准备，内心不高兴这个胎儿的出现，更不愿承担责任，或者是持模棱两可的态度，丈夫也对此漠不关心。这样 10 个月孕期，似乎是一种精神上的负担与痛苦。随之带来妊娠的强烈反应，恶心、呕吐、焦躁不安，这种心理与生理的反应形成了恶性循环。这种胎教是一种不良的负性胎教信息，如传递给胎儿，后果不堪设想。

我们所倡导的胎教是指在自然基础上，经过科学的学习加以升华，使胎儿感受的是幸福。所以说，每位母亲都要有高度责任感和美好的愿望，注意身心的修养，保持良好的情绪，静静地等待你的宝宝的到来。

环境胎教

现代医学证明，不良的环境可以导致母亲情绪的变化，而母亲的不良情绪在整个孕期都会对胎儿产生不良的影响。为了优生优育，有必要为胎儿创造一个优美安静的生活环境。

孕妇在居室环境方面的要求是：

❶ 居室中应该整洁、干净、安静、不拥挤、通风通气。

❷ 温度适宜，以 20℃～26℃最好，温度太高会使人感到精神不振，头昏脑涨，全身不适；温度太低，又会影响人的正常生活，使人发冷，易感冒。夏天可用风扇、空调降温，但不宜让风直吹孕妇；冬季可使用暖气升温，也可使用煤炉，但需防止一氧化碳中毒。特别需要提示的是，孕妇不可直接睡在正在通电工作的电热毯上。

❸ 适宜的湿度，以 50%的湿度为最理想。湿度太低易使人口干舌燥，鼻黏膜充血；湿度太高，让人关节酸痛，极为难受。湿度太低可使用加湿器或在床头上放水壶或在室内洒水；湿度太高可开门通风。

❹ 安全方便，室内设施要便于准妈妈使用，不能让孕妇有爬高、踮脚等危险动作发生，家中设施要摆放整齐，以免孕妇磕着碰着，光滑地板上要注意添上防滑设施。

❺ 良好的音响刺激。噪声不利于准妈妈的健康和胎儿的发育，它会使准妈妈心烦意乱，听力下降，会使胎儿不安、早产，甚至脑功能发育受损。但是，无声也不利于优生。过于寂静会使准妈妈感到孤独、寂寞，使胎儿失去听觉刺激。所以，二者均不可取。家中可以经常播放一些有益的胎教音乐，经常对胎儿说话。

此外，还要注意在室内作适当的装饰，如摆放一两盆花卉，贴几张胖娃娃图像或风景画等，让准妈妈有个良好的心情。

胎教要点

❶ 丈夫协助妻子给胎儿播放音乐、抚摩，与胎儿对话，进行胎教。注意调节妻子的情绪，做好后勤工作。

❷ 孕妇可进行短距离旅游，饱览秀美景色，旅途要注意安全。

❸ 肚子开始显著突出，由于对身体变化的不习惯，故有易倾倒的倾向，要谨慎。

❹ 本月产前检查 1 次。

细说胎教

如何摆脱消极的胎教情绪

人的情绪分两大类，一类是积极的、健康的、乐观向上的，一类是消极的、烦恼的、令人不安的。前者有益于身心健康，后者则不利于身心健康。对于孕妇来讲，必须保持平稳、乐观、温和、开朗的心境，使胎儿的身心得到健康的发展。但是，生活的道路上并不总是充满阳光，妊娠反应的不适、身体的疲劳、对分娩的恐惧、对孩子健康的忧虑，以及工作中的矛盾、生活中的烦恼、家人观念上的碰撞等因素，常常左右着孕妇的情绪，使孕妇忧虑不安，郁郁寡欢，甚至变得急躁易怒，爱发脾气，易于冲动。显然，这对于胎教来说是十分不利的。

那么如何才能摆脱消极情绪呢？这里介绍以下几种方法，供大家参考试用。

❶ 告诫提醒法。明白了消极情绪对人的负面影响，因此在漫长的孕期生活中，要时时告诫提醒自己不要生气，不要着急，不要烦恼，不要悲伤，为了宝宝，为了自己，想开点儿，尽量提高心理承受能力，遇到挫折要有思想准备，从而防患于未然。

❷ 摆脱转移法。有时消除烦恼的最好办法就是努力摆脱那些使人烦恼的人和事，离开那种使人不愉快的场合，转移自己的注意力，参加一些平时喜欢的活动，如听音乐、相声，看电视小品，欣赏山水风景画册，出去郊游，上街逛商店、购物等，使不良情绪转移到别处去。

❸ 宣泄释放法。不良情绪要疏导而不能堵塞，疏导的方法之一就是

要让它有个宣泄释放的途径，这是相当有效的调剂方法。可向知心好友或日记本倾叙自己的处境和困惑，让烦恼通过宣泄有个出口。

❹ 外向社交法。那些内向性格的人一旦有了不良情绪，常常闭门独居，郁郁寡欢，心中的结久久难解。所以有了烦恼应走出去，向亲友倾诉，广交朋友，将自己置身于乐观向上的人群中。充分享受友情的欢乐，从而使情绪得到积极的感染，从中得到满足和快慰。

❺ 情绪放松法。每天应抽出不少于 30 分钟的时间与爱人到住处附近草木茂盛的宁静小路上散散步，看看街景，逛逛商场，使自己脑子放松一下，心情会变得非常舒畅；尤其是美妙的鸟鸣声、清新的空气、悦目的花草树木，更能帮助你消除紧张情绪，使你深受感染而自得其乐。

总的来说，孕妇首先要稳定情绪，尽量使自己置身于良好的状态中。可以经常听听自己喜爱的乐曲，翻翻自己喜爱的书籍，猜测一下未来宝宝的模样，构思一下他的名字等。同时，还应注意不要过多地食用肉、鱼、巧克力、甜食等，因为过量地食用这些食物，可使体液酸性化，血中儿茶酚胺水平增高，从而出现烦躁不安、爱发脾气、容易伤感等消极情绪。话又说回来，人非草木，谁能无情，即使有些情绪波动，只要不是经常性的，或者强度不大，孕妇自己能合理控制在一定的限度内，则不会对胎儿产生太大的伤害。

孕妇应具有母亲意识

妇女怀孕以后，就会自然产生一种母亲意识。这种母亲意识在孕妇精神中占有很大地位，并促使孕妇把自己的生活转变为以胎儿为中心的生活。这种生活态度的转变是非常重要的，它标志一个妇女新的人生历程的开始；这种转变也是必需的，它能促使母亲以新的面貌新的姿态迈开新的一步，否则就不能成为称职的母亲，就不能很好地孕育孩子，更谈不上实施胎教了。

母亲意识是一种既有生物性又有社会性的母爱心理。爱孩子是母亲的本能，但也有些母亲不爱孩子，她们一怀孕就对胎儿感到讨厌，这主要是一些社会原因造成的。例如，有的孕妇不爱自己的丈夫，或丈夫对她不好，因而她就认为胎儿是丈夫给自己带来的“苦果”。有的孕妇怀孕后心情烦闷，缺少了少女时期的快乐，也会对胎儿产生厌恶情绪。还有的孕妇怀孕后看到自己体形改变了，觉得自己不再吸引人了，于是就迁怒于胎儿。以上种种情况，都不利于胎儿的生长发育。

对胎儿来说，孕妇具有母亲意识至关重要。有了这种意识，孕妇才能克服初孕期的生理反应，和丈夫密切配合，尽心养胎护胎，实施胎教。更重要的是，母亲的这种意识会传递给胎儿，胎儿会知道母亲爱他，并将这种意识印刻在内心深处，或者在胎儿期或者出生后作出相应的反应，收到良好效果。可以说，母病及子，母爱也会及子。胎儿是否身心健康，出生后在个性、感情、智慧、能力等方面是否会健全，在很大程度上和孕妇当初有没有母亲意识有很大关系。

妇女在知道受孕以后应全身心地爱孩子，这样孩子也才会爱母亲，孩子才能健康发育成长。孕妇的思想和感情都会不知不觉地传输给胎儿，给孩子出世后的心理发展和行为表现以全面而深刻的影响。

胎儿宫内的学习内容

胎儿在子宫内不是静止地、被动地生活，而是具有视、听、触觉能力，能主动适应外界环境，这样胎儿在子宫内学习就有了基础。那么，学习什么内容为好呢？

现在国内外胎教专家正在探索各种宫内学习内容，一般有以下几种。

❶ 学语言。主要通过父母和胎儿对话，让胎儿熟悉父母的声音，接受父母的温情。同时反复多倾听，并借此学习父母所说的一些基本语言。因此，父母要耐心地经常重复一些简单常用的语句，如普通话，地方语，外语的发音、字母、短句等，或者用抑扬顿挫的声调朗诵诗词或散文，重复的次数多了，孩子就能加深印象。

❷ 学动作。主要通过父母的触摸刺激胎儿，并引起胎儿的积极反应，比如伸拳、踢腿、转身，寻找在羊水中平衡的感觉。同时，应满足胎儿的皮肤饥饿需要，通过动作的触摸形成体语，达到父母和胎儿的相互交流。这样的胎儿出生后比较活跃，好动而不死板，动作语言也较丰富。

❸ 学习音乐和辨识音响。通过收听播放的特制胎教音乐，尤其是通过收听古典音乐、民族音乐、轻音乐，使胎儿得到良性刺激。也可通过父母对胎儿唱歌，使胎儿感受到父母的爱心，并更好地理解音乐，同时刺激听觉器官更好地发育。

❹ 学知识。主要通过父母讲童话、神话故事和生活知识，让胎儿的大脑里贮存一些信息，开发他的记忆能力。也可以适当讲授一些数学和动植物等方面的科学知识，以扩大胎儿的知识面。

也许有人会问，胎儿在宫内学习时，父母要讲那么多那么复杂的内容，胎儿能理解吗？能记住吗？要知道，科学迄今告诉我们的是，人的大脑活动能力仅被用了3%～4%。为了开发那蕴藏着而尚未被使用的能力，难道我们不应该把一切可能性（也许是超越以往人们想象的可能性）寄托在胎儿身上吗？当然，学习的结果并不是说胎儿一定会成为神童，而是孩子借此可接收更多的信息，从而给他大脑和身心的发育带来更大的裨益。需要注意的是，父母在教胎儿宫内学习时，方法不必强求一律，只要有一颗相信胎教的心，有脚踏实地的胎教行动就可以了。

正确认识胎教

常常听到一些父母埋怨："我们当初积极胎教，又是唱歌又是听音乐，忙活了半天也没生出个神童来。"也有不少人有一种误解，认为胎教的目的是为了培育小天才，创造奇迹。这些想法都对胎教产生了不切实际的奢望。那么应该怎样看待这个问题呢？

胎教的真谛在于激发胎儿内部的潜力，是为了孩子一生的幸福，并不是追求培养神童或天才。胎教虽然能够有效地改善胎儿的素质，提高人口质量，但不能够使胎儿出生后都成为智慧超常的神童或小天才。

儿童成为小天才或神童的因素很多，除了胎教，还有遗传因素，出生后继续教育和环境影响的因素，以及个人的兴趣、意志、品德等非智力因素。因此，经过胎教出生的孩子，有可能成为小天才，也可能成不了小天才。但有一点可以肯定，胎教有利于胎儿在智慧、个性、感情、能力等方面的发育，有利于胎儿出生后在人生道路上的发展。

要知道，胎教的目的只是使未出世的胎儿具有良好的遗传素质，为出生提供良好的条件。胎教不是孤立的，而是受诸多因素的影响和控制，每个人的遗传基因、身体素质、先天条件、自身文化修养的水平、环境因素以及父母对胎教实施的程度，都将导致胎教的不同结果。大家不妨仔细看看那些胎教成功者所生的婴儿，他那可爱的小脸、动人的表情、机灵的神态，处处显示出夫妇的长处。实际上，只要未来的孩子继承了夫妻双方的优点，并且以后能青出于蓝而胜于蓝，就完全能够说明你们的胎教是成功的，你们的孩子是优秀的。

10个指头有长短，一个家庭成长的同胞兄弟姐妹尚且会有智能、性格的差异，更何况影响胎教成功的因素更多。因此，我们每个人都应从个人和家庭环境的具体情况出发，放弃对胎教的过高奢望，只要你在胎教方面的确尽力了，那么孩子出生以后，你可毫不羞愧地面对孩子的现状，同时在后天继续给予他良好的教育和培养。作为胎教的主动进行者和被动接受者来说，教和不教无论是加强自身修养还是从培养胎儿的素质上来说，效果均是不一样的。

胎儿真的会听音乐吗

科学研究证明，胎儿在6个月时已具备了听觉，声音能经母腹传入子宫为胎儿所接受，并能引起胎心率及胎动的变化。所以6个月大的胎儿是能够听音乐的。科学家们研究后还发现，孕妇在怀孕6个月后反复朗读某一故事或重复听一支乐曲，新生儿在其出生后数小时居然表现出能辨认此故事或音乐的特殊反应。声音的振动、母亲情绪和呼吸的变动，都能对体内某些激素物质及有关的神经介质的分泌产生影响，这些激素物质可经过胎盘进入胎体，构成了“胎教”的物质基础。换言之，并非胎儿懂得音乐及故事，而是其生活的体外环境中的有利刺激促进了胎脑的发育。

专家提示

妊娠6个月时，胎儿成长迅速，孕妇体内的钙质等养分会被胎儿大量摄取，因此有些孕妇会患牙痛病或口腔炎，故孕妇要注意口腔卫生，预防各种疾病的发生。为了预防便秘，孕妇要多吃富含纤维素的食物，如新鲜的蔬菜和水果等，还要注意多饮水，有浮肿的孕妇在晚上要少喝水，但在白天要喝得多些，多喝水是保证尿流畅通、减少尿路感染的有效方法，孕妇每日饮水量在 1200～1500 毫升较好。

此期孕妇肚子会越来越大，身体重心前移，很容易产生疲劳的感觉，所以孕妇要注意休息，保证充足的睡眠，有条件的中午最好能午休 1～1.5 小时，没条件的也要抓紧时间休息一下。由于子宫增大，压迫血管，使血液回流不畅，所以此时的孕妇很容易产生下肢水肿，站立、蹲坐太久或腰带扎得过紧，浮肿就会加重，所以孕妇应该避免站立或蹲坐太久。此时的孕妇应该选择上腹部宽松的孕妇服装，衣料选用轻软、透气、吸湿性好的真丝、纯棉织品为佳，不宜用化纤类织品。不能让腹部长时间受到压迫，不能弯腰，注意对腹部的保护。注意鞋子的质地，应该穿着舒适，不至于摔跤或滑倒。不要拿重物行走。避免急促的动作，特别是低血压的孕妇，下蹲时应慢慢地站起，身体的位置变化应慢慢进行。

尽管此期早孕反应已过，孕妇已接受了怀孕的事实，心情较为舒畅，但孕妇不可因此而忘掉胎教的任务，因为此期胎儿已具备了记忆、听力和学习的能力，是进行胎教的绝佳时机。

第七章

妊娠七月胎教

妊娠七月母体变化和胎儿发育

妊娠七月母体的变化和感觉是怎么样的

孕妇从外观上已能看出，肚子明显有沉重感，身体动作更加笨拙、迟缓。孕妇腹部向前挺得更为厉害，身体的重心移到腹部下方，完全呈现出一副孕妇的体态，只要身体稍微失去平衡，就会感到腰酸背痛。有时疼痛会延伸到下肢。

孕妇子宫底的高度上升到肚脐之上，不仅下腹部，连上腹部也大起来，肚子感到相当沉重。子宫越来越大，由于压迫下半身静脉，可出现静脉曲张。由于子宫压迫骨盆的深部，易患便秘和长痔疮。此时孕妇挺着大肚子走路，不但不便，而且因挺胸走路，还会引起后背和腰部疼痛。有的人还会出现腿肚子抽筋、头晕等症状。此时，孕妇不可参加激烈的运动，以防引起早产，上下楼梯要注意安全，不要拿重东西，不要向高处伸手，不要久站和突然站起。为防止便秘，每天早晨要喝牛奶和水，多吃些水果和蔬菜。

另外，孕妇的心脏负担加重，血压开始升高，心跳由原来每分钟65～75 次，增加到每分钟 80 次以上。

妊娠七月胎儿的发育是怎么样的

怀孕 7 个月时，胎儿体长已有 35 厘米，重量达 1000 克，脸面很像人样了。皮肤呈粉红色，皮下脂肪仍沉积不多，皮肤表面有一层白色或灰色的油脂物，称为胎脂。胎儿头发已长出 5 毫米左右，眼睑分界已经很清楚，眼睛已睁开了。男孩的阴囊明显，睾丸已经开始由腹部往阴囊下降，并降至阴囊里，女孩的小阴唇、阴核已清楚地突起。

胎儿的脑组织开始出现皱缩样，大脑皮质已很发达。胎膜内的羊水量显著增加，胎儿能够自由地“游泳”。胎位不完全固定，甚至出现胎位不正。内耳与大脑发生联系的神经通路已接通，对声音的辨认能力更为提高，胎儿开始能辨认妈妈的声音，同时对外界的声音也有喜欢和厌恶的反应。

妊娠七月饮食营养

妊娠七月的饮食要求

孕妇在妊娠 7 个月时的饮食要求和 6 个月时差不多，不过，本月孕妇极易患妊娠高血压综合征，故孕妇在饮食上要少吃咸食，少吃咸菜、咸蛋等盐分高的食品，减少盐的摄入量，水肿明显者要控制每日盐的摄取量，限制在 2～4 克。同时，要保证充足、均衡的营养，

必须充分摄取蛋白质，适宜吃鱼、瘦肉、牛奶、鸡蛋、豆类等。忌用辛辣调料，多吃新鲜蔬菜和水果，适当补充钙元素。

另外，要注意增加植物油的摄入。此时，胎儿肌体和大脑发育速度加

快，对脂质及必需脂肪酸的需要增加，必须及时补充。因此，增加烹调所用植物油即豆油、花生油、菜油等的量，既可保证孕中期所需的脂质供给，又提供了丰富的必需脂肪酸。孕妇还可吃些花生仁、核桃仁、葵花子仁、芝麻等油脂含量较高的食物，并控制每周体重的增加在450克左右，以不超过500克为宜。

孕期忌贪食

现如今人们的生活水平提高了，市场上的东西又是极为丰富，鸡、鸭、鱼、肉、蛋，凭孕妇可着劲儿地吃、变着样儿地吃。那么对于孕妇而言是不是吃得越多真的越好呢？

营养过剩的恶果：孕期营养过剩有可能使母、胎出现许多并发症。孕妇在妊娠期间摄入营养过多，会使脂肪贮存增加，细胞代谢异常，胞外间隙增大，出现以水肿、高血压、尿蛋白为主要症状的妊娠高血压综合征。蛋白质的过多摄入会增加母体的肾脏负担；摄入钙过多会导致胎儿骨骼过早钙化，妨碍成长；维生素A、维生素D过多摄入，可造成中毒和胎儿畸形；碘、钙、锌的过多摄入也会导致体内无机盐及微量元素的紊乱。营养过剩还会造成孕妇血糖过高，这会加重胰脏负担诱发糖代谢障碍，严重者日后就可能发展为糖尿病患者。经常有糖尿的妇女极易伴发霉菌性阴道炎等生殖或泌尿系统感染。营养过剩的孕妇胎儿往往过大。

胎儿过大容易发生早破水、胎位不正、自然分娩困难、手术率增加、产后出血、感染、产道损伤、伤口愈合不良等。同时，胎儿宫内缺氧、新生儿产伤如颅脑损伤、肩难产、肢体骨折等发生率也增加，胎、婴死亡率明显上升。

此外，孕期体重增长过多还会加重孕妇的心脏、肝脏负担，分娩后体重恢复到孕前水平的时间会延长，产褥期卵巢功能恢复缓慢，产后月经推迟，甚至会出现一系列卵巢功能不良的表现。

所以，妇女在妊娠期间不应贪食，应保持均衡营养，多样化地摄取各种食品，以保证自身身体和胎儿发育的需要。

孕妇要多吃植物油，少吃动物脂肪

一些研究发现，母亲在怀孕期间吃植物油少，婴儿湿疹发生率就高。

婴儿湿疹，是一种常见的与“变态反应”有密切关系的皮肤病，一般以剧烈的瘙痒、多种形态的皮肤损害、反复发作为特点。婴儿湿疹大多发生在生后 1～3 个月，6 个月后逐渐减轻，大多数患儿到一岁半后可逐渐自愈。

科学研究证实，人体所必需的脂肪酸，如亚油酸、亚麻酸和花生四烯酸等，人体自身不能合成，只能靠食物供给。而这些脂肪酸主要存在于植物油中，动物油中含量极少，人体缺乏脂肪酸，可引起皮肤粗糙、头发易断、皮屑增多等，婴儿则易患湿疹，因此，为了预防婴儿患湿疹，孕妇应多吃植物油。

热性香料孕妇不宜多吃

香料属于调味品，人们在日常饮食中常食用，可调口味，开胃口，增进食欲。

香料主要指八角、茴香、小茴香、花椒、桂皮、五香粉、辣椒粉等，一般为热性香料。因孕妇内热，如果再常吃这些热性香料则不利。准妈妈在怀孕期间，体温相应增高，肠道也较干燥，而热性香料性大热且具有刺激性，很容易消耗肠道水分，使胃肠腺体分泌减少，造成肠道干燥，出现便秘或粪石梗阻。肠道发生秘结后，孕妇必然用力屏气解便，这就会引起腹压增大，压迫子宫内的胎儿，极易造成胎动不安和胎儿发育畸形，或者出现羊水早破、自然流产、早产等不良现象。

当然，少量热性香料用作调味品还是可以的，但绝对不可多用。

孕妇忌饮咖啡、可乐类饮料及浓茶

据研究表明，一瓶 340 毫升的可乐类饮料含咖啡因 50～80 毫克，如果一次口服咖啡因剂量1克以上，就可使人的中枢神经系统兴奋性增高，表现为呼吸加快、心跳加速、失眠、眼花、耳鸣等。即使服下的咖啡因不到1克，由于对胃黏膜的刺激，也会出现恶心、呕吐、头晕、心悸、心前区不适等表现。人若长期过量饮咖啡易成为咖啡嗜好者，大多数会患失眠症，有的还会诱发心律失常、血压升高、冠心病和维生素 B_1 缺乏之症。

胎儿对咖啡因尤为敏感，咖啡因能迅速通过胎盘而作用于胎儿。专家认为，孕妇每天喝8杯以上咖啡或较大量的含咖啡因饮料，生下的婴儿没有正常婴儿活泼，肌肉发育也不够健壮。孕妇大量摄入咖啡因还会影响胎儿的骨骼发育，诱发胎儿畸形，甚至死胎。

孕妇若是喝太多的浓茶也会对胎儿造成危害。

❶ 茶叶中含有2%～5%的咖啡因，每500毫升浓红茶水中大约含咖啡因0.06毫克，如果每日喝5杯浓茶，就相当于服用0.3～0.35毫克咖啡因。咖啡因由于具有兴奋作用，会刺激胎儿增加胎动，甚至影响胎儿的生长发育。孕妇每天饮5杯浓红茶，就可使新生儿体重减轻。

❷ 茶叶中含有多量鞣酸，可与食物中的铁元素合成一种不能被机体吸收的化合物。孕妇如果过多饮用浓茶，就有引起妊娠贫血的可能，也给胎儿留下先天性缺铁性贫血的隐患。研究发现饮白开水者铁的吸收率为21.7%，而饮浓茶者，铁的吸收率仅为6.2%。

从以上饮茶弊端看，孕妇不可多喝茶，不可喝浓茶。

妊娠七月营养食谱

肉丝炒鸡蛋

原料：鸡蛋 3 个，腊肉 100 克，豆油少许，精盐、味精、酱油、料酒、高汤各适量。

做法：把鸡蛋打入碗内，加入精盐、味精搅打均匀。

用旺火将炒锅烧热，加入豆油，油热下腊肉，快速炒透，再将打好的鸡蛋倒入翻炒，待鸡蛋结成块，加入料酒、酱油和高汤，炒二三分钟即成。

特点：鲜香不腻。

珊瑚白菜

原料：圆白菜 1000 克，青红椒 50 克，冬笋 50 克，香菇 100 克，干辣椒 25 克，葱、姜丝各 25 克，盐 15 克，白糖 400 克，醋精 25 克，红油少许。

做法：将青红椒、干辣椒、冬笋、香菇切成细丝，开水汆透，冷水过凉；葱、姜丝和以上各种细丝下锅煸炒，加白糖、醋精、盐后盛出。

圆白菜去老叶，一劈 4 瓣洗净，开水汆透过凉控干，放入盐、白糖、醋精拌匀，浇上红油。将炒好的几种丝放在圆白菜上即成。

特点：本菜肴含有大量的维生素，有益于胎儿的生长需要。

清炖牛肉汤

原料：牛肉200克，香菇50克，熟豆油30克，干辣椒1个，精盐、味精、姜片、葱丝各适量。

做法：把牛肉洗净，切成3厘米见方的小块，放入沙锅；把香菇洗净，去蒂，一切4瓣。

沙锅放进干辣椒、姜片、葱丝、熟豆油、精盐和500克清水，用中火煨3个小时，加入香菇，继续煨1小时，撒入味精，即可出锅。

特点：牛肉性味甘温，能补中益气、滋养脾胃、强健筋骨、消水肿，本汤尤宜于妊娠后身体虚弱之妇女食用。

妊娠七月优生与保健

孕妇怎样检测胎心

胎心是指胎儿心脏的跳动，是胎儿健康与否的标志之一。一般来讲，在停经6周的时候，胎儿就开始出现原始心跳的搏动，速度较快，只有通过B超才能看到。妊娠16周左右，可以借助多普勒超声仪经腹部就能听到胎心；到妊娠20周左右，用听诊器经腹部能听到胎心，由于此时羊水较多，胎儿相对较小，位置不固定，因此听取胎心较困难，且位置也不定。妊娠6个月以后听胎心就比较容易些了。

在医院医生是用听诊器听胎心，比较精确清楚，可靠性高。但是，医务人员不可能经常给孕妇听胎心，日常听胎心要由妈妈自我监测胎心情况。

孕妇听胎心需借助仪器，可从医院产科租借一种简易听筒或袖珍多普勒仪。如果胎儿是横位，可在脐上方左或右侧听。必要时可先由医生指导，大体确定一下位置再自己检查，也可请丈夫听胎心，直接用耳伏在正确位置上，但准确性不高。

听诊胎心时，可以听到清晰的胎心搏动的声音，频率较快，每分钟120～160次。如果少于120次或高于160次，可间隔10分钟后再听1次。如果还不正常，应到医院检查。需要注意的是，胎动后胎心可能快，这是正常现象。

孕妇下肢痉挛怎么办

妇女在怀孕后，特别是第一次怀孕的妇女，在5个月以后，往往在睡梦中因小腿抽筋而疼醒。一般每夜可发生4～20次不等，每次持续时间可达1～3分钟。这就是妊娠下肢痉挛症。

孕妇下肢痉挛有的是由于妊娠周数的增加，子宫连接大脑根的韧带伸长，使腿部肌肉负担加重所致。孕妇可以在睡前进行足部按摩，或将腿抬高一些就寝，可预防下肢痉挛。孕妇要注意穿轻便的低跟鞋，不要穿高跟鞋等，也可预防下肢痉挛。

孕妇下肢痉挛主要还是由于缺钙造成的。当孕妇体内血钙过低时，人体的神经肌肉兴奋性就增加，容易被“激动”。当肌肉被激动时，其表现就是收缩，而肌肉的收缩如果呈现持久性状态，就称作痉挛。

孕妇在怀孕后，由于胎儿的骨骼和牙齿的发育需要相当多的钙质，当孕妇膳食中钙摄入量不足时，胎儿就会从母体摄取所需的钙，以满足自身的需要，故引起母亲缺钙，出现血钙降低，就会发生下肢痉挛症状。如果孕妇缺钙严重，就会出现骨质软化症，胎儿也会产生先天性佝偻病或缺钙性抽搐，其后果严重。

此时孕妇可每天服用安尔康来预防和辅助治疗缺钙问题。安尔康是专供孕妇及乳母服用的多维元素片。其每片含325毫克钙，一天服用2片即可为孕妇补充650毫克钙。此外，安尔康还含有充足的维生素D，是帮助人体促进吸收的成分，孕妇每天服用2片，可有利于自身和胎儿健康。

孕妇怎样进行日光浴

一些孕妇在妊娠期间，不仅平时在饮食中不注意摄取足够的钙质和维生素 D，而且平时接触阳光也很少，这就有可能使胎儿缺钙。由于钙的吸收需要维生素 D 的参与，而食物中的维生素 D 含量很少，人体所需的维生素 D 大多靠阳光照射后的皮肤提供，若是接触阳光少，身体就可能缺乏维生素 D，故孕妇应平时注意多晒太阳。

日光中的紫外线是一种具有较高能量的电磁辐射，有显著的生物学作用，人多晒太阳，能使皮肤在紫外线的照射下合成维生素 D，进而促进人体对钙的吸收，有利于骨骼生长和钙化。所以孕妇应经常接受日光照射，但每次照射时间不宜过长，否则会对身体健康不利。这是因为，一定强度的日光也可使皮肤受到紫外线的损伤。长时间日光浴，可使孕妇脸上的色素斑点加深或增多，使本来就出现的妊娠蝴蝶斑加重，或未出现蝴蝶斑的孕妇出现较多的蝴蝶斑。日光对孕妇皮肤的损害，还可能发生日光性皮炎（又称日晒伤或晒斑），尤其是夏初季节，皮肤尚无足量黑色素起保护作用时更易发生皮炎。此外，由于日光对血管的作用，还会加重孕妇的静脉曲张。

孕妇适当晒太阳是必要的、有益的，但过多进行日光浴则不利。每天在非直射太阳光下，进行日光浴 1 小时为宜。

孕妇看电视要注意什么

怀孕后各种活动减少，有些孕妇便用更多的时间看电视，以充实生活和消磨时间。电视是可以看的，但要注意以下问题：

❶ 长时间接近荧光屏容易造成流产。据有关专家对每周接近荧光屏 20 小时的近 700 名孕妇的调查，发现其中 20% 的孕妇发生自然流产，而对每周接近荧光屏 40 小时的孕妇的调查结果表明，其自然流产率更高。所以孕妇看电视的时间不宜过长，每天不超过 1～2 个小时即可。

❷ 不要离电视荧光屏过近。电视机在工作时，显像管不断发出肉眼

看不见的 X 射线，这些射线有一部分射到外边，如果孕妇看电视离荧光屏较近，且又时间较长，就会对胎儿有影响。它往往使孕妇容易流产或早产，还可能使胎儿畸形。特别是对 1～3 个月的胎儿，危害更大。如果看电视时间少些，距荧光屏的距离在 2 米以上，影响就不大。

在看电视的过程中要注意开启门窗，中途最好休息 10 分钟左右，收看完毕后注意清洗手和脸，以免正离子吸附的尘埃和微生物引起皮肤炎症。

❸ 看电视时久坐对母子健康不利。孕妇看电视时久坐，影响下肢血液循环，加重下肢水肿，更易导致下肢静脉曲张。所以孕妇看电视时，要随时活动，变换坐姿，以利于母子健康。

❹ 不要看情节紧张和惊险的场面。这些情况是劣性刺激，也妨碍孕妇的睡眠和休息，对孕妇和胎儿都不利。

孕妇不宜参加哪些体力劳动

妇女怀孕后，身体发生一系列变化，子宫不断增大，腹部膨胀，同时心脏负担加重，新陈代谢加快，肺脏和肝脏的负担增大，机体的能量消耗也增多。此外，孕妇不但要排出本身的代谢产物，还需要不断替胎儿排出废物，所以肾脏的负担也明显增加，加之妊娠早期妊娠反应带来的恶心和呕吐，到了妊娠后期，子宫增大，膀胱受压，还常常出现尿频现象。这一切说明孕妇负担明显增加，体力却有所下降。因此，孕妇不宜参加繁重的体力劳动。

❶ 剧烈的全身振动和局部振动的作业，如用人力进行土石方作业和使用风动工具的作业，孕妇承受不了。

❷ 孕妇不要参加有跌落危险、距地面 2 米以上的高处作业，由于身体不便，一旦跌落孕妇和胎儿都会受到损害。

❸ 孕妇应禁止参加弯腰、攀高或下蹲的作业及电焊作业等，这些动作会损伤腹内的胎儿，引起流产。

❹ 孕妇劳动时不要搬动超过 25 千克的重物或推拉超过 200 千克重的东西，以免引起流产或早产。

怎样通过胎儿发育指数来判断胎儿的发育

有些孕妇觉得自己肚子太大，怕胎儿发育过大以后不好生产，而另一些孕妇则觉得自己肚子太小，怕胎儿宫内发育迟缓，虽然这些担心都是有道理的，但还不能仅凭感觉来证明肚子大小，对此有一定的客观衡量标准。其标准指标是子宫底高度，即产前检查中必须测量的宫高和腹围。以宫高为例，正常情况下，妊娠 24 周末，宫高平均 24 厘米，28 周末为 26 厘米，36 周末为 32 厘米，40 周末达到 33 厘米。孕妇可根据所测得的宫底高度，计算胎儿的发育指数。公式如下：

胎儿发育指数＝宫底高度（厘米）－3×（月份＋1）

孕妇可根据测量及计算结果，判断胎儿是否发育正常。正常情况是胎儿发育指数大于－3，而小于 3。若在此范围之外，则不正常。例如，在怀孕 24 周（6 个月）测量的宫底高度为 22 厘米，那么：

胎儿发育指数＝22（厘米）－3×（6＋1）＝1，结果是正常，即胎儿发育符合孕周。

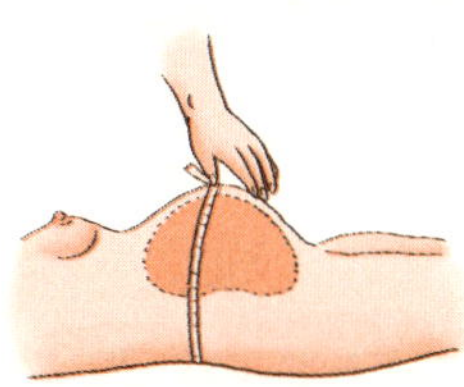

腹围

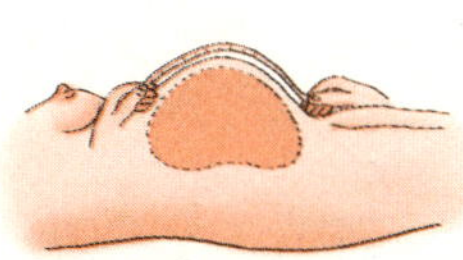

子宫底高

若孕妇测定结果胎儿发育不正常，表示胎儿发育迟缓，首先要放松精神，充分休息，睡眠多向左侧卧，以此增加子宫胎盘的血液循环，改善胎儿缺氧状态。同时要注意调节孕妇营养，适当补充微量元素锌、铁及维生素等。

有的孕妇需住院进行静脉补充营养，以针对病因进行治疗。若以上措施都得不到满意效果，孕妇则应考虑终止妊娠，以保证优生。

若测定结果表明胎儿发育不正常，表示胎儿发育过大，孕妇则要注意不可出现营养过剩的情况，要注意饮食中荤素搭配，多做体育锻炼，防止发胖及“巨大儿”的出现。

七月胎教方案

音乐胎教

胎儿是有听觉能力的，他的身体能感受到胎外音乐节奏的旋律。胎儿可以从音乐中体会到理智感、道德感和美感。孕妇可以从美妙的音乐中感到自己在追求美、创造美，是为了生活的美、人类的美贡献自己的力量。

胎教音乐要具有科学性、知识性和艺术性。不要违背孕妇和胎儿的生理、心理特点，也不要刻板地灌输正确理论，要在寓教于乐的环境中达到胎教的目的。

胎教的音乐内容一般可按孕期分为早、中、晚 3 个阶段。早期孕妇应听一些轻松、愉快、诙谐有趣、优美、动听的音乐，使孕妇感到舒心。中期的胎儿生长发育快，营养需要丰富，胎儿的听觉能力有了明显的提高，胎教音乐的内容也应更为丰富，如大提琴独奏曲或低音歌声或乐曲之类。父亲的低音唱歌或者哼一些曲调，胎儿会更容易接受。后期的孕妇面临分娩，难免有些忧虑紧张的感觉。由于体重的增加，孕妇会感觉身体笨重、劳累。为此，这时期播放的音乐，音色上要柔和一些、欢快一些，这样对孕妇是一种安慰，可以增强孕妇战胜困难的信心，由衷地产生一种即将做母亲的幸福感和胜利感，并把这种愉快的感觉传递给胎儿。

孕妇在听音乐时，实际上胎儿也在“欣赏”。因为胎儿的身心正处于迅速发育生长时期，多听音乐对胎儿右脑的艺术细胞发育是有利的。让婴幼儿更早地接受音乐教育，更早地开发和利用右脑有利于孩子成长。出生后继续在音乐气氛中学习和生活，会给孩子智力和接受程度带来更大益处。

对话胎教

胎儿的听觉器官在 26 孕周时发育成熟，其结构基本上和出生时相同，只是中耳的鼓室仅有少量空气和这一过程要在出生后随着新生儿的啼哭和呼吸来完成。另外，胎儿在宫内时，其中耳内充满了中胚层的胶状物，因此，胎儿在妊娠 26 周后，耳就有了接受声波，将声波和机械能转化为“神经冲动”的能力。此时，由于胎儿越来越大，几乎要碰到子宫壁，同时由于胎儿变大，母体腹壁变得较薄，所以胎儿此时可以听到外界的各种声音，因此，此时对话胎教的内容可以变得广一些，不仅是和胎儿说话，还可以教胎儿学习语言和文字等。

孕妇可以利用彩色卡片教胎儿学习语言和文字。彩色卡片就是用彩色在白纸上写语言、文字、数字的卡片。首先从汉语拼音 a、o、e、i、u 开始，每天教 4～5 个，如果孕妇想从小发掘胎儿的外语天赋，也可教胎儿 26 个英语字母，先教大写，然后是简单的单词。怎么教呢？如教“a”这个汉语拼音时，一边反复地发好这个音，一边用手指写它的笔画。这时最重要的是能通过视觉将“a”的形状和颜色深深地印在脑海里。因为这样一来你发出的“a”这一字母信息，就会以最佳状态传递给胎儿，从而有利于胎儿用脑去理解并记住它。

汉语拼音韵母教完后，可以接着教声母和简单的汉字，如“大”、“小”、“天”、“儿”等，在教胎儿学习时，母亲要用真挚的感情和耐心，切忌急躁，敷衍了事。

在教胎儿学习数字时，孕妇要通过深刻的视觉印象将数字的形状及声音一起传递给胎儿，要以立体形象而不是平面形象传递，如要将“1”想象成“竖起来的铅笔”、“电线杆”等，将数字具体化、形象化地告诉胎儿。只有这样，才能让胎儿容易记住。当然，这时要清楚地发好数字的读音。准妈妈还可以让胎儿预先掌握生活中的智慧和一般常识，以便出生后对日常生活的事物更加感兴趣。如做菜时，可以讲述有关炊具和烹调的方法，通过视觉将菜的颜色“告诉”给胎儿，通过嗅觉将菜的气味转达给胎儿。

胎儿的大脑有如一张白纸，对外界的信息是没有什么难易之分的，好奇就接收，厌烦就一概拒绝。这样就不妨有选择地挑一些有趣的话题，通过感官和语言传递给胎儿，以刺激胎儿的思维和好奇心。

光照胎教

准爸爸妈妈每天定时用 1 号电池手电筒作为光源，对胎儿进行光照胎教。其具体的做法是：

准妈妈仰卧床上或将上身垫高躺下，在温室中将准妈妈腹部袒露，准爸爸将光线照射到准妈妈腹壁上，一闪一灭地进行照射，持续时间 5 分钟左右。开始及结束前可反复开关手电筒，让胎儿有适应的时间，以减少对胎儿视力的不良刺激。大多数时候，准父母可以用各种颜色的彩灯，先后照向腹部，1～2 分钟变换 1 次，灯光要柔和，由近而远，逐渐形成多种形式。对胎儿进行视觉训练并促进视力发育，增加视觉范围，同时有助于强化昼夜周期（白天觉醒，晚上睡觉）和促进动作行为的发展。每次照射时都要记下胎儿的反应。切忌用强光照射，且照射时间不宜长。

孕妇也可以迎着阳光散步，让太阳柔和温暖的光线直射腹壁，促进胎儿的视觉发展。

抚摩胎教

我国南宋著名的妇产科医生陈自明在其所著的《妇人大全良方》中指出："妇女在妊娠四五月时，胎儿如果有蠕动，孕妇可用食、中二指轻轻弹按腹部，逗胎儿玩，胎儿出现烦躁时，应立即停止，不可勉强，戏逗之法，每日一至二次。"法国心理学家贝尔纳·蒂斯曾说："在母腹中做过体操锻炼的婴儿，肌肉的力量比较强，特别是竖向的肌肉力量比较强，甚至于刚一出生便能坐起来。"

为什么这样说呢？原来，5 个月以后，胎儿体表绝大部分表层细胞已具有接受信息的初步能力，胎儿生活在充满羊水的子宫内，羊水流动不断地向胎儿提供更多的触觉刺激。而通常采用的触觉刺激方法，则是通过母亲的腹部间接地抚摩胎体来给予良好的刺激，借以传递到胎儿大脑，促进大脑协调发育，增进胎儿的智能发育，并可使胎儿产生安全感。同时，这也是一种"宫内散步"或者叫做"和胎儿玩耍"，借以增加胎儿的肌肉活动，健全呼吸器官，激发胎儿运动的积极性。经过训练的胎儿，出生以后，站立、爬行、行走等动作都较一般婴儿为早，步履更稳健。但是，应该注意的是，如果胎儿躁动不安、胎动频繁时，便应立即停止，以免发生脐带缠绕等意外事故。

情绪胎教

孕妇良好的情绪是胎教的最高境界。胎教的最大障碍是母亲怀有杂乱、不安、恍惚的心情，如在妊娠7～10周时孕妇情绪过度不安，可导致胎儿口唇畸变，出现腭裂或唇裂。在妊娠晚期，孕妇精神状态的突然变化，如惊吓、恐惧、忧伤，严重的刺激或其他原因引起的精神过度紧张，能使大脑皮层与内脏之间的平衡关系失调，引起循环紊乱，胎盘早期剥离，甚至造成胎儿死亡。

另外，当孕妇情绪不安时，胎动次数会较平时多3倍，最多时达正常的10倍。如胎儿长期不安，体力消耗过多，出生时往往比一般婴儿体重轻1～2磅。如有的孕妇与人争吵后3周内情绪不好，在此期间胎动次数较前增加1倍。孕妇在孕期的情绪长期受到压抑，婴儿出生后往往出现身体功能失调，特别是消化系统容易出现紊乱。

这里介绍一种呼吸法，对稳定情绪和集中注意力是较为有效的，孕妈妈们不妨一试。

身体采取舒适的姿势，或坐或躺，腰背舒展，全身放松，双目微闭，用4～5秒钟的时间缓缓地吸气，让自己有一种将气体储存于腹部的感觉，然后用8～10秒钟的时间呼气，直至出现无意识的深呼吸时为止。每天早晨起床时、中午休息前、晚上临睡前各进行1次这样的呼吸，对妊娠期焦躁的精神状态会有较大的改善。

语言胎教

准爸爸妈妈坚持用文明、礼貌和富有哲理的语言，有目的地对胎儿讲话，能为宝宝后天的学习打下基础，父母可以讲一些小故事以促进宝宝的语言学习能力。给胎儿讲故事是一项不可缺少的胎教内容，讲故事时准妈妈应把腹内的胎儿想象成一个大孩子，娓娓动听地讲，亲切的语言通过语言神经传递给胎儿，使胎儿不断地接受客观环境的影响，在不断变化的文化氛围中发育成长。讲故事时既要避免尖声尖气的喊叫，又要防止平淡乏味的读书，方式可以根据准妈妈的具体情况而定。内容由准妈妈任意发挥，讲随意的故事，也可以读故事书，最好是图文并茂的儿童读物。还可以给胎儿朗读一些儿歌、散文等。故事的内容宜短小、轻快、和谐，最好选择那些色彩丰富、富于幻想的故事。内容可以选择提倡勇敢、理想、幸福、友爱、聪明、智慧等的故事。那些容易引起恐惧、伤感以及使人感到压抑的故事，如《灰姑娘》、《白雪公主》等，就不适宜讲给胎儿听。

胎教要点

❶ 注意个人孕期保健，讲卫生、宽着衣、慎起居、避寒暑。
❷ 不饮酒、不吸烟、不喝咖啡、不浓妆艳抹。
❸ 不与猫、狗玩耍，以防感染胎儿。
❹ 孕期按时体检，注意血与尿的检查。
❺ 孕妇注意个人精神、品德修养及带给胎儿的影响。
❻ 本月每 2 周产前检查 1 次。

细说胎教

实施胎教忌懒惰

许多妇女怀孕后，由于体内激素发生变化，很容易出现倦怠无力、发困的情形，也有的妇女认为在怀孕后胎儿尚小，害怕过多的活动会惊动或伤着胎儿，对胎儿不利，所以也都不愿活动。有的人还美其名曰为“顺其自然”。实际上，这对胎儿是不利的。

根据研究，胎儿能够感知母亲的思想，孕妇与胎儿之间是有信息传递的，如果母亲既不思考也不学习，胎儿也会深受感染，变得懒惰起来，这对于胎儿的大脑发育是极为不利的。

因此，怀孕的母亲要始终拥有浓厚的生活情趣，保持强烈的求知欲和好学心，充分调动自己的思维活动，从自己做起，勤于动脑，勇于探索，在工作上积极进取，在生活中注意观察，把自己看到和听到的事物通过视觉和听觉传递给胎儿，使胎儿不断接受刺激，促进其大脑神经和细胞的发育。

克服胎教中的忧郁心理

有些孕妇怀孕后，情绪会异常低落，心中烦闷，神情沮丧，打不起精神，这就是孕妇的忧郁心理。如果忧郁情绪持续一段时间，会造成孕妇失眠、厌食、性机能减退和植物神经紊乱。有忧郁心境的人往往缺乏活力，神情处于懒散状态。忧郁心理又会使孕妇心情压抑，体内血液中调节情绪和大脑的各种功能的物质含量偏低，直接影响到胎儿的正常发育。受母亲的影响，这样的孩子出生后好委屈，长时间啼哭，长大后，又会表现为缺乏自信心，感情脆弱，郁郁寡欢。由此可见，孕妇忧郁不利于胎教，不利于胎儿的发育和发展。为此，有了忧郁心理的人，一定要积极调整自己的心态。积极的人生观是克服忧郁心理的基础。同时孕妇要努力跳出个人生活的小环境，多到户外呼吸新鲜空气，多参加社会活动，出外游玩。随着眼界的开阔，精神也就会振作起来，心情也会随之变得开朗起来。平日里多在生活中寻找乐趣，多做一些适当的文体活动，如下棋、唱歌、欣赏优美轻松的音乐，这些活动都十分有助于调节人的情感。多和乐观开朗的人接触，千万不能自我封闭，多与人交流思想，敞开胸怀，开阔视野，有助于消除内心忧郁的症结。丈夫此时要努力帮助妻子，可别被妻子的情绪所感染，要多体谅和理解妻子。妻子情绪上的变化，很大程度上是由生理上的变化引起的，妻子委屈地哭，绝不是你们之间的感情出了什么问题。面对情绪低落的妻子，丈夫要尽量表现出宽宏和温柔，引导妻子控制自己的情绪，多为孩子着想，因为低落的情绪对胎儿的发育实在没有什么好处。丈夫要启发妻子对孩子的一片爱心，转移妻子对烦恼事情的注意力。尽量多陪妻子做一些开心的事，和妻子一起读有关书籍，欣赏音乐，和妻子到户外重温一下恋爱时的感觉，这样既可以增进夫妻之间的感情，也会使妻子心里充满爱意和甜蜜，妻子的这种情感会随时传递给腹内的胎儿，使胎儿在一片爱心中茁壮成长。

胎教与胎儿的性格关系

人的性格不一，其个体差异早在胎儿时期就已表露出来：有的安详文静，有的活泼好动，有的“淘气”调皮。这既和先天神经类型有关，也和怀孕时胎儿所处的内外环境有关。人的性格的形成有着先天和后天两种因素，就先天而言，与父母性格的遗传基因有关，同时也与出生前胎儿在子宫内所受的影响有关；后天因素则是在其出生后的社会实践过程中逐步形成的。然而，胎儿在子宫内，即“人之初”的心理体验为日后的性格形成打下基础的事实，还没被人们广泛重视。妈妈的子宫是胎儿所接触的第一个环境，小生命在这个环境里的感受将直接影响到胎儿性格的形成和发展。如果妈妈怀孕期间处于和谐、温暖、慈爱的氛围中，那么胎儿幼小的心灵将受到同化，意识到等待自己的那个世界是美好的，进而可逐步形成热爱生活、果断自信、活泼外向等优良性格的基础。反之，倘若夫妻生活不和谐、不美满，经常吵架、打骂，甚至充满了敌意的怨恨，闹到要离婚的程度；或者妈妈不欢迎这个孩子，从心理上排斥、厌恶，那么胎儿就会痛苦地体验到周围这种冷漠、仇视的氛围，随之形成孤寂、自卑、多疑、怯懦、内向等性格。显然，这对胎儿的未来会产生不利的影响。

此外，妈妈的极度疲劳，情绪的过分紧张，腹部的过重压力及外界的强烈、持久的噪声，均可使胎儿躁动不安。这种强烈的运动反应并不是好征兆，它不但会引起流产、早产，而且能给出生后的孩子的性格行为带来不良影响。

“江山易改，本性难移”，一旦不良性格形成，要想改变是很困难的。与其后天费力纠正，不如在娘胎里就给胎儿提供一个形成良好性格的环境氛围。未来的父母应把握这一关键时期，为孩子一生幸福着想，从现在起，尽力为腹内的小生命创造一个充满温暖、慈爱、宽松、积极的生活环境，努力减少各种有害刺激，使胎儿拥有一个健康美好的精神世界，使其良好性格的形成有一个理想的开端。

准爸爸进行胎教的内容

胎教绝不是母亲一个人的事，和父亲的关系也很大。父亲是母亲接触最多而又最亲密的人，父亲的一举一动，乃至情感态度，不仅可以直接影响到妻子，也会间接影响到妻子腹中的胎儿。准爸爸怎样进行胎教，可从以下几方面进行：

❶ 以爱心感染胎儿。胎儿在子宫中即具有感知能力，能感受到父母对他的爱心，父亲的爱心同母亲的爱心一样有利于胎儿的成长。在妊娠期间，丈夫要多陪伴妻子，多做可口的饭菜，同妻子一同观看电影和育儿书籍，处处保护好妻子避免被冲撞及摔跤等。多和妻子一起谈论未来的孩子，如孩子长得像谁，将来要把孩子培养成什么样的人。妻子在丈夫爱的呵护下心情舒畅，食欲增加；胎儿也在爸爸的爱心中健康成长。

❷ 帮助胎儿运动。准爸爸可以每天固定一个时间，抚摩妻子的腹部帮助胎儿运动，注意动作须轻柔。同时和胎儿进行对话。

❸ 和胎儿对话。和胎儿对话进行胎教是其他方法不可取代的。对话法不仅可训练胎儿的听力和记忆能力，也能增进父母和胎儿之间的感情。同时语言可刺激胎儿的神经系统和大脑皮质，对胎儿脑发育是有益的。与胎儿对话，胎儿会作出反应，有时父亲在与胎儿开始对话时，母亲就会很快感到胎动增加，说明胎儿能识别父亲的声音。且孩子出生后更早也更容易识别父母的声音，对孩子来说，他会更有安全感，消除了由于环境的改变给他带来的心理上的不安和紧张。

❹ 进行音乐胎教。在进行音乐胎教时，准爸爸应帮助准妈妈备好胎教工具，或一边给胎儿听音乐一边抚摩准妈妈的腹部，让胎儿在一种温馨的环境中得到教育，也让胎儿得到父母双方的关爱。假如父亲有“音乐细胞”，会乐器或唱歌则更好，每天可选择 5～10 分钟给小宝宝唱上两首歌或奏上 1～2 首乐曲，不仅能达到音乐胎教的目的，而且可培养孩子的音乐天赋和素养，同时父亲也和孩子交流了感情。

专家提示

妊娠 7 个月时的营养需求和妊娠 6 个月时大致相同，可略增加；此期的各种营养素大致与孕中期相同，可略增加，但由于此期正是胎儿脑细胞和脂肪细胞增殖的“敏感期”，所以，更要注意补充含蛋白质、磷脂和维生素丰富的食品，以促进胎儿智力的发育。对脂肪和糖类食品要限制，以免热量过多，使胎儿长得过大，影响分娩。

此时，大量孕激素使胃肠平滑肌松弛，水分被肠壁吸收，故常引起便秘。因此粗纤维、新鲜水果蔬菜应增加分量。此外，这期间要多吃核桃、花生、芝麻、葵花子等食品。这些食品富含不饱和脂肪酸，可减少日后小儿皮肤病的发病率。多吃动物肝、木耳、青菜、豆豉等富含维生素 B_{12}、叶酸等的食物，可减少出生后贫血症的发病率。常食用些含碘食物，可减少小儿痴呆等病的发病率。水分与盐分摄取过量，很可能会引起妊娠高血压综合征，必须严加节制。

妊娠 7 个月时，孕妇的肚子越来越突出，身体越来越笨重，这时一定要防止早产的发生，所以平时要注意避免过度激烈的运动，上下楼梯次数要尽量减少，拿重东西、向高处伸手、突然站起等动作都是应避免的。腿抽筋和静脉曲张的人，不要长时间站立，下半身不要系带子，为了防止曲张的静脉破裂出血，可以在静脉曲张处用短袜或紧身衣加以保护，睡觉时把脚稍微垫高一些有助于静脉血的回流。

妊娠 7 个月还必须作好乳房保健，以便为分娩后泌乳、授乳作好充分的准备。此期要注意接受产前检查，1 月 2 次。

第八章

妊娠八月胎教

妊娠八月母体变化和胎儿发育

妊娠八月母体的变化和感觉是怎么样的

孕妇到妊娠 8 个月时，子宫向前挺得更加明显，肚子越发突出，子宫底的高度在 25～27 厘米。身体沉重，行动困难，如较长时间行走，多会感到下腹部和脚跟疲劳和笨重。有的人会出现浮肿。走路、上下楼梯要慎重。若稍微多走点路，孕妇就会感到腰痛或脚跟痛，经常出现便秘和烧心，以致升到上腹的子宫顶压膈肌和胃，孕妇因胃受到压迫饭量减少，也会出现胸口上不来气，甚至需要肩协助呼吸。

在这个时期最可怕的是妊娠高血压综合征。应注意在每天的生活中避免过劳，在饮食中避免摄取过多的盐分，保持足够的睡眠，在中午要休息一会儿或睡一觉。只要接受产前检查，就能在早期发现妊娠高血压综合征的征兆，为此要接受每 2 周 1 次的产前定期检查，还可预防早产。

此时期孕妇乳房高高隆起。乳房、腹部以及大腿的皮肤上的一条条淡红色的花纹明显增多。由于激素的作用，孕妇乳房周围、下腹、外阴部的颜色日渐加深。

妊娠八月胎儿的发育是怎么样的

此时胎儿的身长为 40～44 厘米，体重达 1500 克左右，从这时起，羊水量不再像以前那样增加了，迅速成长的胎儿身体紧靠着子宫，一直自由转动的胎儿，到了这个时期，位置也固定了。由于头重，一般头部自然朝下。

胎儿的主要器官已初步发育完毕，男子的睾丸开始由腹内向阴囊下降。皮下脂肪开始丰满起来，但皮肤仍有皱纹，听觉神经已经发育完成，对声音开始有所反应。肌肉也发达起来，胎儿的活动更为激烈，有时可用脚踢蹬子宫壁。

从这时起，羊水量不再像以前那样增加了，迅速成长的胎儿的身体不像过去那样自由转动，到了这个时期一般由于头重，自然头部向下。假如在这个时期发生早产，如慎重保养，可以存活，因为胎儿的肺等内脏器官和脑、神经系统都发展到了一定程度。

妊娠八月饮食营养

妊娠八月孕妇的饮食要求

随着妊娠月份的增加，此期孕妇子宫已占据了大半个腹部，孕妇的胃部被挤压，饭量受到影响，因而常有吃不饱的感觉。在这个时期，母体基础代谢率增至最高峰，而且胎儿生长速度也达到最高峰。你应该尽量补足因胃容量减小而减少的营养，实行一日多餐，均衡摄取各种营养素，防止胎儿发育迟缓。第 8 个孕月，胎儿开始在肝脏和皮下储存糖原及脂肪。此时如碳水化合物摄入不足，将导致母体内的蛋白质和脂肪分解，易造成蛋白质缺乏或酮症酸中毒，所以孕 8 月应保证热量的供给。除需大量葡萄糖供胎儿迅速生长和体内糖原、脂肪储存外，还需要有一定量的脂肪酸，尤其是亚油酸。此时也是胎儿大脑增殖高峰，大脑皮层增殖迅速，丰富的亚油酸可满足大脑发育所需。

为了减轻水肿和妊娠高血压综合征，在饮食中要少放食盐。同时，饮食不可毫无节制，应该把体重的增加限制在每周450克以下。

孕妇不宜多吃菠菜

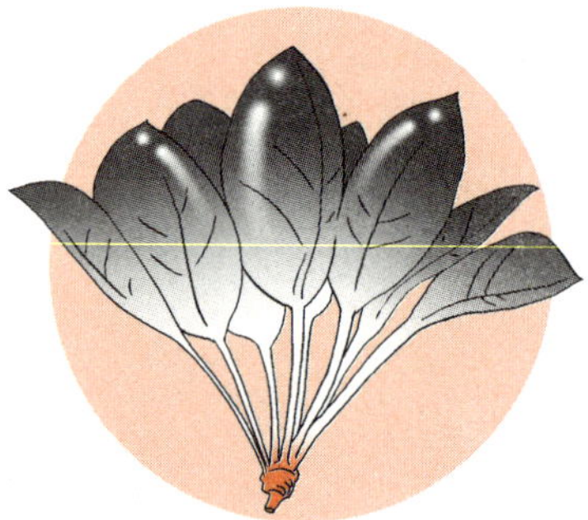

菠菜含有较多的草酸，而草酸对人体所需要的重要营养素钙、锌有不可低估的破坏作用。如果锌和钙被草酸破坏，形成草酸钙、草酸锌之类的化合物，就难以被人体吸收，而排出体外，会使孕妇和胎儿得不到适量的钙和锌。胎儿缺钙，有可能发生佝偻病，出现鸡胸、罗圈腿以及牙齿生长迟缓，发育不良。在妊娠早期缺锌，可干扰胎儿中枢神经系统的发育，严重的可造成中枢神经系统畸形；在妊娠晚期缺锌，可使胎儿神经系统的发育异常。所以，孕妇不宜多吃菠菜。

含草酸多的除菠菜外还有其他蔬菜，孕妇也不宜多吃。若是喜欢吃，可在做菜前将菠菜用沸水焯一下，以除去大部分草酸，然后做菜。

孕妇不宜多吃刺激性食物

刺激性食物主要是指葱、姜、蒜、辣椒、芥末、咖喱粉等调料和蔬菜。这些食物用于调味或做菜，有促进食欲、促进血液循环和补充人体所需的维生素、微量元素（如锌、硒）等作用，这些食物正常人吃了大为有利。

葱、姜、蒜少量做作料调味，而且制熟后食用，其辛辣性大大减弱，因而对人体的刺激性也大大减轻，孕妇还是可以食用的。甜辣椒因没有辛辣之味，制熟食用也无妨。但是，辣椒、生葱、生姜、生蒜以及芥末、咖喱辛辣过重，孕妇不宜食用。

这是因为，这些辛辣物质会随母体的血液循环进入胎儿体内，给胎儿造成不良刺激，影响其正常生长发育。从孕妇身体来说，怀孕后大多呈现血热阳盛的状态，而这些辛辣食物从性质上来说，都属于辛温，而辛温食品会加重血热阳盛状态，使体内阴津更感不足，会使孕妇口干舌燥、生口疮、心情烦躁等症状加剧，这样不利于胎儿的正常发育。

孕妇宜多吃玉米

有些青年人不喜欢吃玉米，只是吃精米精面，这就失去了玉米对胎儿健脑的大好机会。

玉米中含蛋白质、脂肪、糖类、维生素和矿物质都比较丰富。它特有的胶质蛋白占30％，球蛋白和白蛋白占20％～22％，尤其黄玉米含有较多的维生素A，这些营养物质对人的智力、视力都有好处。玉米中的维生素E较多，对防止细胞氧化、抗衰老有益，从而有益于智力发育。维生素E还有助于安胎，可用来防治习惯性流产、胎儿发育不良等。玉米中还含有较多的维生素B_1，能对人体中的糖类代谢起重要作用，它能增进食欲，促进发育，提高神经系统的功能，使胎儿的大脑发育得更加完善。玉米中含有的维生素B_6，还有助于减轻妊娠呕吐。玉米中粗纤维多，食后宽肠，有利于消除便秘，有利于肠的健康，也间接有利于胎儿智力的开发。有一种甜玉米，蛋白质的氨基酸组成中以健脑的天冬氨酸、谷氨酸含量较高，脂肪中的脂肪酸主要是亚油酸、油酸等不饱和脂肪酸。这些营养物质对智力发展有利。

妊娠八月营养食谱

小窝头

原料：细玉米面 400 克，黄豆粉 100 克，白糖 250 克，小苏打 0.2 克，桂花 5 克。

做法：将细玉米面、黄豆粉、白糖、小苏打掺在一起，再逐渐加温水，慢慢揉和，和得与饺子面相仿即可。

将和好的面揪成剂，每两做 10 个，再蘸着桂花团成小窝头，上屉蒸熟即可。

特点：含有丰富的蛋白质、糖及其他微量元素。

柠檬煲鸭汤

原料：鸭 1 只，鲜柠檬 1 个，姜 3 片，盐适量，糖 1/2 汤匙。

做法：鸭放入滚水中煮 5 分钟，取出洗净。

柠檬洗净，切薄片。

将清水约 10 杯烧开，放入姜片、鸭，转慢火煲 2 小时。

将柠檬片放入，再煲约 30 分钟，放入盐、糖拌匀。即可趁热食用。

特点：营养丰富，味道鲜美。

鲜蘑豆腐

原料：豆腐 250 克，鲜蘑 150 克，盐 2 克，味精 2 克，鸡汤 20 克，葱、姜各 2 克，淀粉 20 克，香油 2 克，油 10 克，糖 2.5 克。

做法：将豆腐切成 1 厘米见方的丁；选用个体与豆腐丁大小相似的鲜蘑，或选用个体较大的鲜蘑切成大小相似的丁也可以，用开水焯过，沥干水分。

葱、姜切片后放入碗中，加入盐、味精、淀粉、鸡汤及糖和少许香油，调好汁。

炒锅上火，放入油，略热后加入豆腐和鲜蘑共同煸炒，炒至受热均匀后，放入汁，迅速翻炒，即可装盘。

特点：咸鲜略甜，色泽清淡。

香干芹菜

原料：芹菜 200 克，香干 50 克，酱油 10 克，食油 10 克，食盐 4 克，味精适量。

做法：芹菜连叶一起洗净，切成 3 厘米的段，用开水焯过，盛在碗里，备用。

香干洗过，切成细丝，先用热油锅炒芹菜，加盐，把香干放入，加酱油，旺火快炒一会儿即成，起锅前加入味精。

特点：营养丰富，色泽清淡。

柏子仁粥

原料：柏子仁 15 克，粳米 100 克，蜂蜜 100 克，清水 1000 克。

做法：柏子仁洗净，去硬壳，切碎；粳米淘净，去杂质，入锅加水煮沸，加柏子仁煮成粥，调入蜂蜜即可食用。

特点：除风湿，安五脏，养心气，润肾燥，兴阳道，益智安神。

妊娠八月优生与保健

怎样了解胎儿生长发育是否正常

了解胎儿生长发育是否正常，方法很多，孕妇自己了解胎儿生长发育情况可采用以下几种简单易行的方法。

❶ 根据子宫底的高度。正常孕妇每周子宫底增长 8.2 毫米，一个妊娠月增加 3.28 厘米。胎儿生长发育的情况与妊娠的时间、子宫的大小是一致的。如子宫底的高度低于妊娠月数应有的高度，说明胎儿发育迟缓。

❷ 孕妇的体重与腹围增大。妊娠中期和晚期每周约增加 4.8 克。腹围每周增长 6.9 毫米，一个妊娠月增大 2.7 厘米。如果孕妇上述数值大致符合，说明胎儿生长发育正常。

❸ 胎动和胎心计数。胎动计数：如胎儿发育正常，每小时胎动次数约为 3～5 次。每小时少于 3 次，或 12 小时内胎动小于 10 次，都反映出胎儿宫内缺氧。胎心计数：妊娠 4 个足月时，在腹部可听到胎心音。正常胎心音每分钟约为 120～160 次。如果慢于 120 次或快于 160 次，或中间停跳，或快一阵慢一阵，或一阵响亮后又听不清，都是不正常现象。检查胎心音，一般都由医务人员用听诊器来作，但也可以由家属耳朵直接紧贴在孕妇腹壁上，寻找一种均匀的“嗒嗒嗒……”像钟摆一样的声音，每次数一两分钟。

胎位不正时孕妇应如何自我矫正

绝大多数孕妇的胎位是正常的，但也有少数（约 5%）孕妇的胎位不正，常见的不正胎位有枕横位、枕后位、臀位；也有因胎头俯屈程度不同的异常头先露，如额先露，以及横位、复合位先露等不正胎位，但均较少见。

有些胎位不正是可以纠正的，如枕横位、枕后位、臀位、横位等。一般横位应随时发现及时纠正；臀位在妊娠 7 个月后纠正；枕横位则需在临产后宫口开大到一定程度或接近开全而产程受阻时再纠正。

妊娠 30 周前，大部分胎儿为臀位，30 周后多数可自动转为头位。故即使是臀位，也没必要在 30 周前纠正；30 周后仍为臀位或横位者，应考虑纠正。

孕妇自我胎位矫正可采用以下方法：

❶ 胸膝卧位法：适用于妊娠 30 周后胎位仍为臀位或横位。具体操作为孕妇于饭前或进食后 2 小时，早晨起床及晚上睡眠前，先排空尿液，然后放开腰带，双膝分开（与肩同宽），胸肩贴在床上，头歪向一侧，大腿与小腿成直角，双手下垂于床两旁或者放在头两侧，形成臀高头低位，以使胎头顶到母体的横膈处，借重心的改变来使胎儿由臀位或横位转变为头位。孕妇应该每天做 2～3 次，每次 10～15 分钟，1 周后进行胎位复查。

❷ 侧卧位法：对于横位或枕后位可采取此法。做法为孕妇侧卧时，可同时向侧卧位方向轻轻抚摩腹壁。每天做 2 次，每次 10～15 分钟。

❸ 艾灸穴位法：孕妇采取坐位，脚踩在小凳上，放开腰带，用点燃的艾卷熏至阴穴（双侧脚小趾外缘）。这样做可以兴奋大脑的内分泌系统，使雌激素和前列腺素分泌增多，促进子宫的活动，从而使胎儿转位。孕妇应该每天艾灸 1 次，每次做 15～20 分钟，1 周后进行复查。

孕妇若经以上方法矫正仍不能使胎儿转为头位，需请医生采用倒转术；若临产前还不能正常，就难以自然分娩，由医生采取适当方式分娩。

胎儿发育异常的原因有哪些

造成胎儿发育异常的原因，除父母带给胎儿的遗传性疾病外，还有在受孕前及母亲怀孕期间等诸多因素。

❶ 孕妇疾病：孕妇患糖尿病，其胎儿发生先天性畸形的概率较高，

为 2.9%；孕妇患苯丙酮尿症，可引起胎儿心血管畸形。

❷ 食品添加剂：一些食品制作中加入防腐、着色、调味添加剂，其中有些化学物质有使胎儿发生畸形的可能。

❸ 药物影响：孕妇患病服药不当，尤其是在怀孕的前 3 个月，各系统尚未形成，容易受到药物影响而致畸。

❹ 射线影响：如医疗上用的放射线对人体有侵害，还有工业放射性物质的污染等对人体均有不同程度危害。这些放射线对孕妇更有损害，可使胎儿死亡、流产甚至出现小头症、无脑儿和心脏、泌尿道及眼畸形者。

妊高征的发病原因与预防措施

妊高征是妊娠高血压综合征的简称，其发病原因有以下几点：

❶ 妊娠新陈代谢的原因：主要与饮食有关，如盐分、水分的代谢异常引起氨基酸、矿物质、维生素缺乏等。

❷ 胎儿、胎盘的原因：如胎盘组织坏死引起机能丧失、血液缺氧等；另外，从胎盘产生的某种特别毒性物质，也影响胎儿的新陈代谢。

❸ 不能适应由于妊娠使体内发生的异常状态，加上妊娠带来的体内激素失调、肚子太大、增加腹压、引起血行异常等。

❹ 某些诱因亦不能忽视，如从前曾患高血压、肾病、肝病、糖尿病、猩红热等，以及在上一次妊娠中曾患妊娠高血压综合征的孕妇；又如本次妊娠中有多胎、羊水过多的情况，或患有糖尿病或贫血的孕妇；与气温、气压有关和冬长夏短的环境影响等；年轻的初产妇和高龄的初产妇；妊娠前体重在 60 千克以上的肥胖型孕妇；有高血压家族病史的孕妇发病率占 50%；还有，夫妻不和，对妊娠、分娩有厌恶感、不安感和喜怒不定性格的孕妇。

了解了上述导致妊娠高血压综合征产生的原因后，应有针对性地采取下述预防性措施：

❶ 孕妇必须定期到妇产科门诊，在病症轻微时就彻底治疗和控制。

❷ 平时要注意饮食调配，少进盐分，多吃含高蛋白质食物，并控制水分的摄入；盐量每天一般不超过 15 克，而且还要视病情的轻重严格控

制，辛辣物、咖啡、米饭等不能过量，以吃到八成饱为宜；要注意保暖和保证睡眠，保持身心安宁，不要操劳过度。

❸ 生活要有规律。孕妇过度劳累和休息不好，是发生妊高征的诱因。

❹ 适量运动。孕妇要经常散步、做操、游泳及去森林中散步，可愉快和放松心情，并增加抵抗力，防止血压升高。

❺ 避免体重过重。孕妇每周增加体重应控制在 500 克之内，若超过 500 克，身体发胖或出现水肿，应马上请医生诊断，以利于控制体重。

孕妇要坚持午睡

即使是在春、秋、冬季，孕妇也要在午饭后稍微睡一会儿。孕妇躺下舒舒服服地睡个午觉，可以减轻上午的疲劳，对下午的劳动、活动也有利。睡午觉可以使孕妇精神放松，消除疲劳，恢复活力。

午睡的长短因人而异，因时而异，一般半小时到 1 小时为宜，甚至再长一点也可以。总之以休息好为宜。如果中午无条件午睡的，则可以躺下稍加休息，在晚上早一点睡觉。

孕妇午睡时，要脱下鞋子，把双脚架在坐垫上，抬高双腿，然后全身放松，这样休息效果更佳。特别是孕妇感到消化不良或血液循环不好时，更要注意午睡，选择适宜自己的睡姿，有利于血液循环和减轻疲劳。

如何防治胎儿宫内发育迟缓

由于某种原因，影响胎儿在宫内生长发育，以及使其小于同等孕龄的胎儿，医学上称此种现象为胎儿宫内发育迟缓。

常见形成胎儿宫内发育迟缓的原因有：孕妇患有妊高征、慢性高血压、慢性肾炎、心脏病、贫血等，致使胎盘功能障碍或母体缺氧，从而影响了母体对胎儿的供血、供氧，造成胎儿的营养障碍。多胎，由于母体营养供应不足或营养不能充分分配给各个胎儿，可使多胎胎儿或其中某个胎儿发生宫内生长发育迟缓。如无以上并发症，其要因则主要是由于先天遗传因素即父母身高体重的影响。另外少数是由于先天胎儿畸形。

怎样防治胎儿宫内发育迟缓？首先孕妇要定期进行产前检查，医生根据孕妇腹围大小、子宫底高度及B超等各项检查来进行早期诊断，一旦确诊即应积极治疗。治疗主要包括：一方面针对所发现的并发症如妊高征等进行治疗，另一方面孕妇应加强饮食营养，保证热量的摄入，必要时进行高营养治疗，即静脉给予孕妇葡萄糖、能量合剂、维生素等以改善母体及胎儿的营养状况，纠正胎儿营养障碍。

八月胎教方案

音乐胎教

音乐是情感的表达，是心灵的语言。它能使人张开幻想的翅膀，随着优美的旋律翱翔于辽阔天空。音乐可唤醒胎儿的心灵，打开智慧的天窗。

准父母在进行音乐胎教时，可以选择多种方法，前面我们已讲过的器物灌输法、母教子唱法以及哼歌谐振法等，其中对胎儿最为有利、影响最深的就是哼歌谐振法，为什么这样说呢？

准妈妈在哼唱时，音乐渗入心灵，能够激起无意识超境界的幻觉，并能唤起平时被抑制了的记忆；音乐还能使准妈妈心旷神怡、浮想联翩，从而改善不良情绪，创造良好的心境，而且母亲在唱歌时产生的物理振动，能使胎儿从中得到情感上的满足。哼歌谐振法还能让胎儿记住父母的声音和音乐的节奏，前者可以加强准爸爸妈妈与胎儿的感情，父母与胎儿会更加融洽、和谐，后者可使胎儿产生对音乐的爱好，进而爱好音乐并陶冶其情操，培养其完善的性格。

有的孕妇认为，自己五音不全，没有音乐细胞，哪能给胎儿唱歌呢。其实，完全没有必要把唱歌这种事看得过于神秘，要知道给胎儿唱歌并不是登台表演，不需要什么技巧和天赋，要的只是母亲对胎儿的一片深情。只要你带着对胎儿深深的母爱去唱，你的歌声对于胎儿来说，一定是十分悦耳动听的，唱的时候，尽量使声音往上腭部集中，唱得甜甜的，你的胎儿一定会十分喜欢。此法每天可进行几次，每次不超过20分钟，孕妇可采用自己认为舒适的姿势，为胎儿唱一些摇篮曲、抒情以及欢快的歌曲。孕妇可以哼唱、清唱、随录音机唱或唱卡拉OK。唱歌时心情要舒畅，富于感情，如同面对着你可爱的小宝宝，倾述一腔柔情和母爱，这时母亲可想象胎儿正在静听你的歌声，从而达到母子心音的谐振。准妈妈不妨平时多哼哼歌，不仅能使自己心情畅快，也于胎儿有益。

语言胎教

胎儿长到8个月时，已经是一个能听、能看、能“听懂”话、能理解准爸爸妈妈的有生命、有感情、有思想的小人了，父母和胎儿谈话绝不是什么“对牛弹琴”，父母和腹中的胎儿讲话，是一种非常积极的胎教手段，胎儿通过听觉、感觉来感受父母的声音和语调、感受来自父母的深深的爱，用语言来刺激胎儿的听觉神经系统及其大脑，丰富胎儿的精神世界，对胎儿大脑的发育无疑是十分有益的。

父母在进行胎教时，最好是将针对日常生活内容和表达感情的话语加以简化，如：“宝宝，爸爸妈妈都爱你。”“宝宝，今天的饭好香哟！”等，经常重复给胎儿听，以加深胎儿对这些话的印象，促进其记忆力和理解力的提高。父母也可系统性地给胎儿进行语言胎教，选择一个固定的时间（如晚上睡觉前）和胎儿说话，时间长短大体相对不变，每次10分钟左右，对话内容要在一段时间内重复，以加深胎儿对一些简单句子的理解。

在进行语言胎教时，孕妇不要对语言胎教理解得太狭隘，以为语言胎教就是“让胎儿学会一样东西”，然后就像在学校里给孩子们上课那样，对胎儿进行僵化死板的“授课”，这样会把胎儿当成被动的学习工具，胎儿要知道也会不喜欢。要首先把胎儿当成一个有生命活力的、有凭兴趣来选择能力的孩子来对待，所以实行语言胎教的内容和方法都要活泼生动、简明易感，适合胎儿用感觉器官来感知一切的特点，即能刺激胎儿情感、能引起胎儿兴奋。孕妇进行语言胎教还应该采用一种能与胎儿互动的形式，即孕妇说话时必须自己是兴致勃勃的，选的文学阅读材料也是鲜活的，能引起自己兴趣的。

运动胎教

胎儿的正常发育需要适当的运动刺激。运动可以促进血液循环，增加氧的吸入，加速羊水循环并能刺激胎儿的大脑和感觉器官、平衡器官以及循环和呼吸功能的发育。

孕妇可根据妊娠需要，做以下的 12 种胎教运动。早晨散步、足尖运动、踝关节运动、搓脚心运动、膝胸卧位、骨盆韧带运动、盘腿坐、盆底肌肉运动、站立、行立、手指健脑操及腹式呼吸。如早晨散步即是准妈妈最适宜的运动。准妈妈可在绿树成荫、环境幽静的公园，绿色的田野、树林以及河畔等处散步，这些地方空气清新，空气中负离子较多，准妈妈在散步时可吸进较多的氧，既可改善和调节大脑皮层和中枢神经系统的功能，又能增强对疾病的抵抗力；既有防病功效，又有利于胎儿发育。不过，由于妊娠 8 个月时，孕妇的腹部膨大，行动缓慢，故运动量要适宜。若孕妇感觉疲劳可上床休息。

为了减轻分娩时的疼痛，孕妇可锻炼学习分娩时的辅助动作，如腹式呼吸。

腹式呼吸是指肩膀自然放平，仰卧床上，两脚自然放松，把手轻轻地放在腹部，不断地进行深呼吸，其方法是：先把气全部呼出，然后慢慢地吸气，使肚子膨大起来，在气吸足后，屏住呼吸，全身放松，然后将气慢慢地呼出。5～6 秒钟一次。这种方法可在分娩开始时，孕妇感到有宫缩及阵痛出现时进行。

美容胎教

怀孕后期，皮肤很容易过敏，所以不要随意改用化妆品，可以用自己习惯了的，否则可能会使皮肤粗糙或留下斑点。化妆要尽量明快活泼一些，以掩饰住脸色的憔悴。

这时，到医院检查的次数越来越多。体检时，就不要化妆了，不要涂胭脂、眼影、口红、指甲油，因为孕妇的脸色与指甲的颜色往往是医生检查时的指标。如果它们被化妆品掩盖住，就很难作出正确的诊断了。

到了怀孕后期，鞋子应宽大一些。因为在这期间，双脚会有轻微肿胀的趋势。

应该选用布胸罩，合成纤维制作的胸罩会造成乳头的摩擦裂伤。有些孕妇要让乳房结实，就按别人介绍的经验，用酒精涂乳头。其实这样做不好，因为酒精会使皮肤变得过分干燥，引起乳头裂伤，妨碍哺乳。

孕妇如果有乳头扁平或是内陷，到第 8 个月的时候，就要开始作乳房的按摩了。将乳晕（乳头四周的黑色部分）往上下左右的方向推压，每天 1～2 次，每次做数分钟。到了第 9 个月时，就要每天作促使乳腺畅通的按摩，将乳房用拇指食指扶住，轻轻推压，每次 1～2 分钟，每天坚持做。这种按摩能促使乳液的产生，并能使乳腺畅通。

怀孕后期，阴道分泌物增多，外阴部容易污染，所以要每天清洗以保持清洁。这时局部充血，皮肤黏膜特别容易受伤，所以洗澡时动作千万要轻缓，浴毕可使用爽身粉，保持身体的舒适与清爽。在住院待产前，就要事先洗好头，保持全身的清洁。怀孕后期，最好不要烫发。

在走路时，不要过分后仰。过分后仰会因过分挺胸而背痛，而且姿势不很雅观。为了保持良好的姿势，孕妇应选择一双合适的中跟鞋。

为了弥补体形上的不足，孕妇应该更加注重脸部的美容：头发要梳理得整齐美观，化妆要仔细、自然。头发要打理得短一些，服帖一些，这样，略显沉重的体形就会显得轻松了许多。孕妇可以把头发梳成一种使脑袋显得小巧玲珑、完全露出脖子的发型。到了怀孕中期，孕妇的身体日渐粗大，质地太软、颜色灰暗、皱褶明显的衣料，都该避而远之。紧身的衣裙、粗毛绒衫或是耸肩缩领的衣服也不适合孕妇穿着。在穿连裤袜时，要穿与裙子颜色协调一致的，这样会显得身材修长。

通过种种努力，孕妇将变得更加美丽可爱，身体更加健康，精神更为舒畅，这会使腹中的胎儿处在一个安定、舒适的环境之中，这对胎儿的发育是大有好处的。而且，这也是胎教的良好基础。

情绪胎教

对一个怀有身孕的人来说，其精神状态和心理情绪不好，不仅对自己的身体有害，而且影响胎儿的健康发育。因此，孕妇在孕期注意保持心绪宁静，对胎教十分重要。

早在 2000 多年以前，我国医学中就有“喜、怒、忧、思、悲、恐、惊”七情在疾病中发生作用的记载。我国古代的“胎教之说”也特别强调孕妇心境对胎儿的影响。因此人们主张，孕妇应心境平和，善于修身养性，喜、怒、哀、乐有节制。“和调则胎安，气逆则胎病，恼怒则气不顺，欲生好子者，必须先养其气。”于是古人提出了“宁静即胎教”的主张。由此可见，注意心境宁静对优生优育大有益处。

营造宁静的外部条件很多，诸如父母的关心、丈夫的体贴、亲人的安慰、同事朋友的关照等，其中丈夫对孕妇的温存体贴尤为重要，对孕妇胎教的效果也最为有利。为此，对丈夫来说应过好以下 4 关。

❶ 应过好生育思想关。丈夫应该持有“生男生女，听其自然”的坦荡胸怀，从思想观念上尽可能消除妻子的心理负担，不要让妻子为胎儿的性别担惊受怕。生男生女不是人的主观意愿所能决定的，任何责怪妻子或采取医疗手段保男弃女的做法，都可能增加妻子的心理压力，造成对胎教的不良影响。

❷ 应过好生活调理关。众所周知，每个女人在妊娠期间都程度不同

地有一些生理和心理反应，有的厌食，有的挑食。尤其是怀孕前 3 个月，大都反应较明显，常出现恶心、呕吐现象，甚至有个别孕妇承受不了这种妊娠反应，产生一些可怕的念头，这对胎教是十分不利的。作为丈夫应会调理，想方设法去妥善安排好妻子的起居饮食，保证怀孕妻子吃好休息好，尽可能为妻子创造舒适的生活环境，使她随时保持良好的心境，从而使胎儿健康孕育。

❸ 应过好丈夫的义务关。生儿育女是夫妻双方的责任，作为孕妇，更多关心的是胎儿的孕育成长，而当丈夫的应较多关注孕妇的安危，如随时注意孕妇的体重、血压以及胎动数，定期陪妻子散步，协助妻子做产前保健操，或与妻子一块欣赏音乐、歌舞等，使妻子感受到丈夫的温暖，增加对“十月怀胎”的信心和勇气。

❹ 应过好情感关。男女的感情不仅体现在婚前，而且也应体现在婚后，尤其体现在妻子怀孕期间。作为丈夫，在情感上要给予孕妻更多的爱，让妻子从丈夫的爱中产生温馨宁静的心情。在这种环境中建立起来的夫妻之爱，最为真挚，最为笃厚，也最为长久。

总之，准父母应积极营造良好的环境让准妈妈有最佳的心情，这既是准妈妈身心健康的需要，也是胎儿健康发育不可缺少的。

美育胎教

妊娠 8 个月时，胎儿已具有了初步的意识萌动，所以此时可以对胎儿进行较抽象、较立体的美育胎教。

美育胎教要求孕妇通过听、看、体会生活中一切的美，将自己对美的感受通过神经传导输送给胎儿。

听，主要是指听音乐。这时孕妇在欣赏音乐时，可选择一些富含主题、意境饱满的作品，比如贝多芬的《月光奏鸣曲》、肖邦的《英雄》、维瓦尔迪的《四季》等，这些乐曲都有较鲜明的主题和性格，能促使人们美好情怀的涌动，也有利于胎儿的心智成长。

看，主要是指阅读一些优秀的作品和欣赏优美的图画。孕妇要选择那些立意高、风格雅、个性鲜明的作品阅读，尤其可以多选择一些中外名著。比如我国现代作家朱自清和俄国作家屠格涅夫的散文，中国古代诗词及外国诗人普希金、雪莱等人的诗歌，西方著名作家雨果、托尔斯泰和我国现当代的著名小说等。孕妇在阅读这些文学作品时一定要边看、边思、边体会，强化自己对美的感受，这样胎儿才能受益。有条件的话，孕妇还可以看一些著名的美术作品，比如中国的山水画、西方的油画，在欣赏美术作品时，调动自己的理解力和鉴赏力，因此而产生的美的体验一定会传导给胎儿。

体会，既指贯穿听、看活动中的一切感受和领悟，也指孕妇在大自然中对自然美的体会。孕妇在这个阶段也要适度走动，可到环境优美、空气质量较好的大自然中去欣赏大自然的美，这个欣赏的过程也就是孕妇对自然美的体会过程，孕妇通过饱览美丽的景色而产生出的美好的情怀，可以促使胎儿脑细胞和神经的发育。

综合胎教

准妈妈将影响自身健康、影响胎儿发育的各种有利因素综合起来进行胎教的胎教方法称为综合胎教。

古人云："男子三十而后娶，女子二十而后嫁。"正如褚氏论，"恐伤其精血也"，故求子之道，男子贵清心寡欲，所以养其精，女子贵平心定意，所以养其血。盖男子之形乐者，气必盈，志乐者，神必荡，不知安调则神易散，不知全形则盈易亏，故其精常不足，不能至于溢而泻也。此男子所以贵清心寡欲，养其精也。女子之性褊急而难容，女子之情，媚悦而易感，难容则怒而气逆，易感则多交而沥枯，气逆不行，血少子荣，则月事不以时也。此女子所以贵平心定意，养其血也。

历代医家认为："宁静即是胎教……盖气调则胎安，气逆则胎病，恼怒则气塞不顺，肝气上冲则呕吐衄血，脾肺受伤，肝气下注则血崩带下，骨胎小产。欲出好子者，必须养其气，气得其养则生子性情和顺，无乘汨之习……"因此，小儿是否健康成长，与先天禀赋强弱、后天的调养有很大的关系，尤其先天禀赋因素更为重要。妊娠期间如能多接触美好的事物，诸如聆听轻松的音乐，欣赏优美的风景，观看花卉和美术作品，阅读有益身心的文艺著作等，从而陶冶性情，开拓胸襟，旷怡心神，以使气血和顺，阴阳平衡协调即"阴阳平均，气质完备"，则胎儿发育正常。若母体气血失调，出现"血营气卫，消息盈亏"的变化或气质出现"有衍有耗，则柔异用，或强或羸"的差异，则可导致胎儿禀赋异常，出现附赘垂疣，骈拇枝指，侏儒跛蹩……疮疡痈肿，聋盲喑哑，瘦瘠疲瘵等先天气形之病。

《素问·奇病论》云："人生而有病癫疾者……此得之母腹中时，其母有所大惊，气上而不下，精气并居，故令子发为癫疾也。"说明小儿先天性癫疾与孕母遭受大惊、骤恐、精神紊乱、精气运行失常有密切关系。所以孕妇要注意调整情绪，以积极的心态面对妊娠全过程。

胎教要点

1. 做好产前体操，以运行气血、心意养生，锻炼积蓄体力。
2. 防止早产，避免过于疲劳，预防早产。
3. 涵养母亲情感，准备婴儿用品。
4. 本月每 2 周产前检查 1 次。

细说胎教

妊娠晚期的胎教任务

从妊娠 8 个月至分娩为妊娠晚期。这一时期，随着胎儿的长大，母体负担日益沉重，往往身体后倾，行动不便，出现心跳气喘、食欲不振等现象。孕妇一方面急切地盼望分娩，另一方面又对分娩怀有恐惧感，这一时期胎教的主要任务是：

❶ 情绪放松，保持镇静。孕妇要意识到怀孕、分娩是每个女性的必经之路，它给人生增添了一份幸福与痛苦交错的体验。一个渴望做母亲的人就必须勇敢地去面对它，以安详的心态去迎接新生命的到来。

❷ 继续给胎儿以音乐、语音和触摸的刺激。

❸ 保证营养，控制糖类和脂肪的摄入。一方面孕妇要保证胎儿旺盛生长所需的营养量，另一方面要适当控制糖类和脂肪的摄入量，防止胎儿生长过大，给分娩带来困难。

❹ 禁止性生活，防止早产。

胎教禁忌

胎教能够促进胎儿的智力发育，这已被现代科学所公认。然而，胎教不当也会带来胎害。除噪声能影响胎儿健康外，不合理的语言教育、运动教育以及孕妇的不良情绪等，都会给胎儿带来隐患，医生称之为胎害。

忌噪声。孕妇应避免接触刺耳的噪声，尽量不去强噪声持续不断的工厂、机场、火车站、舞厅等。

忌不合理的语言教育。语言教育时，孕妇可用收录机以中度音量向腹内的胎儿亲切授话，或吟读诗歌，或哼唱小调，或计算数字。如此都会给孩子留下美好的记忆，切忌大声粗暴地训话。

忌不合理的运动教育。与胎儿做运动联络时，要轻轻抚摸胎儿，每天2～4次为宜，有时胎儿也会不遵母命，此时就要耐心等待，不要急于求成。

忌不良情绪。孕妇要格外注意心理卫生，使自己精神愉快，心情舒畅，对生活充满希望。

视觉刺激在胎教中的作用

人的第一感觉是视觉，对视觉影响最大的因素是色彩。一位心理学家曾经做过一个非常有趣的实验，题目叫做“色彩与人”。他的实验目的是为了了解人在不同颜色的房间里的工作及心理状况。研究结果发现，长期处在黑色调房间里的人，即使不做任何体力及脑力活动，也会感到心烦意乱、情绪低沉、躁动不安、极度疲劳；在淡蓝色、粉红色和其他一些温柔色调的房屋里工作的人，一般比较宁静、比较友好、性情比较柔和；在红色房间里工作的人，也会感到心情压抑，万分疲劳。实验还表明，改变环境的色彩能够立即改变人们的心情。烈日炎炎的夏季，人们走在拥挤不堪的大街上，进入琳琅满目、色彩缤纷的商店都会感到心中烦躁不安。相反进入色调清爽、凉气袭人的冰淇淋室，望着墙壁上一幅幅引人食欲的消暑佳品广告，顿时会觉得温度下降了许多，一种清凉之感便油然而生。

目前人们已经认识到，色彩能够影响人的精神和情绪。它作为一种外在的刺激，通过人的视觉产生不同感受的结果，给人以某种作用。因此，精神上感到舒畅还是沉闷，都与视觉有着直接的关系。可以说，不舒服的色彩如同噪声一样，使人感到烦躁不安，而协调悦目的色彩则是一种美的享受。一般说来，红色使人激动、兴奋，能鼓舞人们的斗志；黄色明快、灿烂，使人感到温暖；绿色清新、宁静，给人以希望；蓝色给人的感觉是明静、凉爽；白色显得干净、明快；粉红色和嫩绿色则预示着春天，使人充满活力。

对孕妇来说，因体内激素的变化，孕妇往往性情急躁，情绪波动较大。因此，要有意识地多接触一些偏冷的色彩，如绿色、蓝色、白色等，以利于情绪稳定，保持淡泊宁静的胎教心境，使腹内的小宝宝安然平和地健康成长，而不宜多接触红、黑等色彩，以免产生烦躁、恐惧等不良心理，影响胎儿的生长发育。因此，在布置孕期居室，选购日常生活用品，以及居家旅行时要有意识地注意这个问题。

对胎儿科学地予以刺激

胎儿在子宫内与外界的联系，主要是依赖于听觉器官和神经接受外界传入的声波刺激，触觉神经接受外界对胎儿的动作刺激。外界的刺激形形色色，方法各式各样，唯有科学的刺激才能有利于胎儿身体和大脑的发育，才能有效地发挥胎教作用。

为了使外界的声波、动作刺激符合胎儿身体、神经的发育特征，在对胎儿施以这些刺激时要注意：

❶ 尽量避免噪声对胎儿的刺激，孕妇不宜去人多嘈杂、车马喧闹、机器轰鸣的场所，也不要用力重拿重放物体。

❷ 给胎儿选择胎教音乐时，宜选用安静的乐曲，不选用刺激性强的乐曲，在胎儿不活跃、胎动较少时，不要用音乐去打扰胎儿。

❸ 在妊娠中期胎动活跃、频繁时可以给胎儿听比较安宁的音乐，在妊娠

晚期，可给胎儿听一些节奏感稍强的音乐。

❹ 在给胎儿听觉刺激时，如用录音机、CD 机放音乐，孕妇应距声源 1.5 米左右，声源强度为 65～75 分贝较好。若是用单机放于腹部放音，耳边处的声强可为 60 分贝，总之，声源的强度不要过大。孕妇可对照下表，凭感觉判断音乐的强度。

❺ 进行音乐听觉刺激时，每次不宜超过 20 分钟，每天刺激 2～3 次即可，但要注意有时间间隔，以保证胎儿的休息。

主观感觉与声级对应关系简表

声级（分贝）	主观感觉	可比拟的相应活动
5	听不见	正常的听觉
15	勉强听见	手表的“嗒嗒”声，平衡的呼吸声
30	非常安静	夜间医院的病房
45	比较安静	纯粹住宅中的居室
60	响	中等大小的谈话声
70	响	打字声，会堂中的演讲声
80	很响	音量开大的收音机音乐声
90	很响	载重汽车通过时的噪声
100	很响	机械声
110	难以忍受	木材加工声，大型工厂声

❻ 音乐的音量不要剧增，也不要让胎儿听摇滚乐曲。

❼ 进行语言刺激时，内容要简单且要多次重复，不要讲太深奥的科

学原理，要多讲日常生活中的寻常事。

⑧ 进行语言刺激以父亲的中低频语音较好，因为中低语音易于透过子宫壁到达胎儿，在胎动活跃时，孕妇本人也可以和胎儿说说话。

⑨ 触觉刺激时，如果胎儿用力挣脱或蹬腿，表示不高兴，应立即停止抚摸或推动；如果胎儿受到抚摸刺激时，轻轻蠕动作出反应，可以继续抚摸 1 分钟，然后改为语言、音乐刺激。

⑩ 触觉刺激以每次 5～10 分钟为宜，以傍晚胎动频繁时和夜晚 10 点左右为理想的时间。

⑪ 早晚宫缩者不宜对胎儿施以触觉刺激。

对胎儿进行游戏训练

谈到与胎儿做游戏这一问题，可能会有人疑惑不解，胎儿怎么会做游戏呢？是啊，一般来说做游戏是出生后的孩子们的“专利”，可近几年来随着医学科学的发展和超声波的问世人们发现胎儿在母体内有很强的感知能力。父母对胎儿作游戏胎教训练，不但增进了胎儿活动的积极性，而且有利于胎儿智力的发育。让我们通过胎儿超声波的荧屏显示来观察一下胎儿在母体内的活动情况，胎儿在某一天醒来伸了一个懒腰，打了一个哈欠，又调皮地用脚蹬了一下妈妈的肚子，这使他感到很满意。一个偶然的机会使胎儿的手碰到了漂浮在旁边的脐带，“这是什么东西？”很快脐带成了他的游戏对象，一有机会便抓过来玩弄几下，有时还抓住脐带将它送入嘴边，这个动作使他产生了一阵快意。从胎儿这些动作和大脑的发育情况分析，科学家们认为胎儿完全有能力在父母的训练下进行游戏活动。

据国外报道，天才儿迭戈在母亲腹内第 3 个月起他的父母亲就开始对他进行游戏训练，通过敲他母亲的腹壁观察他的反应。经过一段时间的训练，小迭戈已经会调皮地与人玩游戏了。当有人敲他母亲一下，他也敲一下，你敲两下，他也敲两下。而且他的父母很自豪地说，他们的孩子一出世就马上认出了他的父母。可见胎儿是很有潜能的，只要父母不失时机地通过各种渠道对胎儿施予早期胎教，使他获得良好而有益的刺激，本身的能力远远超过历史上任何一个天才。

目前有些国家正在研究通过对胎儿施行一种特殊的训练，以达到产生体育方面的超级明星。这一愿望经过人们对胎儿潜能的不断认识和挖掘是一定会实现的。

专家提示

到了妊娠后期，由于孕妇腹部膨隆，干什么都不方便，所以有些孕妇变得不爱动，整天待着，这种精神状态是不可取的，即使做什么都不方便，孕妇还是要进行一些轻体力劳动或活动，因为适当的运动对孕妇和胎儿都有好处，有助于孕妇的顺利分娩，有利于胎儿的健康成长，所以孕妇还是需做一些运动。

孕妇走路时要特别注意脚下，不要摔倒、绊倒。由于身体的原因，此时的孕妇很容易疲劳，所以孕妇要保证足够的睡眠，母亲睡觉胎儿也睡觉，胎儿生长所需要的激素通过脑下垂体制造出来，而充足的睡眠能促进其分泌，这对胎儿的成长有很大的影响。

孕妇要控制脂肪和淀粉类食物的摄入，以免胎儿过胖给分娩带来困难，应多吃营养价值较高的蛋白质以及含有矿物质和维生素的食物。为了使分娩顺利，孕妇从本月起还应积极地练习各种分娩辅助动作。

孕妇此期一定要定期到医院接受产前检查，以防妊娠高血压综合征的发生。如果此期出现阴道流血情况，可能是早产，也可能是前置胎盘，一旦出现流血情况应立即到医院接受诊治。

在妊娠后期，由于孕妇不想动，性欲减退，所以最好禁止性生活，在进行性生活时，为避免压迫到孕妇下腹部，最好采取侧卧的姿势，丈夫从背后抱住孕妇的性交方式。性交的强度和时间也要减弱和缩短。

第九章

妊娠九月胎教

妊娠九月母体变化和胎儿发育

妊娠九月母体的变化和感觉是怎么样的

母体变化：妇女怀孕到9个月，是怀孕过程中最烦恼的时候。此时子宫继续在往上长，往大长，子宫底的高度为28～30厘米，已经升到心口窝，因此，会压迫心脏和胃，引起心跳、气喘或感觉胃胀，食欲缺乏，同时越来越沉重的子宫压在膀胱上，尿的次数更加频繁，阴道分泌物也增多。孕妇的腹部还在向前挺进，身体变得更加沉重，所以孕妇行动笨拙，一不留意便可引起腰部外伤，很容易使腰椎间盘突出。

由于胃部受压，一次吃不了太多的东西，一天可吃几次饭，每次少吃一些。

此时，孕妇应准备分娩和住院，并要作好提前分娩准备。

妊娠九月胎儿的发育是怎么样的

胎儿发育：到妊娠9个月时，胎儿身长约45～48厘米，体重达到2200～2500克。胎儿开始变得漂亮了，象征着成熟的特征正一点点地出现，皮下脂肪增多，使得皮肤有了光泽和颜色，并且比以前光滑了，原来长满全身的胎毛逐渐消退，面部皱纹消失，指（趾）甲已达指（趾）尖。内脏已完全形成，肺和胃肠的功能已开始发达，具备了一定的呼吸和消化功能。若是男婴，睾丸已下降到阴囊中；若是女孩，大阴唇隆起，左右两侧贴在一起，生殖器官基本形成。这时胎儿头部大都已朝下，是娩出的准备姿势。胎儿此时动作经常激烈，手和脚能将妈妈的腹部顶起来。若此时早产，虽然个头并不大，但只要精心养护，在暖箱中婴儿可以健康地成长。

妊娠九月饮食营养

妊娠九月时孕妇的饮食要求

在妊娠 9 个月时，孕妇的胃部还会有一种挤压感，所以每餐进食量不可能多，这时要注意适当加餐，以保证摄入充足的维生素和足够的钙、铁和其他营养物质。

在妊娠 9 个月，孕妇要特别注意补充维生素 B_1 和铁、钙。如果孕妇摄入维生素 B_1 不足，易出现呕吐、倦怠以及体乏等状况，还可影响分娩时子宫收缩，使产程延长，分娩困难。另外，胎儿肝脏以每天 5 毫克的速度储存铁，直到存储量可达 300～400 毫克。此时铁摄入不足，可影响胎儿体内铁的存储，产后易患缺铁性贫血。妊娠全过程都需要补充钙，但胎儿体内的钙一半以上是在怀孕期最后 2 个月储存的。如 9 个孕月里钙的摄入量不足，胎儿就要动用母体骨骼中的钙，致使孕妇发生软骨病。

此外在第 9 个孕月里，请继续控制食盐的摄取量，以减轻水肿的不适。由于孕妇的胃部容纳食物的空间不多，所以不要一次性地大量饮水，以免影响进食。

孕妇该怎样选择饮品

水是生命之源，是人体必需的六大类营养素之一。水可从食物和饮料中补充，身体内代谢时也能产生部分“内生水”补充需要。

孕妇选择什么饮品好呢？开水，对孕妇来说，最好的饮品就是开水，尽管各地区水中含的物质不尽相同，但我们可以通过其他途径补充水中所缺的物质，故不会出现营养物质的缺乏。开水经过煮沸消毒，清洁卫生，所以开水可作为孕妇补充水分的主要来源。孕妇不要喝生水，以防腹泻或被传染其他疾病。咖啡及浓茶具有较强兴奋性，应该少饮。矿泉水有许多微量元素，可以饮用。市场供应的许多饮料含糖分高，不宜多饮。夏天，西瓜是较好的饮料，既可补充水及一些矿物质，又可消暑解热，孕妇及产妇都可吃。孕妇及产妇不论喝什么饮料，均不宜冰镇时间过长，太冷的饮料对消化道有刺激，过急大量喝进去可使胃肠血管痉挛、缺血，以致胃痛、腹胀、消化不良等。

孕妇不宜多吃补品

看到孕妇，周围的人都不忘提醒“多吃点补品”，不过，孕妇补得过大会造成营养过多，同时因活动较少，反而会使分娩不易，孕期妇女特别不适合服温补药。

妇女怀孕后身体发生一系列的生理变化，如血流量增加、心脏负担加重、内分泌旺盛、胃肠功能不好等，中医认为，这是“阳气不足，阴气有余”。这时，应适当服用些清热养阴或清润平补的食物，才能协调孕妇机体的阴阳气血平衡。人参是大补之品，孕后久服或用量过大，很容易导致气盛阴耗，阴虚火旺。到了妊娠中、晚期，由于胎儿的压迫等负担，孕妇往往出现高血压、水肿，此时如进大补之品，结果不仅对胎儿和孕妇无益，反而会火上加油，加重孕妇呕吐、水肿、高血压等现象，也可促使阴道出血、流产、死产或胎儿窘迫等。有人作过调查，发现有很多先兆流产的人是因为吃了人参、桂圆所致。现代药理研究发现，黄芪有升提、固涩、利水之作用，妊娠晚期服用，可干扰胎儿正常下降，并引起难产。除此之外，像鹿茸、鹿胎膏、鹿角胶和胡桃肉等属温热、大补之品，孕后也不宜服用。

所以说，妇女孕期加强营养是必要的，但营养应适当，并非多多益善。

妊娠九月营养食谱

肉丁黄豆汤

原料：猪肉 250 克，熟黄豆 200 克，精盐 2 克，味精 1 克，葱、姜末各 10 克，酱油 15 克，熟猪油 50 克，汤 500 克。

做法：将猪肉切成小方丁。

锅置火上，下猪油烧热，放葱姜末炝锅，放入肉丁炒之，待肉丁变白时放入酱油、熟黄豆、精盐，加汤烧开，撇净浮沫，再放点味精即可。

特点：强壮身体，是家庭保健汤品，可预防小儿佝偻病，对孕妇增强体力有效。

木耳粥

原料：黑木耳 30 克，粳米 100 克，大枣 3～5 枚，冰糖少许。

做法：先将木耳浸泡半天，再用粳米、大枣煮粥，待煮沸后，加入木耳、冰糖适量，同煮为粥。

特点：润肺生津，滋阴养胃，补脑强心，适宜于体质衰弱，虚劳咳嗽，以及慢性便血者食用。

红烧鲤鱼

原料：净鲤鱼 750 克，油 100 克，高汤 750 克，酱油、白糖各 15 克，料酒、蒜片各 20 克，盐 3 克，团粉 30 克，姜块、葱段、香菇、笋片各 25 克。

做法：鱼去鳞、腮、内脏后洗净，一面用坡刀划十字花刀，另面横拉数口。

把鱼炸至金黄色后起出，原油锅放入蒜片、葱、姜、高汤、料酒，开锅后放入炸好的鱼，再放入辅料移至微火煨烤，至汤剩一半时将鱼盛入盘内；锅移旺火用水团粉勾芡浇于盘中鱼上即成。

特点：色金黄，味鲜美，汁浓鱼香；分娩前食用，有利于孕妇清除因水钠潴留所致水肿。

椒盐排骨

原料：排骨 500 克，食油 750 克（约耗 50 克），鸡蛋 1 个，湿淀粉 75 克，面粉 30 克，精盐 5 克，白糖 10 克，料酒 15 克，味精 1 克，五香粉 5 克，咖喱粉 2 克，香油 5 克，花椒、盐各少许。

做法：将排骨洗净，斩成约 4 厘米长、2 厘米宽的块，放在盆里，加入精盐、料酒、咖喱粉、五香粉、白糖、味精抓匀，约腌渍 15 分钟；鸡蛋磕入碗内打散，加入湿淀粉、面粉调成蛋糊，再将腌好的排骨块放入蛋糊中挂匀。

将炒锅上火放入食油，烧至五成热时，将挂匀蛋糊的排骨块逐一下入油锅中炸至八成熟时捞出；待锅内油再烧至七成热时，将排骨再投入炸至呈金黄色捞出，随后放入凉熟油中浸一下（使其皮酥）捞出，沥去余油，装入盘中，淋上少许香油，吃时随带椒盐上桌即成。

特点：软嫩适口，含有丰富的优质蛋白质，及易被人体吸收利用的铁、锌等矿物质，并含有丰富的维生素 A、维生素 D、维生素 B_{12} 及尼克酸。

妊娠九月优生与保健

妊高征孕妇的饮食调理

妊高征分为轻度、中度和重度（包括先兆子痫）3 种，无论哪一种，都必须采取必要的治疗控制，除治疗外，孕妇的饮食调理也十分必要。

❶ 限制水分和食盐的摄入。水分在体内的积蓄是引起水肿的重要原因。一般轻度高血压孕妇自己掌握尽量减少水分的摄入，中度或高度高血压患者，对水的摄入要定量控制。一般中度高血压时，每天水摄入量不超过 1200 毫升，重度高血压者，可按头一天尿量加上 500 毫升计算摄入。食盐中的钠

有潴留水分，加重水肿、收缩血管、升高血压的作用。轻度高血压时，可不必过分限制食盐摄入，只要不吃过咸的食物就可以了，每天摄入盐不超过 10 克为宜。中度、重度高血压时，要限制食盐的摄入，每天摄入量分别不超过 7 克或 3 克。另外，小苏打、发酵粉、味精也含钠，要注意限量食用。

❷ 摄入足够的优质蛋白质和必需脂肪酸。妊娠中、后期还是胎儿发育的旺盛时期，需要足够的蛋白质。同时由于蛋白尿的发生，从尿液中损失一部分蛋白质，所以除了并发严重肾炎者外，一般不要限制蛋白质的摄入。必需脂肪酸的缺乏，往往会加重病情，所以宜多吃植物油增加必需脂肪酸。禽类、鱼类蛋白质中含有丰富的蛋氨酸和牛磺酸，这两种成分可调节血压的高低。大豆中的蛋白质能降低胆固醇而保护心脏和血管。多吃禽类、鱼类和大豆类能够改善妊高征孕妇血压症状，同时保证胎儿发育。

❸ 增加钙、锌摄入量。孕妇要做到每日喝牛奶、吃大豆及其制品和海产品，可预防血压升高。

❹ 多吃蔬菜和水果。孕妇每天保证摄入蔬菜和水果 500 克以上，有利于防止高血压的发生。

❺ 热量摄入要控制。特别是妊娠前体重过重的肥胖孕妇，应少食用或不食用糖果、点心、甜饮料、油炸食品以及含脂肪多的食品。

孕妇下肢静脉曲张应注意哪些问题

妇女在怀孕时，在小腿部常常隆起一条条似蚯蚓样的东西，弯弯曲曲，孕妇下肢还会有沉重感、肿胀感及蚁走感，这就是下肢静脉曲张。

造成孕妇下肢静脉曲张的重要原因，是由于孕妇子宫逐渐增大，压迫骨盆的血管，使下肢及外阴部的血液回流受阻，从而引起下肢静脉不畅而发生曲张。

静脉曲张常伴有许多不适，如腿部沉重感、热感、肿胀感、蚁走感或疼痛、痉挛等。这种不适可由于站立、疲劳和天气炎热而加重，在黄昏时也更为严重。有的孕妇由于静脉曲张不适便不愿做任何活动，甚至卧床不起，这也是不对的。为了防止和减轻静脉曲张的不适，可采取以下措施。

❶ 适当休息，不要久坐或负重，要减少站立和走路的时间。

❷ 养成每天步行半小时的习惯，穿合脚的鞋子（不穿高跟鞋和高筒靴），在平坦人少的路上慢慢走半小时。下班回家，如是木地板，可赤足或穿拖鞋，以改善足部血管循环，并使肌肉得到锻炼。

❸ 每天午休或晚间睡眠时两腿应稍微抬高，比如在脚下垫一个枕头或坐垫，使足部抬高 30 厘米多些。

❹ 尽量减少增加腹压的因素，如减少咳嗽、便秘等症。去厕所蹲的时间不宜过长。

❺ 避免使用可能压迫血管的物品，如太紧的袜子和靴子不要穿，也不要用力按摩腿部。

❻ 已有静脉曲张的孕妇，应避免靠近热源，如暖气片、火炉或壁炉，因为热气能加重血管扩张，并应禁止长时间日光浴。

❼ 不要用太热或太冷的水洗澡，以免引起血管膨胀或收缩。洗澡用水的温度要与人体温度相同。

❽ 严重的下肢静脉曲张者需要卧位休息，用弹力绷带缠缚下肢，以预防曲张的静脉结节破裂出血。

一般静脉曲张在分娩后会自然消退。有时静脉曲张发展严重，产后需要考虑外科手术治疗。

缺铁性贫血孕妇忌喝牛奶

妊娠贫血的防治，要在平时的饮食生活中注意多吃含铁、蛋白质和维生素丰富的食物。牛奶虽然营养丰富、蛋白质含量高，但缺铁性贫血孕妇忌喝牛奶。

❶ 牛奶虽然营养丰富，但铁的含量很低，不适合做患者的补铁食品。

❷ 食物中的铁摄入人体内，必须在消化道中转化成亚铁后才能被吸收利用。但这一转化易受牛奶中高磷、高钙的影响。如果患者喝牛奶，铁与牛奶中的钙、磷结合成不溶性的含铁化合物，使体内的铁排出体外，就会使人体内铁质更不足。

由于以上两个原因，患妊娠缺铁性贫血的病人，一定不要多喝牛奶。最好是不喝牛奶。

噪声对胎儿有何危害

高分贝噪声能损害胎儿的听觉器官。加拿大医学家进行的一次流行病学研究证明，那些曾经接受过 85 分贝以上强噪声的胎儿，在出生前已丧失了听觉的敏锐度。加拿大蒙特利尔大学一研究组对 131 名 4～10 岁男女儿童进行检查，结果表明，那些出生前在母体内接受最大噪声量的儿童（他们的母亲怀孕期间曾在声音极嘈杂的工厂里工作）对 400 赫兹声音的感觉是没接受过噪声儿童的 1/3。

医学家研究指出，构成胎儿内耳部分之一的耳蜗从孕妇妊娠第 20 周起开始成长发育，其成熟过程在婴儿出生后 30 多天时仍在继续进行。由于胎儿的内耳耳蜗正处于成长阶段，极易遭受低频率噪声的损害，外环境中的低频率声音可传入子宫，并影响胎儿。也有的研究表明，胎儿内耳受到噪声的刺激，能使脑的部分区域受损，并严重影响大脑的发育，致使胎儿出生后出现智力低下。

据美国一位儿科医生对万余名婴儿作的研究，结果证实，在机场附近地区，婴儿畸形率从 0.8%增到 1.2%，主要属于脊椎畸形、腹部畸形和脑畸形。日本调查表明，在噪声污染区的新生儿体重在 2000 克以下（正常新生儿体重为 2500 克以上），相当于早产儿。

噪声能使孕妇内分泌腺体的功能紊乱，从而使脑垂体分泌的催生激素过剩，引起子宫强烈收缩，导致流产、早产。

噪声对胎儿有如此严重影响，因此，孕妇要警惕身边的噪声，不要受噪声影响，更不要听震耳欲聋的刺激性音乐。

九月胎教方案

情绪胎教

妊娠 9 个月，距离预产期越来越近，孕妇一方面会为宝宝即将出世感到兴奋与激动，另一方面又会为分娩而紧张，特别是一些农村孕妇听了老人的话后更是害怕、恐惧。其实，现在医疗水平十分先进，医疗设备完善，完全可以保证母婴安全，孕妇大可不必为安全担心。在妊娠 9 个月，孕妇怎样以一种平和、欢快的心情度过呢？

孕妇在此期，不可多思多虑，对于你的“高血压怎么办”、“心率过速怎么办”，医生自会处理，对于你“能否顺利分娩”的问题，更用不着去多虑，还没有发生的事，想它又有什么意义呢？况且你并不一定会难产啊。让还没有发生的事，徒然地增添一些精神紧张，这多可笑。孕妇尤其不要听别人说分娩如何如何可怕，生活中自有喜欢夸大其词的人，你干吗去听人家的闲谈呢？

孕妇应该做到的是放下这种不必要的担心心理，想到孕期是一个正常的生理过程，从怀孕时的“合二为一”到分娩时的“一分为二”，就像瓜熟蒂落一样自然，没必要过于紧张不安。作为生命延续的分娩，只是一个自然的生理过程，难免会有些疼痛，疼痛程度应是大多数人都能够承受的，而且疼痛也是胎儿脱离母体降临世界时第一次“按摩”，对胎儿也是有好处的。孕妇在此期间，应是吃好，睡好，养足精神，以平稳的情绪、冷静的头脑度过此期，若是孕妇产前检查的指标都较为正常，就更应该去做自己感兴趣的事，既对自身有利，对胎儿也是有好处的。

对于妻子的紧张心理，丈夫一定要想办法帮妻子消除，因为在妻子紧张的时候，也会造成胎儿心理的紧张，这样致使母子无法很好地相互配合，造成分娩的障碍。妻子的后期生活，全靠丈夫照料，妻子的挑剔和耍脾气，丈夫要尽量耐住性子。妻子找碴，很可能是心情不畅的发泄，在这个时候，可不能和妻子针锋相对。一定要照顾好妻子的饮食和睡眠，千万不可马虎应付。

音乐胎教

中国人自古便对胎教极为重视。近年来，随着科学技术的日新月异，透过超音波扫描及胎心音监测等精密仪器，使得从前对子宫内的胎儿原本一无所知的问题，均逐渐得到解答。研究人员经过种种实验后发现，胎儿可以听见母体以外的各种声音，在噪声的刺激下，胎儿会心跳加速、胎动增强；相反的在轻柔的音乐声中，胎儿会由烦躁转为安静，心跳及胎动也会逐渐恢复正常。

根据欧美及中国大陆的学者研究指出，古典音乐能提供给胎儿良性的听觉刺激，对胎教有相当的益处。甚至有学者指出，古典音乐特别是巴洛克时期的音乐，会促进大脑形成 α 波，使精神较易安定。

所以准父母可多选择这类音乐来听。另外，由于胎儿此时已有了意识，所以音乐胎教在选取乐曲时要选择那些注重抒发作曲家内心的情感、充满深切的情感关怀、旋律流畅、意境深远的作品，如贝多芬的《致爱丽丝》、德沃扎克的《新世界》、海顿的《小夜曲》等。

在妊娠 9 个月，准妈妈很快就要分娩，心理上难免有些紧张，况且这时胎儿发育逐渐成熟，体重已达 3～4 千克，会使准妈妈感到笨重。这时应选择既柔和而又充满希望的乐曲，如《梦幻曲》、《让世界充满爱》、《我将来到人间》，以及奥地利作曲家海顿的乐曲《水上音乐》等。特别是《梦幻曲》，它是舒曼的钢琴套曲《童年情景》共 13 首曲子当中最脍炙人口的一支乐曲。柔美如歌的旋律，各声部完美的交融以及充满表现力的和声语言，刻画了一个童年的梦幻世界，表现了儿童天真、纯洁的幻想。准妈妈随着柔美平缓的主旋律，正如进入沉思的梦境，在梦幻中出现美丽的世界，在那梦幻中升腾，就像是进入一层比一层更美丽、更奇异的梦境中，仿佛看见了一个圣洁的小天使——你期盼了好久好久的可爱小宝宝向您走来。随着《梦幻曲》旋律的变化，准妈妈就能在梦幻中从一幅图景又转入另一幅图景。然后在曲调渐渐停止下来的时候，腹内的胎儿也在这无限深情和充满诗意的曲子中安恬地酣睡了。

对话胎教

有关专家研究，胎儿对母亲的声音最熟悉，听得最清楚，也喜欢听，因为母子一体相连，母亲的声波容易传给胎儿。父亲靠近母亲的腹部讲话，胎儿也能听到，但效果没有母亲讲话好。因此，进行语言胎教，和胎儿对话的责任主要落在母亲的身上。

母亲必须充满感情地对胎儿讲话或讲故事，发出的声音要欢快、明朗、柔和，最好带着笑声，这样容易感染胎儿。母亲在向胎儿叙述事物时应选择自己熟悉的、能理解的，而且要声情并茂、绘声绘色地讲，就像托儿所老师对2岁左右的幼儿讲话一样。要注意追求形象性和形象美。

首先，语言讲解要视觉化。不能对胎儿只念画册上的文字解释，而要把每一页的画面进行描绘，仔细地讲给胎儿听。例如，画册上画着金鱼，你就可以对胎儿说："这叫金鱼，多有趣啊。你看，它有红红的头，红红的尾，身上的鱼鳞闪耀着金色的光芒。它在水中游起来慢悠悠的，圆圆的眼睛瞪着你，好像在对你说，'你看，我这个金鱼公主是多么美丽呀！'……"这样，就把画的内容视觉化了。胎儿虽然不能看到画册上画的形象或外界事物的形象，但母亲用眼看到的东西，胎儿可以用脑感受到。母亲看东西时受到视觉刺激，这种视觉刺激通过生动的语言描述就被视觉化了，这种视觉化的语言让胎儿对外界事物会有一种感性认识。

其次，要将形象与声音同时传达给胎儿。先在头脑中把所讲的内容形象化，像看到的影视画面一样，然后用动听的声音将头脑中的画面讲给胎儿听，这就是“画的语言”。例如，讲《小猫钓鱼》的故事时，要声情并茂地描绘小猫兴冲冲地去钓鱼和后来在河边三心二意的样子，有声有色地讲述河边美丽的花草和翩翩飞舞的蝴蝶，栩栩如生地表现小猫又想抓蝴蝶又想钓鱼的不专心的心情，惟妙惟肖地表露小猫最后一条小鱼也没有钓到的懊丧感觉。这样，胎儿就会和你一起进入小猫活动的世界。小猫遇到的种种事物及其个性特点，就通过形象和声音输入到胎儿的头脑里了。

再次，要把形象和情感融合起来，创造出情景交融的意境。例如，你到公园里去散步，一边走一边看，感到轻松愉快，有一种安详、宁静的情绪荡漾在心头。这时，你就要把这种感觉通过形象化的语言讲给胎儿听：儿童乐园里的小朋友们玩得多么高兴呀，他们在笑，他们在跳，他们胸前的红领巾迎风飘。小宝宝，你看见了吗？你听到了吗？等你长大了，你也会与他们一样，妈妈带你到这里来和他们一起笑，一起跳，胸前也有红领巾飘呀飘。

在和胎儿对话时，只有将形象、声音、情感三者统一在一起，形象才活了、生动了、美了，母亲才能感到对话的有趣和快乐，这样胎儿的听觉才会感受到美好的信息，心灵才会留下美好的痕迹。

抚摩胎教

妊娠 9 个月时，胎儿体表的绝大部分细胞已具有接受信息的能力了，并且能够通过触觉神经来感受体外的刺激，而且反应越来越灵敏，故准妈妈或准爸爸在准妈妈腹壁轻抚胎儿，可给予胎儿触觉上的刺激，促进胎儿感觉神经和大脑的发育。

抚摩可由妈妈进行，也可由爸爸进行，也可轮流进行。先用手在腹部轻轻抚摩片刻，再用手指在胎儿的体部轻压一下，可交替进行。有的胎儿在刚开始进行抚摩或按压时就会作出反应，随着孕周的增加，胎儿的反应会越来越明显，当胎儿习惯按压后，他会主动迎上来。怀孕 28 周以后，轻轻的触摸配合轻轻的指压可区别出胎儿圆而硬的头部、平坦的背部、圆而软的臀部以及不规则且经常移动的四肢。当轻拍胎儿背部时胎儿有时会翻身，手足转动，此时可以用手轻轻抚摩以安抚之。

需要注意的是，给胎儿作抚摩胎教应坚持，即使是在妊娠晚期孕妇特不方便时也要坚持，此时可以让准爸爸为准妈妈抚摩。另外，给胎儿作按摩应该定时，比较理想的时间是在傍晚胎动频繁时，也可以在夜晚 10 时左右，但不可太晚，以免胎儿兴奋起来，手舞足蹈，使母亲久久不能入睡，每次时间也不宜过长，5～10 分钟即可。

情绪胎教

有些孕妇实施胎教，热情很高，心太切，这样反而物极必反，收不到好的效果。如有的孕妇在进行语言胎教时，长时间将耳机放在腹部，造成胎儿烦躁。胎儿生下来以后，就会十分神经质，以致对语言有一种反感和敌视态度。听音乐时，也不能没完没了地听，连孕妇本人都感到疲惫不堪，那胎儿的感觉也绝对不会好，一切都应遵循规律。想把胎儿培育得更出色一些的这种心情可以理解，但一定要把握好度，一旦过度其结果就会适得其反，不仅达不到预定的目的，还会导致不良后果。同样，胎教的每项内容都会使胎儿受益，但如果不能适度地对胎儿实施，恐怕胎儿不但不能获益，还会受害。因此，孕妇对胎儿进行胎教，不能热情过高，心也不能太切。

生育一个健康聪明的孩子，是每一位孕妇的心愿。胎教正是帮助孕妇实现这一心愿的途径。为了正确实施胎教，使胎儿真正受益，孕妇必须认真学习胎教内容，掌握胎教的正确方法。在实施胎教过程中，严格按照胎教的方法去做，不要认为什么方法比规定的多做一些，就会更有效。孕妇生活要有规律，这既是胎教的一项内容，也是对每位孕妇的起码要求。每项胎教内容，需按一定规律去做方能成功。如抚摩胎教，一天两天不足以和胎儿建立起联系，需坚持长久地、有规律地去作，持之以恒地去作，这样才能使胎儿领会到其中的含义，并积极地去响应。母亲和胎儿相互配合，相互协作，乐趣无穷。

妻子对胎儿进行胎教，丈夫应积极配合并直接参与其中，绝不能袖手旁观。当妻子过分热衷于此事，丈夫可以适时制止，在时间上为妻子把握好，并随时提醒妻子胎儿的感觉。如果发现胎儿烦躁，应立即让妻子停止胎教。孩子是在睡眠中长大的，胎儿需要更长时间的睡眠和休息。如果一味刺激胎儿，使胎儿得不到很好的休息，会影响到胎儿的生长发育。

综合胎教

此时胎儿已逐渐成熟，语言、对话、光照、运动等胎教可以全方位地实施，全方位胎教刺激可促使胎儿身心全面地发展。只是在实施这些胎教时要进一步加强，比如对话内容可以更复杂些，可讲故事、谈话、讲画册、教儿歌等；语言胎教可增加外语的播放；运动胎教以帮胎儿做体操等较大的“运动”训练为主；光照胎教则建议孕妇直接到大自然中去迎着太阳走，让太阳柔和自然的光源照射在母亲腹部，给胎儿以自然光的刺激。

此外，这几种胎教还可以在同一时间内综合运用，比如孕妇在散步时，一边让胎儿接受光照胎教，一边推动胎儿在腹内运动，与此同时孕妇再给胎儿描述温暖的阳光、美丽的景色，让胎儿在腹内通过视觉、触觉、听觉等立体感觉“外面的世界”，为他对未来世界的认识开启萌动的意识。

胎教要点

1. 聆听音乐，书写胎教日记。
2. 坚持胎教运动、散步。
3. 坚持身体清洁，每天洗澡，勤换内衣、内裤。
4. 停止性生活。
5. 准备好随时分娩用的物品。
6. 继续练习分娩的辅助动作。
7. 本月每 2 周产前检查 1 次。

细说胎教

斯瑟蒂克式胎教法

实子·斯瑟蒂克和丈夫约瑟夫，很平凡的一对夫妻，他们祖辈中也没有出过伟人，他们受的教育一般，过的是极平常的生活。实子出生于日本，毕业于一家短期大学英语专业，之后仅教过初级英语会话；约瑟夫高中毕业后从事机械工作，其智商在 120 左右。但他们的 4 个孩子智商全在 160 以上，全美最聪明的组织“MENSA”的心理学家阿彼·撒鲁妮女士曾这样评价：“4 个天才儿都诞生于一个家庭，这样的例子是极少的。其概率要用天文数字来表示。”也就是说，用遗传的观点根本不可能解释 4 个孩子都是天才这种情况。大女儿苏姗 5 岁时从幼儿园直升高中，11 岁时成为马斯金格大学医科预科生；二女儿斯蒂茜 7 岁读高中一年级；三女儿斯蒂芬妮 7 岁是中学二年级的学生；4 岁的小女儿吉安娜在家学习小学高年级的课程，而且这 4 个孩子各有爱好和特长。苏娜最拿手的是音乐和舞蹈；斯蒂茜擅长写作和设计；斯蒂芬妮对野生花草的了解细致入微，其理想是当科学家；吉安娜爱好画画。而且她们都活泼可爱，喜欢娱乐。

实子说，如果一定要问她和丈夫约瑟夫在对待胎儿上与其他人有什么不同的话，那就是他们对胎儿所具有的能力给予了极大的关心，并希望这种能力能给孩子的人生带来幸福和希望，而且不惜为此花费时间、精力，付出满腔的爱。他们的关心，他们的希望，他们满腔的爱，都体现在对 4 个女儿的胎教中。

胎教之所以是一种美的教育、美的行为，在于它的实施过程充分体现了无限的爱。实子说：“如果你能下决心进行胎教的话，就每时每刻地把深深的爱倾注在你腹中的胎儿身上吧！”她还说，胎教的基础“就是父母之爱——作为无价之宝的那种崇高的爱的力量”，“请以内心深处满怀着的对胎儿的挚爱深情开始胎教吧”。可见，爱是胎教的动力，是实施胎教和取得胎教成功的根本保证。

爱是胎教的动力，但仅有爱还不足以很好地实施胎教。由于胎儿在母亲腹内，肉眼看不到，处在一种似乎无知无觉的状态（实际上是有知有觉的），生长发育的时间比较长，要对他实施胎教颇不容易，胎教要持之以恒、行之有效更不容易。因此，要实施胎教并取得成功，不仅要有一颗爱心，还要有十足的耐心。

实子说，他们胎教法的根本是“爱和耐心”，着急、焦虑、担心是没有用的，只要按照母子能够适应的速度进行即可。

对胎儿能有爱和耐心，首先需要对胎儿抱有极大的关心和兴趣。当然爱和耐心的形成，需要一个过程。当实子夫妇进行毫无先例的新尝试时，周围的人们都是持批评态度的。有人用奇异的眼光看着他们，有人对他们的做法不以为然。实子夫妇的爱显然是毫不动摇的，他们的耐心也显然是坚韧不拔的。他们丝毫不受外界的影响，一如既往地实施他们的胎教行动，最终孕育出 4 个天才儿。

更为可贵的是，实子夫妇不是想创造奇迹才想方设法激发胎儿内部的潜力，他们的爱和耐心完全是非功利性的。实子请人们千万不要误解，他们胎教的目的并不是为了生天才儿才进行的。他们的愿望是想使孩子今后的人生过得更加幸福而有意义。为此，他们才在孩子未出世时，培养她对各种事情的兴趣，并培养她们理解这些事情的能力。只是结果和天才这个称号联系在一起了。为此，实子反复强调一点：胎教时决不能忘记对孩子的爱和忽视祝愿他幸福的愿望。如果胎教的目的是为了生天才儿，这样可能会使腹中的胎儿有一种强迫感，并因此不愿倾听父母对他讲的一切。可见，带有功利性的胎教是十分危险的，实子真诚地希望：“做母亲或是做父亲的千万不要失去你的真心。”

胎教其实并不麻烦，具有丰富胎教经验的实子甚至认为胎教简便易行。胎教的实施，既不需要什么特别专业知识，也不需要任何专门器械，在任何家庭中都可以进行。

实子说，实施胎教时要坚信这一点：胎儿能够倾听父母的声音。为此，实子和她的丈夫常对胎儿讲话，并不断地告诉胎儿：我们是多么爱你。在与 4 个孩子的交流中，他们总结出了一套有效的方法，这就是“斯瑟蒂克式胎教法”。

斯瑟蒂克式胎教法的美育原则，可以从以下 4 个方面把握：

❶ 情感美的交流。实子认为，妊娠期中母亲和胎儿的情感交流十分重要。对母亲美的情感要坚信胎儿能够接受，胎儿也需要美的情感，情感美的交流是胎教得以实施的精髓。实子的丈夫约瑟夫有一段话说得很好：最理解母亲心情的是腹中的胎儿。所以，如果你把注意力集中在胎儿身上，那么，你说的话、想教她的东西就一定会被她接受。但决不能对她持有毫不负责或是抱怨的态度。另外，焦虑和情绪不安也是不好的。为此，你要经常以一种安详、和蔼和稳定的情绪，保护这个小生命直到她来到这个世界。只有这样，胎儿才能安心地倾听你的话，学到更多的东西。

实子就是这样要求自己的。当她心情焦躁、感到不愉快或是生气的时候，即使到了规定的时间，也不硬性坚持对苏珊讲话。因为在她觉得自己心情不稳定的时候，苏珊也不会有要学习的欲望。每当这种时候，她会采取到院子里采花、放喜欢听的唱片或是给知心朋友打电话的办法来冲淡心中的不快，使自己的心情恢复平静。

❷ 艺术美的熏陶。实子的具体要求是用柔和的声音给胎儿唱快乐的歌曲。不管在做什么，只要有时间就哼唱，让胎儿不断地听到母亲那旋律优美的动人歌声。要让生活中充满优美的音乐，因为音乐能培养人丰富的感受性，音乐会使母亲和胎儿的心里充满和平和幸福。当然母亲自己演奏乐器也不失为一个好方法。除此以外，还要给胎儿讲画册、讲故事。画册应有让人感到希望和幸福的内容，有适合胎儿成长的主题。进行胎教时，一定要注意把感情倾注于故事的情节中去，通过语气声调的变化使胎儿了解故事是怎样展开的，另外不要忘记把从教材中感觉到的那些赏心悦目的色彩和独特的构思也告诉胎儿。甚至可以自己剪贴杂志上的照片、插图，拼成风景和人物图，母亲在制作过程中显示的独创性和在讲述过程中表现出的想象力，对胎儿起很大的作用，能培养孩子的独创性、想象力以及进取精神，促使胎儿心灵健康成长。

❸ 形象美的体现。实子的胎教美育思想，还表现在她对形象美的高度重

视上。儿童教育讲究教育内容的形象性、形象美，因为儿童不可能像成人那样具有思维的抽象性和逻辑性，他们的思维带有很大的直观性和形象性。对胎儿来说，更应如此。实子在胎教过程中是怎样体现形象性和形象美的呢？

首先，语言讲解要视觉化。实子说，不能对胎儿简单地念画册上的文字，而要把每一幅画形象化地讲给胎儿听，语言要尽可能的详细。比如书上画着玫瑰花，你可以跟胎儿说："这种花叫玫瑰，颜色有红色的、粉红色的、白色的和黄色的。它带有一种甜甜的香味，可以用它来沏茶，也可以做香水的原料。你爸爸送给我的玫瑰花是红色的，是一束很美的花。但是有刺，用手握住它会刺痛手的，所以必须小心。"

其次，将形象与声音同时传达给胎儿。对胎儿讲话时不能单凭声音，而是在头脑中先把所讲的内容形象化或是抓住某种感觉再讲，把语言用一种画面或立体形象传达给胎儿，这种语言称为"形象的语言"。实子举例说，给胎儿讲"梅丽去山里野营"这个情节时，头脑里就先浮现出一个红头发、褐色眼睛、目光炯炯的小女孩形象。再想象山里林木茂盛，树上有松鼠、小鸟的巢穴等。同时设想梅丽在山上搭帐篷时的激动而快乐的心情，体会梅丽吃酸甜可口的果实，把脚伸到河水里冷得刺骨的感觉。这样才算是和胎儿一起漫游了这个世界，这些事物才可能同时通过形象和声音输入胎儿的"记忆银行"。

❹ 环境美的创造。人类的生活离不开环境美，胎教当然也不例外。

胎教所需要的环境美，主要通过孕妇和丈夫的双手共同创造。其中丈夫应该比妻子更勤快一些，应更理解创造一个使母子都感到幸福的环境的重要性，而且更懂得如何美化妻子生活的环境，所以创造环境美的责任应更多地落在丈夫身上。

斯瑟蒂克式胎教法既科学而又合乎人情，很容易实施，也很容易取得效果。其实施还具有以下 3 个显著的特点：

❶ 夫妇密切配合。胎教实施需要夫妇密切配合，需要夫妇对胎教有一致的认识、共同的兴趣和坚持不懈的毅力。

❷ 注重智力开发。实子夫妇的胎教，可以说是纯人性化的。他们将胎儿作为一个人对待，对胎儿进行各种知识的讲解，其中包括英文字母、数数方法、加法、减法，一直到自然界的万物及社会常识。

❸ 强调子宫对话。胎教方法很多，实子夫妇也采用了听音乐、讲故

事、学习知识、涵养性情等方法，但这些方法在具体操作过程中，他们用的则主要是子宫对话这一方式。听音乐时要对话、讲故事、学习知识、涵养性情。因此，实子夫妇十分强调子宫对话的重要性。

从学术角度来看，斯瑟蒂克式胎教法不仅有丰富的优生学内容，在教育学、生理心理学、社会学等方面都有深刻的思想、精辟的见解，特别在美学和美育方面，能给人以一定的启示。但它并不深奥，相信胎教者不管懂不懂美学和美育，只要他实施胎教，就自然会运用到美学和美育的观点、方法。斯瑟蒂克式胎教法有助于胎教的美育原理和方法的研究，也有助于现代胎教学的丰富和发展。

专家提示

这时的孕妇行动很不方便，稍微动一下就会感觉心跳加快，要注意多休息，但为了顺利分娩，还要进行适当的活动，例如做一些简单的家务活。在日常生活中，长时间淋浴、长时间做某种动作都是要加以注意的。由于各种分泌物增多，外阴部容易污染，因此每天要清洗，内裤要勤换，注意经常保持清洁。

产前检查要坚持每 2 周 1 次。除此之外，有腿肿、头痛、恶心等症状时，要尽早接受医生的检查。在这个月，妊娠高血压综合征的危险增加，应注意控制体重的剧烈增加，特别要注意胎盘前置性出血和破水。如果有突然大出血、羊水流出，应马上入院。

此期进食不要一次吃太多，以少量多餐为佳，并摄取易消化且营养成分高的食物。避免高糖、高脂肪食物。吃太多高糖、高脂肪食物如汽水、糖、薯片，令孕妇过胖，从而出现妊娠性糖尿病、妊娠性高血压的情况，除增加日后患糖尿病和高血压的机会之外，分娩时也会有困难。

这个时期还要为分娩和入院作好物质和精神上的各种准备。

第十章

妊娠十月胎教

妊娠十月母体变化和胎儿发育

妊娠十月母体的变化和感觉是怎么样的

孕妇刚进入第10个月时，子宫继续往前挺，为了保持身体的重心，孕妇不得不上半身向后仰。因为，此时孕妇子宫底的高度达到30～35厘米。孕妇因而会感到腰痛、脊背痛，有时甚至肋间也痛，沉重的身体加重了腿部的负担，腿出现抽筋和疼痛。

孕妇到妊娠10个月的后半月，由于胎儿顺着孕妇的骨盆开始往下降，因此，孕妇的心脏和胃逐渐被“解放”，呼吸顺畅多了，食欲也倍增。但是，由于下降的子宫开始压迫膀胱和直肠，孕妇因此尿意不断，而且还经常便秘。

经过10个月怀胎，现在将近一朝分娩的时刻，孕妇会更加精神紧张不安，对分娩，内心感到有些惶恐和不知所措。这种心情应尽快减少，要以期盼和愉快的心情迎接宝宝的诞生。

妊娠十月胎儿的发育是怎么样的

胎儿进入第10个月，体重增加迅速，每天大约长30克。到10月末胎儿已经长到48～50厘米，体重增加到3000～3200克。

胎儿皮肤呈粉红色，皮下脂肪发育良好，已无皱褶，外观体形丰满，圆圆胖胖的。头发密生，约有3～4厘米长，手和脚的肌肉也很发达。

胎儿的心脏、肝脏、肺脏、肾脏等已经发育成熟。除肩、背外，其余地方的毳毛已脱落。指（趾）甲已超过指（趾）尖。男性胎儿睾丸已全部降入阴囊，女性胎儿大小阴唇发育良好。

此时胎儿头部已进入妈妈的骨盆中，身体的位置稍稍下移，准备出世。若此时分娩，胎儿已经具备在体外生存的能力，而且哭声响亮，四肢活动有力，但吸吮力弱，有尿和胎便排泄出来。

妊娠十月饮食营养

妊娠十月孕妇的饮食要求

孕妇在进入孕十月后往往因心情紧张而忽略饮食，此时丈夫要帮助孕妻调节心绪，做一些妻子爱吃的食物，让妻子减轻心理压力，正常地摄取营养。

在这个月应该限制脂肪和碳水化合物等热量的摄入，以免胎儿过大，影响顺利分娩。为了储备分娩时消耗的能量，你应该多吃富含蛋白质、糖类等能量较高的食品。在这个月里，由于胎儿的生长发育已经基本成熟，如果你还在服用钙剂和鱼肝油的话，应该停止服用，以免加重代谢负担。

顺利分娩宜补锌

近年，国外有人研究表明，产妇分娩方式与其妊娠期间血液中锌含量的高低有极为密切的关系。他们测定一批孕妇血锌浓度，然后按其后来的分娩方式分组对比研究，结果发现，自然分娩的产妇，妊娠期间血锌浓度最高，需要产钳帮助分娩的产妇次之，行吸引产分娩的产妇又比产钳助产者低，而需要剖宫产的产妇，妊娠期间血锌浓度最低。

锌是人体必需的一种微量元素，对人的许多正常生理功能的完成，起着极为重要的作用。锌对分娩的影响，据专家研究，主要是锌可增强子宫有关酶的活性，促进子宫肌收缩，把胎儿驱出子宫腔。当缺锌时，子宫肌收缩力弱，无法自行驱出胎儿，因而需要借助产钳、吸引等外力，才能娩出胎儿，严重缺锌则需剖宫产。因此，孕妇缺锌，会增加分娩的痛苦。此外，子宫肌收缩力弱，还有导致产后出血过多及并发其他妇科疾病的可能，这又影响产妇健康。

在正常情况下，孕妇对锌的需要量比一般人多，这是因为孕妇除自身需要锌外，还得供给发育中的胎儿需要。因此，妊娠的妇女，如不注意补充，就极易缺乏。所以，孕妇要多进食一些含锌丰富的食物，如面粉类食品、牛肉、羊肉、蛋黄、芝麻、花生、豆类以及橘子、苹果等水果，以利于分娩及母子健康。

孕妇不宜常吃火锅

孕妇不宜常吃火锅，因为火锅原料大多为羊肉、牛肉、猪肉甚至狗肉，这些肉片中都可能含有弓形虫的幼虫。这些弓形虫幼虫，虫体极小，寄生在细胞中。人们吃火锅时，习惯把鲜嫩的肉片放到煮开的火锅中一烫即食，这种短暂的加热一般不能杀死幼虫，进食后幼虫在肠道中穿过肠壁随血液扩散至全身。孕妇受感染时多无明显不适，但幼虫可通过胎盘感染到胎儿，造成3个月后流产，或6个月后致胎儿畸形或死胎。孕妇感染了弓形虫，胎儿出生后主要畸形为脑积水、小头畸形、精神障碍等。所以孕妇不宜常吃火锅。

临产产妇的饮食安排

在一般情况下，初产妇仅第一产程就需12～16小时之多。而产妇摄入的营养，既要满足自身呼吸、心跳、排泄等基础生命活动的消耗，又要为胎儿生存提供必需的养分，还要为子宫收缩所需提供大量的能量。所以产妇在分娩过程中必须进食富含高能量、易消化的食物以满足分娩中营养的需求。

传统习惯中，中国的家庭多吃鸡蛋，认为既可免去多尿，还能充饥。但大多数医务工作者认为吃熟鸡蛋并不合适，其养分被人体吸收得很慢，再说水分过少也不利于孕妇分娩。很多专家向大多数产妇推荐的分娩食品为巧克力。巧克力含有丰富的营养素，每100克巧克力中含碳水化合物55～56克、脂肪30～38克、蛋白质15克，还含有铁、钙以及维生素B_2等，同时，巧克力中的碳水化合物可迅速被身体吸收利用。此外，还可以准备一些易消化吸收、无渣、可口味鲜的食物，如面条鸡蛋汤、面条排骨汤等，让产妇吃饱吃好，为分娩准备足够的能量，促进分娩的尽快完成。

下面举两例催生食品：

紫苋菜粥：将紫苋菜250克洗净切丝；粳米100克洗净，加水煮粥，粥将成时加入适量猪油、精盐、味精、紫苋菜，粥熟即可食用。产妇临盆时食用，能利窍滑胎，易产。

空心菜粥：将空心菜150克洗净切碎；粳米100克洗净，加水煮粥，粥半熟时放入空心菜、精盐、猪油、味精各适量煮至粥成。产妇临盆食之能助滑胎易产。

妊娠十月营养食谱

珍珠丸子

原料：猪肉馅 150 克，江米 100 克，葱花、姜末、味精、淀粉、蛋清、食盐、酱油各适量。

做法：将江米洗净，肉馅内放进葱花、姜末、味精、淀粉、蛋清、食盐、酱油并拌匀，盛入大饭勺或碗内，经反复摔制，使肉馅成圆形大肉丸，再外粘江米粒，上笼蒸半小时左右即成。

特点：营养丰富，味道鲜美。

红根拌银芽

原料：胡萝卜 150 克，绿豆芽 200 克，香油（麻油）、精盐、味精、葱花各适量。

做法：胡萝卜洗净切细丝，和绿豆芽分别放开水稍煮捞出，凉凉装盘。

将香油、精盐、味精、葱花掺兑一起，浇在胡萝卜丝和绿豆芽上，拌匀即成。

特点：本菜色泽清新，脆嫩爽口。

糖醋三丝

原料：鸭梨 2 个，山楂糕 50 克，嫩黄瓜 1 条，精盐 1/2 茶匙，白糖 2

汤匙，醋 2 汤匙，香油 1 汤匙，味精少许。

做法：将嫩黄瓜洗净控干，切成细丝，放盘内，放点盐腌一下。

鸭梨洗净切去皮和核，切成细丝，放凉开水中过一下，捞出沥干水分，放入黄瓜丝盘内，加入精盐、白糖、醋和味精，拌匀。

将山楂糕切成丝，放入黄瓜丝盘内，淋上香油，拌匀即可食用。

特点：此菜鲜艳美观，甜酸适口。

乌梅粥

原料：乌梅 15～20 克，粳米 100 克，冰糖适量。

做法：先净乌梅煎取浓汁去渣，入粳米煮粥，粥熟后加冰糖少许，稍煮即可。

特点：生津止渴、敛肺止咳，适用于虚热烦渴，夏季口干渴，慢性久咳、久泻、久痢以及孕妇产前心烦急躁时食用。

妊娠十月优生与保健

正常分娩的决定因素有哪些

所谓分娩，就是人们常说的生孩子，是一种自然的生理过程，具体地说是指胎儿发育成熟或接近成熟时，胎儿及其附属物（羊水、胎膜、胎盘等）排出母体的过程。

能否正常分娩，即产妇腹中的胎儿顺利出世，这里有 3 个决定因素，即产道、产力和胎儿，若三者均为正常，并可相互协调，胎儿即可顺利娩出，否则会出现难产。

产道

指胎儿分娩的必经之路，由骨产道和软产道组成，其中骨产道就是骨盆，软产道则由子宫下段、子宫颈、阴道及骨盆下软组织构成。在妊娠晚期时，由于体内激素变化，产道的各组成部分会产生相应的伸展扩张，为胎儿顺利通过作好准备。

产力

指挤出胎儿的力量，因为并不是胎儿自己钻出产道的，而是需要一种力量把他挤出来。产力包括子宫收缩力、腹肌膈肌收缩力和肛提肌收缩力。

❶ 子宫收缩力。即宫缩，指子宫底部平滑肌的收缩，是阵发性的，收缩与间隙反复交替，不随产妇的意志控制，它在分娩中的作用至关重要，只有通过有效的宫缩，才能使胎儿不断地沿产道下降来完成分娩。

❷ 腹肌膈肌收缩力。此为重要的辅助收缩力，但是它们是在宫颈完全扩张后，也就是俗话说“骨缝开全”时才起作用。

❸ 肛提肌收缩力。此指辅助腹肌膈肌收缩之力，可增加腹腔压力，压迫胎儿向产道出口方向下降，以顺利完成分娩。

胎儿

胎儿在分娩中的作用，亦很重要，原因是产道是一个圆桶形管道，其内容积对胎儿通过并不宽裕。胎儿的胎位、胎儿的姿势皆可影响正常分娩，在正常情况下的枕前位，即胎头缩屈，胎儿面部向着妈妈的后面，枕骨向着前方时可以顺利娩出，而其他胎先露和方位可能会造成不同程度的难产。

当然影响分娩的因素还不只这些，要做到胎儿安全降落在人间，必须加强产时的保健。

临产前宜做好哪 4 件事

分娩是一个比较复杂的过程，临床证明，如果产妇在分娩的过程中能密切配合助产人员，其产程将会缩短，分娩也较顺利，对母子的健康都有好处。

精神不要紧张

分娩是一个正常的生理现象，若已作好产前检查，又未发现什么毛病，每个产妇都能平安生下孩子。即使有一些不平常，也不要害怕，要相信助产人员能够根据不同的情况，而采取相应的治疗措施，母婴的健康是有一定保障的。另外，不必过多考虑生男生女的问题，更不要有怕生女的思想，否则，将因此而影响大脑对子宫收缩功能的调节，导致子宫收缩无力，产程延长，甚至发生难产和产后子宫收缩不全，流血不止。

不要憋着大小便

在分娩过程中，产妇要保持每两三个小时排尿 1 次，另外，临产前也应把大便排尽，以利于胎儿下降，还可避免因腹压增加，产妇不由自主地将大便溢出而污染外阴，容易引起产道细菌感染。如大小便不易排出的话，可通过灌肠和导尿，促使大小便排出。

要保持正常的饮食

分娩过程的时间较长，要消耗大量的能量和水分，而产妇在宫缩时需要充足的体力。不吃不喝，能量及体力得不到补充，必将影响体力的发挥。所以，产妇在临产前要适量进食一些食物。食物宜营养丰富又易于消化吸收，像米粉或面条煮鸡蛋、鸡蛋羹等。如果产程比较长，中间还应当加餐几次。

学会一些有助分娩的无痛手法

产妇要学会呼吸，当子宫阵缩开始时，就自然缓慢地深吸气；阵缩过后，把气慢慢呼出来。当子宫开全后，阵缩强烈，产妇可用力握住床边的把手，并向下屏气。若阵缩强烈，疼痛难忍，吸气时，可用双手从下腹部两侧按摩到腹部中央；呼气时，又从腹中央按摩到腹部两侧，反复多次。也可用手压迫腹部最不舒服的部位，都有减轻疼痛的效果。

临产前有哪些迹象

尽管随着医疗条件的改善，有不少产妇享受到了住院待产的种种便利，但她们毕竟是少数的幸运者。绝大多数产妇还得在有了临产的迹象之后，才能匆匆忙忙地赶去医院。然而由于产妇及其家属对临产时会出现的各种迹象缺乏足够的认识，因而不能作好入院前的自我监护，结果是急产（包括临时入院、医生来不及接生者）情况时有发生。那么临产时究竟产妇会有哪些表现呢？

子宫底下降

怀孕足月前后，位于上腹部的子宫底会从心窝（剑突）部下降至心窝与肚脐之间。这时，孕妇自觉上腹部胀满大为减轻，呼吸也较以前轻松，但盆腔内的坠胀感加重起来，行走不便，并出现大便秘结、尿频及尿急等症状。这是由于胎头下降入骨盆，压迫直肠和膀胱所致。

见　红

临产前 24 小时内，阴道会流出少量血性黏液，俗称见红。此系子宫颈口扩张，使接近宫颈内口的胎膜（包裹胎儿及羊水的一层薄膜）与宫壁下段分离出血，混同宫颈管内的黏液栓脱落的结果。表明分娩即将开始。

规律性腹痛

怀孕的子宫呈间歇性的收缩和松弛，且有规律地进行，产妇会感到一阵阵腹痛。如果本人或者家属将手掌平放在隆起最高的腹壁上，会明显地触到子宫收缩和松弛交替进行，即一硬一软交替出现。医生正是通过这种检查，算出每次收缩及放松（间歇）的时间。随着临产的到来，腹部胀痛的持续时间会越来越长（20～90 秒），子宫变硬如板状，间歇时间越来越短（15～20 分钟）。这种规律性腹痛的出现，表示正式分娩已经开始。

阴道流液

多发生于见红或规律性腹痛之后。阴道流出的这种液体，在医学上称为“羊水”，量不多，无色无味。有些产妇，尤其头胎产妇分辨不清，常常误认为是尿液。如果同时伴有不由自主地向下屏气及排便感，即意味着胎儿将于 2 小时内降生。

行将临盆的女性，离预产期 1～2 周时，就应对胎儿降生的四部曲开始留意，届时切勿迟疑，排除一切牵挂，及时到邻近医院就诊或请接生员到家检查，避免发生急产，以确保母婴平安。

怎样应对过期妊娠

在医学上认为，孕妇从末次月经第 1 天开始计算，40 孕周（即 280 天）为足月妊娠，超过 42 周（294 天），就称为过期妊娠。过期妊娠的发生率占妊娠的 3.5%～17%。过期妊娠胎儿、新生儿的患病率及病死率为足月妊娠的 3 倍。这是由于在过期妊娠时胎儿所赖以生存的环境发生了恶劣的改变。胎儿是生活在羊水中的，羊水能缓和腹部外来压力，使外力不至于直接伤及胎儿；羊水能保持子宫温度，使宫内环境不至于剧烈变化；羊水能使胎儿得到一定的活动度，不致受到阻碍而成畸形；此外，羊水还有轻度溶菌作用。

在妊娠期，羊水量进行性增加，足月妊娠时羊水平均为 1000 毫升。过预

产期以后，每周羊水量开始明显减少，可达 33%。羊水减少，使得胎动减少，胎盘功能不全，也就是说胎盘出现钙化、坏死、梗死，因而导致胎盘功能低下，影响了胎儿氧和营养物质的交换，使胎儿缺氧，发生胎心改变、羊水粪染，胎儿及其附属物胎盘、脐带全被染成黄绿色，即发生“胎儿宫内窘迫”，会出现死胎、死产。

另外，过期妊娠由于营养供给不足，还会出现胎脂和皮下脂肪减少，皮肤干燥、松弛，有较多的角化细胞和皱褶，有全身表皮发生脱落现象，指（趾）甲长，头发增多，形似“小老人”。也有的胎儿体重继续增加，出生体重可至 4000 克以上，身长增加 2～3 厘米或更多，颅骨钙化变硬，胎儿肩部宽大，以至于阴道分娩时容易发生颅内出血、肩难产，母子产伤率大为增加，甚至不得不剖宫产。

综上所述，过期妊娠对产妇不利，对胎儿有害。因此，过期妊娠应按 41 孕周或 287 天计算为妥。因为在 41 孕周分娩时，胎儿、新生儿的危险度明显下降。因此，怀孕到 41 孕周时，必须请医生帮助促使分娩。

十月胎教方案

音乐胎教

妊娠 10 个月时，胎儿的听觉功能发育已基本完成，此时，准妈妈宜给胎儿倾听各种各样的声音，以促进听觉更一步完善。母亲可根据不同的情况选取不同的声音，做家务时可听轻快的米努哀小步舞曲；整理一天的工作和写日记时听小夜曲类的音乐才够格；忧郁时，与其立即听高兴的音乐，不如开始先听一会儿单调的悲伤的音乐，然后再听高兴的音乐；稍微有点不安时，听旋律一定的弦乐器演奏的音乐能使感情镇定；不要只听古典音乐，也可听自己喜欢的流行歌曲或歌谣、爵士乐等来转变心情。

这里需要说明的是一般人在欣赏音乐时，往往只满足于感官欣赏，也就是说，仅仅满足于悦耳动听、轻松愉快，其实这是很不够的。音乐是一门艺术，作为艺术欣赏，还需要加入丰富的感情色彩。在听觉器官接收音乐的同时，根据不同乐曲在人们心理上、感情上产生的不同反应，引起各种不同的联想，诗情画意联翩而至，在头脑中凝成生动的具体形象。例如，蓝天、白云和草地上奔跑的小鹿；高山、峻岭、山谷中静静流淌的小溪；夜幕下，月亮时隐时现；摇篮旁幸福慈爱的母亲等，这就是我们所说的“感情色彩”。显然，与单纯的感官欣赏相比，效果更好，更有利于强化胎教的作用。

语言胎教

宋代名医陈自明在《妇人大全良方》中说：“子在腹中，随母听闻。”经现代医学证实，胎儿的确具有一定的听觉和记忆能力。胎儿在母腹中能经常听到的是母亲的讲话声。胎儿对母亲的声音感到亲切，最喜欢听，也容易在他头脑中留下记忆的痕迹。因此，不管母亲是否意识到，实际上她已经时时在对胎儿进行语言胎教了。自然，如果母亲缺乏文化修养，语言粗鲁，信口开河，不注意语言美，那么这种无意语言胎教就对胎儿不利了。反之，母亲有比较高的文化修养，语言生动、幽默，注意语言美，那么即使是无意语言胎教对胎儿也很有好处。

母亲用优美的语言和胎儿对话可产生很好的效果，准爸爸在进行语言胎教时也会有审美效果吗？会产生有利胎儿学习语言、促进胎儿良性发育的效果吗？斯瑟蒂克式胎教的成功无疑肯定了这一说法，拥有4个天才女儿的老爸约瑟夫总是这样对妻子说：“婴儿在出生前就已开始学习，到第5个月耳朵就能听得见声响，并逐渐能听懂我们的话了。胎儿在你腹中无事可做，一定无聊极了。快！大点声音用温和的语调给她念书吧，对她讲动物、花草，让她了解外边的世界是多么美好。”看，约瑟夫不仅热心于胎教，而且他在语言胎教时充满感情，充满爱心和信心，具有父亲语言胎教特有的审美效果。

事实上，父爱和母爱虽然有所差别，但父亲和母亲对于孩子的爱是一样真挚、一样浓郁的，都是孩子急需的。因此，父亲语言胎教产生审美效果是完全可以达到的。当然，由于男性行为和女性行为有所差异，男女语言胎教时产生的情调不可能一样，比如说父亲语言胎教的情调会带上一种男子的阳刚之气，而母亲语言胎教的情调则带上更多的女子的阴柔之气。不要担心这种差异，实际上这种差异对胎儿更好。因为孩子的教育，包括胎教，既要有阳刚之美，又要有阴柔之美。

光照胎教

这个月还应该对胎儿进行视觉胎教，因为孕妇这个时期的腹壁、子宫壁已变得较薄，光线易于透过，用不刺眼的柔和光线可以增加胎儿对于明暗的感觉，以此提高胎儿对光的敏感度，初步促进生物钟的建立，对大脑的发育和成熟有利。具体的做法是：每晚在听音乐之前和之后，用一号电池的手电筒玻璃光罩直贴在腹壁上，约在子宫底以下三横指处对胎儿进行照射，每次照射 2～3 分钟。

情绪胎教

随着妊娠天数的一天天增加，尤其到了妊娠 10 个月，孕妇身体越来越沉重，开始盼望孩子早日降生。孕妇的这种心理越接近分娩越是强烈，临到预产期，有的孕妇会变得急不可待。是的，熬过了漫长的孕期，着急看看孩子是什么样的，这种心情可以理解，但不可取。要知道，新生儿所具有的一切功能，产前的胎儿已完全具备。一条脐带，连接了母子两颗心，无论是在情感上，还是在品行上，母亲无可辩驳地影响着胎儿心智的发育。母亲着急，心境不好，也会影响到胎儿在最后一段时间里生活安宁，这实在要不得。

十月怀胎，一朝分娩。分娩到时候自会降临，所以，根本不必为最后的几天急切。10个月都熬过来了，最后这几天，孕妇要安下心。要知道，孕期马上就要终止，孕妇所能享受的孕育生涯也只有最后几日而已，要好好珍惜才对。在孕期的最后一段日子里，教一教胎儿出生后该做的事，给胎儿讲一讲他所能看到的这个大千世界。然后告诉胎儿，父母会爱他，保护他，会给他以安全和保障，父母在热切地等待他的安全降生。给胎儿以信心，教胎儿愉快地降生，这同时也在增强孕妇自身的分娩信心，增加分娩的愉快心理。

妻子着急分娩，丈夫又何尝不想早日见到自己的结晶。但是作为男人，丈夫还是要藏起自己的急切心理，做好妻子的工作，陪妻子愉快地度过分娩前的时光。分娩前，妻子行动不便，丈夫对妻子要多加照料，体贴入微。每日与妻子共同完成胎教的内容，这已到了胎教的最后一课，也是很重要的一课，夫妻一定要把胎教坚持到底。此外，丈夫还需要每日陪妻子活动、散步，这有利于宫缩，但不可让妻子太疲劳。

运动胎教

妊娠10个月时，胎儿身长已达45～48厘米，体重已达2500克左右，此时腹中的空间对胎儿来说已太狭窄。此时准妈妈最好采用腹式呼吸法给胎儿运送更多的新鲜空气。

腹式呼吸法可在任何地点进行，当准妈妈感到疲劳时，可坐在椅子上，挺直脊背进行深呼吸。姿势要正确，脊背挺直，紧贴椅背，双膝与地面成90°角，全身放松，双手放在腹上，想象胎儿目前正居住在一个宽广的空间，然后用鼻子吸气，直到腹部鼓起为止。吐气时稍微将嘴撅起，慢慢地、用力地将体内空气全部吐出，吐气时要比吸气更为缓慢且用力。

为了避免方法错误，必须经常练习。

腹式呼吸法每天做 3 次以上，要持之以恒。早上起床前、中午休息时间、晚上睡觉前各做 1 次，尽量放松全身。轻轻告诉宝宝："妈妈现在就把新鲜空气传送给你！"以这种平静的心情练习，可以达到事半功倍的效果。

据说使用腹式呼吸法可分泌微量的激素，使得心情愉快，准妈妈的这种愉快心情也会影响胎儿，使胎儿感觉非常舒服。

想象胎教

十月怀胎，一朝分娩。妊娠的过程凝聚了准妈妈浓浓的爱，在即将见到胎儿的前夕，准妈妈可通过想象继续向胎儿传输浓浓的亲情。

准妈妈先将精神放松，将全部精神集中在胎儿身上，想象自己的眼睛可以透过腹壁和胎盘，看到纤巧而俊美的胎儿在羊水中自由自在地游玩的情景。青白色的细长脐带，游丝般地从胎盘联系到子宫壁。想象一些小小的氧气泡、维生素和其他各种营养素，正源源不断地通过脐带传输到宝宝身上。

然后告诉自己："我要把所有必需的营养素都传给宝宝，他在我细心的照顾之下，必然长得强壮、俊美。"

接着让想象延伸，让满载深切关爱的小气泡随着养分一起通过胎盘传递给胎儿，让世界上最宝贵的情感，在胎儿的体内奔涌。不但要想象这股强大的亲情力量流进孩子体内，而且要确信胎儿能体会到这股暖流，因而觉得安定而温暖。

再进一步感觉，胎儿也透过脐带，将那些代表温馨的小泡泡传送到你身上。

请将你的心情完全浸润在这种想象当中，并吸收这种想象所释放出来的能量，以便牢牢地将胎儿与你联系在一起。

现在你可以休息一下，再发出声音来读这段话："我已充分给了宝宝所需要的精神支援，他在我祈求幸福的心意之下，必能过着圆满、快乐的胎儿生活。”

至此，将灌注于胎儿身上的注意力抽出来，闭上眼睛，放松自己，你会觉得全身都充盈着一种幸福的满足感。睁开双睛，周围是温馨的景物和亲密的爱人。

试试看，宝宝是不是与你更加亲密了？

综合胎教

妊娠晚期，胎儿的各系统已经发育得比较完善，此时各种胎教方法对胎儿都可以使用，所以孕妇在这时要将各种胎教方法综合进行，灵活应用，对胎儿进行胎教。

一般的做法是：每天清晨起床，都要拍着腹中的胎儿对其说一些关于天气或问候的话语；然后到户外散步，可以边散步边对胎儿进行抚摩和说话；晚上睡觉前则进行音乐胎教，一边听音乐一边抚摩胎儿。当然每个孕妇可以根据自己的实际情况来选择适合自己的胎教方法，只要是对胎儿有益的都可进行。另外在进行胎教时，应按照各种方法提出的要求进行，这样做，收效会更大。

胎教要点

❶ 摄取营养丰富的食物，保证充足的休息和睡眠。

❷ 注意产前良好的情绪。

❸ 不要单独出远门。

❹ 严禁性生活。

❺ 注意临产前的 3 大征兆——见红、破水、规律而剧烈的腹部阵痛（一般 30 分钟发作 1 次，此时应立即送到医院准备分娩）。

❻ 一定要坚持产前检查，每周 1 次。

细说胎教

孕妇要调整好分娩心态

随着产期的临近，大多数初产孕妇内心越发忐忑不安，过多地去想象分娩时的疼痛，担心分娩不顺利，忧虑胎儿不健全，甚至有传统意识的孕妇还会担心胎儿的性别等，以至于使自己终日处于惶恐不安之中，这种心态对于即将出世的胎儿是十分不利的。

一方面，孕妇的焦虑不安将导致母体内的激素改变，对胎儿产生不良刺激；另一方面，伴随着焦虑和恐惧而引起的神经性紧张往往会产生许多不适的感觉，使你肌肉紧张、疲惫不堪，并且会导致分娩时子宫收缩无力、产程延长及滞产等现象，甚至造成难产，往往使胎儿发生宫内窒息，使对缺氧敏感的大脑细胞受到伤害，进而影响胎儿智力，甚至危及生命。

因此，在分娩前你应作好心理准备。阅读一些有关分娩的书刊，了解分娩的过程，做到心中有数。

所以，产妇不必紧张和忧虑，要相信自己是完全能够胜任这个使命的，这样，当阵痛开始时，孕妇就会意识到，这正是腹中的小生命在投奔光明世界冲破重重阻力时向自己发出的求援信号，此时，产妇应以必胜的信念和爱心迎接新生命的到来。

胎教与早教的衔接

胎儿在降生之前，准爸爸妈妈已给了胎儿听觉、触觉、视觉等的刺激，这对胎儿的感觉器官和大脑产生了一定的影响，能促进胎儿感觉器官的发育发展和神经元结构的形成。一般人的想法是，随着分娩过程的完成，胎教也就随之告一段落。然而，由于新生宝宝在人间的前 6 个月是大脑细胞增殖的另一高峰期，因此，为了继续促进宝宝的智力发育，需要在产后 6 个月内继续给予宝宝适宜的信息刺激，进一步促进神经系统的发展。所以胎教还要持续一段时间，直到与早期教育衔接上。

由于孩子出生时大脑的大小和重量只达成人的 1/3，神经细胞尚未成熟，神经纤维也没有形成完善的髓鞘，而相互间的联系几乎没有形成，所以，在出生后的初期，只有将大量的刺激传到感觉器官，再通过感觉细胞传达给大脑，才能促进神经细胞的成熟。因此，尽管胎儿刚出生根本不明白语言的意思，但还是要给他各种声音的刺激，如父母要多和宝宝说话、逗乐，在宝宝睡醒后给宝宝听一些轻松舒缓的音乐。除了听觉刺激外，父母还要给宝宝适宜的触觉刺激，父母和家人要多拥抱小宝宝，抚摩小宝宝的皮肤，让宝宝练习抬手、踢腿等动作。在视觉训练方面，可用鲜艳的带响声的小玩具吸引宝宝注意，让宝宝学着追视。这些都是“胎教”的“加时课”，是早期教育的衔接教育。

专家提示

妊娠 10 月，孕妇要每个星期去医院作一次产前检查，作好随时入院的准备；由于行走不便，要更加小心地走路，绝对不要做对母体不利的动作，避免向高处伸手或压迫腹部的姿势；抛开不安与担心，安心地考虑些产后的事情；保证充足的营养和睡眠，以积蓄体力；清洁身体，淋浴或擦身都可以，特别要注意外阴部的清洁；严禁性生活。

作好分娩前的精神准备，孕妇对分娩要有正确的认识，以愉快的心情迎接婴儿的降临；重视并积极接受产前教育和分娩知识，学习、掌握分娩时的呼吸动作；正确认识先兆临产和临产表现，并熟悉处理办法。这样可以避免分娩时的紧张和惊慌，有利于胎儿顺利娩出。

作好分娩前的物质准备，孕妇应将入院分娩所需的物品整理好并放置于一处，以备用时迅速拿取。这些物品有：洗漱用品、水杯、小勺等日用必需品；少量的鸡蛋、点心、红糖（蒸过）等营养品；卫生纸、卫生棉、卫生巾（消毒）、月经带、胸罩等卫生用品；根据分娩所处季节准备婴儿衣服、帽袜、被褥、尿布和产妇出院时穿戴的衣物。

此外，产妇、婴儿的住处应打扫干净，保持清洁。如在寒冷季节，应准备好取暖设备，以免母、婴受凉。如决定在家中分娩时，应准备好接生时的洗刷、消毒用品和消毒器械用的蒸锅，以及筷子、火炉、卫生纸（消毒）、塑料布和足够使用的温开水等。